COMENTÁRIOS AO CÓDIGO DE PROCESSO CIVIL

DA PROVA TESTEMUNHAL, DA PROVA PERICIAL
E DA INSPEÇÃO JUDICIAL

THAÍS AMOROSO PASCHOAL

Professora de Direito Processual Civil na Graduação em Direito e Professora Permanente do Programa de Pós-graduação em Direito (Mestrado e Doutorado) na Universidade Estadual Paulista (UNESP), Faculdade de Ciências Humanas e Sociais, Franca. Doutora e mestra em Direito pela Universidade Federal do Paraná. Pós-graduada e graduada em Direito pela Universidade Estadual de Londrina.

COORDENADORES

JOSÉ ROBERTO F. GOUVÊA
LUIS GUILHERME A. BONDIOLI
JOÃO FRANCISCO N. DA FONSECA

VIII
TOMO III

COMENTÁRIOS AO CÓDIGO DE PROCESSO CIVIL

DA PROVA TESTEMUNHAL, DA PROVA PERICIAL
E DA INSPEÇÃO JUDICIAL

ARTS. 442 A 484

2024

Uma editora do GEN | Grupo Editora Nacional

Travessa do Ouvidor, 11 – Térreo e 6º andar
Rio de Janeiro – RJ – 20040-040

Atendimento ao cliente:
https://www.editoradodireito.com.br/contato

Diretoria editorial	Ana Paula Santos Matos
Gerência de produção e projetos	Fernando Penteado
Gerência de conteúdo e aquisições	Thais Cassoli Reato Cézar
Gerência editorial	Livia Céspedes
Novos projetos	Aline Darcy Flôr de Souza
Edição	Deborah Caetano de Freitas Viadana
Design e produção	Jeferson Costa da Silva (coord.)
	Alanne Maria
	Lais Soriano
	Rosana Peroni Fazolari
	Tiago Dela Rosa
	Verônica Pivisan
Diagramação	Rafael Cancio Padovan
Revisão	Daniela Georgeto
Capa	Lais Soriano

DADOS INTERNACIONAIS DE CATALOGAÇÃO NA PUBLICAÇÃO (CIP)
ELABORADO POR VAGNER RODOLFO DA SILVA - CRB-8/9410

P279c   Paschoal, Thaís Amoroso

   Coleção Comentários ao Código de Processo Civil - volume VIII - tomo III - Da Prova Testemunhal, Da Prova Pericial e Da Inspeção Judicial (arts. 442 a 484) / Thaís Amoroso Paschoal; coordenado por José Roberto F. Gouvêa, Luis Guilherme A. Bondioli, João Francisco N. da Fonseca. - 1. ed. - São Paulo: Saraiva Jur, 2024.

   224 p.

   ISBN: 978-65-5362-878-6

   1. Direito. 2. Código de Processo Civil. 3. Direito Processual Civil. 4. CPC. I. Gouvêa, José Roberto F. II. Bondioli, Luis Guilherme A. III. Fonseca, João Francisco N. da. IV. Título.

	CDD 341.46
2024-1156	CDU 347.9

Índices para catálogo sistemático:

1. Direito Processual Civil   341.46
2. Direito Processual Civil   347.9

Data de fechamento da edição: 14-5-2024

Nenhuma parte desta publicação poderá ser reproduzida por qualquer meio ou forma sem a prévia autorização da Saraiva Educação. A violação dos direitos autorais é crime estabelecido na Lei n. 9.610/98 e punido pelo art. 184 do Código Penal.

Para Antonio.
E para meus outros dois.

AGRADECIMENTOS

O honroso convite para participar do projeto desses *Comentários ao Código de Processo Civil*, que tem como inspiração o volume escrito por José Carlos Barbosa Moreira comentando o CPC de 1973, chegou num momento muito conturbado da minha vida. Naquela oportunidade, eu lidava com questões pessoais muito duras, que para sempre permearão minha forma de sentir, agir e pensar o mundo. Ainda assim, decidi aceitá-lo, confiando que tudo ficaria bem. Este livro, dedicado aos três seres que tantas coisas me ensinaram nesse trecho da travessia, é a demonstração de que tudo caminhou como deveria ser. Ele foi escrito em meio ao luto, à luta e ao primeiro ano da minha vivência como mãe de um menino incrível que iluminou minha vida e acalentou meu coração.

Dado esse contexto, não posso deixar de iniciar estes agradecimentos sem exaltar a fundamental compreensão e o essencial apoio dos organizadores, Professores Luis Guilherme Aidar Bondioli, José Roberto Ferreira Gouvêa e João Francisco Naves da Fonseca, bem como da Editora Saraiva. Agradeço imensamente pelo convite e, sobretudo, pela compreensão em todos os prazos de que precisei para poder concluir esta obra de forma concomitante às questões pessoais que perpassaram minha vida desde o convite recebido. Em tempos de tantos atos de misoginia revelados contra pesquisadoras que decidiram conciliar a pesquisa e a docência com a maternidade, esse tipo de atitude deve, e muito, ser valorizada. Muito obrigada, de coração.

Certamente eu não teria tido sucesso nessa empreitada não fosse o apoio fundamental da minha família, em especial nos cuidados com o Antonio. A meus pais, Dulcinéia Amoroso Paschoal e Sylvio Moysés Paschoal, pelo cuidado afetuoso com todos nós, pela presença constante, pela referência em tantos aspectos da vida, e por serem esses avós presentes que permitiram que eu me dedicasse nas horas necessárias, sabendo que o Antonio estava recebendo todo o cuidado e amor. Pelos mesmos motivos, e também pela doce parceria e constantes trocas de ideias que há tantos anos iluminam o meu olhar sobre o Direito, a José Arthur Castillo de Macedo, meu amor e pai dos meus filhos. Ainda, a Iara Aurélia de Macedo e Marino Antonio Castillo Lacay, meus sogros e avós do Antonio, pela presença constante, afetuosa e alegre em nossas vidas, e também pelo apoio fundamental nos cuidados com nosso pequeno.

A todos os amigos e amigas que auxiliaram com materiais, palavras de incentivo, e tanto carinho e acolhimento recebidos nesses anos, muito obrigada. Cada um(a) de vocês sabe da importância que tem em nossas vidas. Não há distância capaz de diminuir o afeto e amor que temos por vocês.

Agradeço, por fim, a todas as professoras e todos os professores que nesses anos todos me inspiraram no estudo do Processo Civil, em especial do Direito Probatório, e a todas as colegas e todos os colegas, estudiosas(os) do Direito Probatório, que com suas incríveis produções me ajudaram a refletir e pensar sobre esse tema tão fundamental.

APRESENTAÇÃO

Nossa relação com a Editora Saraiva tornou-se pública em 1995, com a publicação da 26ª edição do *Código de Processo Civil e legislação processual em vigor* e da 14ª edição do *Código Civil e legislação civil em vigor*, ainda de autoria exclusiva de Theotonio Negrão, mas já com a colaboração do primeiro subscritor desta apresentação, revelada na nota daquelas edições. Atualmente, mais de 20 anos depois, essas obras estão na 47ª edição e na 34ª edição, respectivamente, o que é motivo de imensa alegria e satisfação para nós.

Outro momento marcante dessa relação se deu em 2005, por ocasião do lançamento da Coleção Theotonio Negrão, destinada à publicação de dissertações de mestrado e teses de doutorado aprovadas nas melhores instituições de ensino jurídico do País, sob a coordenação do primeiro subscritor desta apresentação e com a participação, na condição de autores, dos outros dois subscritores.

Pouco depois de 2005, em nossas constantes conversas com a Editora Saraiva, surgiu a ideia de mais um projeto conjunto, qual seja, a edição de *Comentários ao Código de Processo Civil*, compostos por volumes a serem escritos individualmente por estudiosos do direito processual civil brasileiro. A inspiração óbvia para esse projeto era a paradigmática coleção coordenada pelo Mestre José Carlos Barbosa Moreira noutra casa editorial. Quando esse projeto não passava ainda de uma simples conversa, a constituição de uma comissão de juristas para a elaboração de um anteprojeto de Código de Processo Civil em 2009 nos causou sensações mistas. De um lado, esse anteprojeto nos colocava em compasso de espera e adiava a concretização do tal projeto. De outro lado, referido anteprojeto nos deixava a certeza de que, um dia, o mencionado projeto ganharia concretude e proporções maiores do que as imaginadas originalmente.

Entre 2009 e 2015, acompanhamos com atenção o processo legislativo que passou pela elaboração dos Projetos de Lei n. 166/2010 e n. 8.046/2010 e culminou com a publicação da Lei n. 13.105, de 16 de março de 2015, que trouxe para o Brasil um novo Código de Processo Civil. Nesse ínterim, nosso mais recente projeto conjunto com a Editora Saraiva foi tomando corpo. Conseguimos reunir um selecionado time de doutores, livres-docentes e professores das mais renomadas faculdades de direito do País, que se integrou ao nosso projeto e foi determinante para que ele se tornasse realidade. A todos os integrantes desse time, ficam aqui os nossos mais sinceros agradecimentos!

Com a chegada do ano de 2016, o Código de Processo Civil entrou em vigor, um ano após a sua publicação e já alterado pela Lei n. 13.256, de 4 de fevereiro de 2016. Foi o período de maior reflexão e estudo na história processual recente do País. E é um extrato dessa reflexão e desse estudo que pretendemos ver presente nesta coleção de *Comentários ao Código de Processo Civil*, elaborada em 21 volumes, que, esperamos, contribuam para a boa compreensão e aplicação da lei processual mais importante do Brasil.

São Paulo, julho de 2016.

José Roberto Ferreira Gouvêa
Luis Guilherme Aidar Bondioli
João Francisco Naves da Fonseca

SUMÁRIO

Agradecimentos VII

Apresentação IX

1. Pontos de partida 1

    1.1. Acesso à justiça e vulnerabilidades: a prova no contexto do acesso à justiça distributivo 1

    1.2. Ampla admissibilidade, pleno contraditório e persuasão racional: o núcleo do sistema probatório e a perspectiva instrumental da prova 8

    1.3. A prova pericial, a prova testemunhal, a inspeção judicial e a análise dos fatos: as inevitáveis subjetividades, os *bias* e a necessidade de estabelecimento prévio das premissas e critérios que orientam a produção da prova 14

    1.4. Por fim, alguns aspectos metodológicos: a interpretação sistemática das regras probatórias e o necessário diálogo com a teoria geral da prova 18

Seção IX
Da Prova Testemunhal

Art. 442 .... **21**

2. Do conceito, do cabimento e da admissibilidade da prova testemunhal 21

Art. 443 .... **26**

3. Ainda sobre a admissibilidade da prova testemunhal 26

Art. 444 .... **30**

4. A prova testemunhal de obrigações... 30
5. A prova exclusivamente testemunhal na jurisprudência................. 37
6. O começo de prova escrita... 39

Art. 445 .... **42**

7. A prova testemunhal de relações de parentesco e práticas comerciais 42

COMENTÁRIOS AO CÓDIGO DE PROCESSO CIVIL V. VIII

Art. 446 .... **44**

8. A prova testemunhal nos contratos simulados e dos vícios de consentimento 44

Art. 447 .... **48**

9. As testemunhas: incapacidade, impedimento e suspeição 49

10. Testemunhas instrumentárias e testemunhas judiciárias 54

Art. 448 .... **56**

11. Escusa de depor 56

Art. 449 .... **56**

12. Local da oitiva 57

Art. 450 .... **58**

13. O rol de testemunhas 58

Art. 451 .... **60**

14. Substituição da testemunha 60

15. O juiz testemunha 62

Art. 453 .... **63**

16. Momento da oitiva 63

17. A oitiva por videoconferência 64

18. A oitiva de testemunha residente em outra comarca: cooperação, uso da tecnologia e desnecessidade do uso das cartas 67

Art. 454 .... **72**

19. Ainda sobre o local da inquirição: as autoridades e a prerrogativa de local de oitiva 73

Art. 455 .... **74**

20. A intimação da testemunha 75

Art. 456 .... **76**

21. O procedimento de inquirição das testemunhas 76

Art. 457 .... **79**

22. A qualificação da testemunha e a contradita 79

Art. 458 .... **80**

23. A testemunha e o dever de dizer a verdade 80

Art. 459 .... **81**

24. Ainda sobre o procedimento da inquirição: o rito para as perguntas formuladas às testemunhas 81

25. Os direitos das testemunhas 82

Art. 460 .... **83**

26. A documentação do depoimento 83

Art. 461 .... **84**

27. A testemunha referida 85

28. A acareação 86

Art. 462 .... **87**

29. Ainda sobre os direitos das testemunhas: o reembolso de todas as despesas realizadas para viabilizar seu comparecimento em juízo .. 87

Art. 463 .... **87**

30. A testemunha e a contribuição para a jurisdição 87

Seção X
Da Prova Pericial

Art. 464 .... **88**

31. A prova pericial: conceito, cabimento e admissibilidade 88

32. As espécies de prova pericial e suas fontes 105

33. Ainda sobre as fontes e espécies da prova pericial: a recusa em se submeter a exame médico 107

34. A prova técnica simplificada 113

Art. 465 .... **118**

35. O perito 118

36. O controle da (im)parcialidade do perito 122

37. O procedimento da perícia: atos iniciais e organização da prova ... 125

38. Os quesitos 128

39. Os honorários periciais 130

40. Prova pericial e cooperação jurisdicional: a perícia por carta, o auxílio direto e a concertação de atos para a produção de prova pericial 136

COMENTÁRIOS AO CÓDIGO DE PROCESSO CIVIL V. VIII

Art. 466 .... **138**

41. O perito e a produção cuidadosa da prova pericial 139

42. Os assistentes técnicos 140

43. A perícia e a interação colaborativa entre os sujeitos envolvidos na produção da prova: a participação dos assistentes técnicos 141

Art. 467 .... **144**

44. Escusa do perito 144

Art. 468 .... **145**

45. A substituição do perito 146

Art. 469 .... **148**

46. Os quesitos suplementares 148

Art. 470 .... **151**

47. A perícia e os poderes instrutórios do juiz 151

Art. 471 .... **152**

48. A perícia consensual 152

Art. 472 .... **158**

49. A substituição da prova pericial por prova documental de caráter técnico 158

Art. 473 .... **160**

50. O laudo pericial 161

Art. 474 .... **165**

51. A prova pericial e o contraditório 165

Art. 475 .... **166**

52. A perícia complexa e a especialidade do(s) perito(s) 166

Art. 476 .... **169**

53. A prorrogação do prazo para entrega do laudo pericial 169

Art. 477 .... **169**

54. Ainda sobre o procedimento da prova pericial: a entrega do laudo e suas decorrências 170

Art. 478 .... **171**

55. A prova pericial na falsidade documental 172

Art. 479 .... **173**

56. A valoração da prova pericial 173

Art. 480. .... **178**

57. A nova perícia 178

Seção XI
Da Inspeção Judicial

Art. 481 .... **181**

58. A inspeção judicial: conceito, cabimento e admissibilidade 181
59. O objeto da inspeção judicial 185

Art. 482 .... **187**

60. A participação de perito na inspeção judicial 187
61. A participação de outros auxiliares da justiça 191

Art. 483 .... **191**

62. O local da inspeção 191
63. Inspeção judicial e cooperação jurisdicional 192
64. Inspeção judicial e contraditório: a produção cooperativa da prova 193

Art. 484 .... **193**

65. A documentação da inspeção judicial 194

Bibliografia 197

1. Pontos de partida

1.1. Acesso à justiça e vulnerabilidades: a prova no contexto do acesso à justiça distributivo

As técnicas processuais devem ser orientadas para possibilitar uma tutela adequada do direito material[1]. Afinal, não é outra a finalidade do processo e da jurisdição senão servirem de caminho adequado para a efetivação do acesso à justiça. A questão é relevante, mas nem sempre está no núcleo da preocupação do legislador e dos operadores do Direito. Ao mesmo tempo, o sistema de justiça é muitas vezes espaço propício à reiteração e intensificação de violências e desigualdades estruturais[2].

De forma absolutamente complementar a isso, as vulnerabilidades[3] devem orientar a interpretação das regras processuais, de modo a garantir uma tutela

---

1   "Se as tutelas dos direitos (necessidades no plano do direito material) são diversas, as técnicas processuais devem a elas se adaptar. O procedimento, a sentença e os meios executivos, justamente por isso, não são neutros às tutelas (ou ao direito material), e por esse motivo não podem ser pensados a sua distância" (Marinoni, Luiz Guilherme. *Técnica processual e tutela dos direitos*. 3. ed. São Paulo: Revista dos Tribunais, 2010. p. 114). "A correta compreensão dos fundamentos da técnica processual é uma das premissas fundamentais à efetividade do processo" (Bedaque, José Roberto dos Santos. *Efetividade do processo e técnica processual*. São Paulo: Malheiros, 2006. p. 31).

2   Para uma análise do sistema de justiça e a reprodução de desigualdades, com uma fundamental preocupação metodológica a partir da desigualdade de raça, classe e gênero, Sandefur, Rebecca L. Access to civil justice and race, class and gender inequality. *Annual Review of Sociology*, v. 34, p. 339-358, 2008. Para a autora, "race, class and gender differences in turning to law, in getting the attention of legal institution staff, such as lawyers, clerks who control dockets of the lower courts, or Supreme court justice, and in the results of attempts to mobilize law reflect differences in the extent to which different groups encounter events or have interests that are represented in or comprehensible to civil justice institutions" (Sandefur, Rebecca L. Access to civil justice and race, class and gender inequality. *Annual Review of Sociology*, v. 34, p. 339-358, 2008. p. 352). Ainda na perspectiva de raça e classe, com interessante análise dos impactos que experiências negativas com a justiça criminal geram na busca pela justiça civil, Greene, Sara Sternberg. Race, class and access to civil justice. *101 Iowa Law Review*, p. 1.234-1.322, 2016.

3   O termo vulnerabilidade é utilizado como referência a uma condição pela qual um indivíduo é afetado ou pode ser potencialmente afetado por danos físicos ou emocionais. Significa, desse modo, exposição real ou potencial ao dano (Nifosi-Sutton, Ingrid. *The protection of vulnerable groups under international human rights law*. London and New York: Routledge, 2019. p. 4). Cláudio Marcio do Carmo, a partir da perspectiva de inúmeros autores, aponta que, para eles, "minorias e grupos vulneráveis originam-se em relações de assimetria social (econômica, educacional, cultural etc.). Nessa perspectiva, minoria pode ser definida a partir de uma particularização de um grupo, já que a maioria se define por um agrupamento generalizado, ou seja, por um processo de generalização baseado na indeterminação de traços, os quais indicam um padrão de suposta normalidade, considerada majoritária em

diferenciada de pessoas e grupos vulnerabilizados. O Poder Judiciário deve estar atento à diversidade, o que deve permear a prestação da tutela jurisdicional de forma a permitir a devida atenção a pessoas ou grupos que, por sua condição econômica, social ou cultural[4], careçam do manejo diferenciado de técnicas processuais. Importar-se com as vulnerabilidades é realizar o princípio da dignidade da pessoa humana[5], que, além de constitucional, está previsto no art. 8º do CPC, em cujo conteúdo mínimo se insere o acesso à justiça[6].

O debate sobre o manejo das técnicas processuais a partir do critério da vulnerabilidade[7] é urgente no Brasil, exigindo uma antecedente e fundamental análise sobre o conceito de grupos sociais, vulnerabilidade e sua inserção a partir das variadas categorias de análise que integram o conceito de grupos

---

relação ao outro que destoar dele. A vulnerabilidade advém, pois, de pressões desse suposto padrão de normalidade, que pressiona tudo e todos que possam ser considerados diferentes. A violência, por sua vez, tanto pode ser física quanto simbólica, originária dessa pressão, que, muitas vezes, na forma de preconceito e rejeição, marginaliza e discrimina o diferente" (CARMO, Cláudio Márcio. Grupos minoritários, grupos vulneráveis e o problema da (in)tolerância: uma relação linguístico--discursiva e ideológica entre o desrespeito e a manifestação do ódio no contexto brasileiro. *Revista do Instituto de Estudos Brasileiros*, v. 64, 2016, p. 205-206).

4   "Toda a pessoa que se encontre em situação de vulnerabilidade é titular de uma proteção especial" (FACHIN, Melina Girardi; CAMBI, Eduardo; PORTO, Letícia de Andrade. *Constituição e direitos humanos*. São Paulo: Almedina, 2022. p. 241).

5   Posicionando o reconhecimento intersubjetivo como "uma dimensão importantíssima do princípio da dignidade da pessoa humana", DANIEL SARMENTO afirma que "o não reconhecimento decorre da desvalorização de algum grupo identitário não hegemônico, ao qual são arbitrariamente atribuídos traços negativos, que se projetam sobre todos os indivíduos que o integram. Ele se liga a fatores como etnia, gênero, orientação sexual, religião, deficiência, nacionalidade, profissão etc.". Assim, as demandas políticas por reconhecimento acabam por incluir "tanto pretensões de cunho universalista, ligadas à não discriminação, como demandas específicas, voltadas à concessão de algum tipo de proteção especial aos grupos estigmatizados, que não são extensivas aos demais componentes da população". "A falta de reconhecimento", afirma o autor, "oprime, instaura hierarquias, frustra a autonomia e causa sofrimento" (SARMENTO, Daniel. *Dignidade da pessoa humana*: conteúdo, trajetórias e metodologia. Belo Horizonte: Fórum, 2016. p. 242-243).

6   BARCELLOS, Ana Paula de. *A eficácia jurídica dos princípios constitucionais*: o princípio da dignidade da pessoa humana. Rio de Janeiro: Renovar, 2003. p. 258.

7   Há, no Brasil, importantes trabalhos que analisam essa questão. Nesse sentido: AZEVEDO, Júlio Camargo de. *Vulnerabilidade: critério para a adequação procedimental – a adaptação do procedimento como garantia ao acesso à justiça de sujeitos vulneráveis.* Belo Horizonte: CEI, 2021; TARTUCE, Fernanda. *Igualdade e vulnerabilidade no processo civil.* Rio de Janeiro: Forense, 2012; SILVA, Paulo Eduardo Alves. *Acesso à justiça e direito processual.* Curitiba: Juruá, 2022; SILVA, Paulo Eduardo Alves. *Acesso à justiça e desigualdades*: desenhando uma agenda de pesquisa. São Carlos: Pedro & João Editores e Editora FDRP, 2023 (ebook).

minoritários. Muito embora os limites deste trabalho não permitam um aprofundamento do tema, é importante pontuar, a título de premissa, que o ponto de partida aqui é a ideia de grupo social desenvolvida por IRIS MARION YOUNG, para quem grupos são uma expressão das relações sociais, existindo em relação a pelo menos um outro grupo que, ainda que pertencentes a uma mesma sociedade, apresentam algumas diferenças em seu modo de vida e formas de associação. A partir dessa definição, a autora destaca que muitos grupos diferentes são oprimidos na sociedade, considerando-se várias formas distintas de opressão, como racismo, sexismo, preconceito de idade, homofobia e opressão de classe[8]. Nessa perspectiva inclui-se o relevante debate, no sul e no norte global, no âmbito das humanidades (sobretudo da filosofia e das ciências sociais), sobre a compreensão dos grupos a partir da complexidade e multiplicidade da opressão, em especial o diálogo de NANCY FRASER com as categorias de IRIS YOUNG, notadamente no que se refere à defesa de uma "política da diferença mais diferenciada"[9].

Na medida em que a preocupação com a pauta redistributiva do acesso à justiça[10] não integrou a agenda legislativa dos últimos anos[11-12], é fundamental

---

8   YOUNG, Iris M. *Justice and politics of difference*. Princeton: Princeton University Press, 1990. p. 42-43.

9   "Uma visão diferenciada da diferença é uma contribuição importante para a teoria crítica do reconhecimento. Ela pode nos ajudar a identificar, e defender, apenas aquelas versões das políticas da diferença que estejam em consonância com as políticas de redistribuição. Essa abordagem é do tipo de que necessitamos para enfrentar os desafios de nossa época. A tarefa é integrar os ideias igualitários do paradigma da redistribuição com aquilo que há de genuinamente antecipatório no paradigma do reconhecimento" (FRASER, Nancy. *Justiça interrompida*. Reflexões críticas sobre a condição pós-socialista. São Paulo: Boitempo, 2022. p. 240).

10   "Essa é outra dimensão dessa fronteira em movimento. Ela não diz respeito apenas a um movimento de justiça para a inclusão de novos tipos de problemas, mas também um movimento na direção da inclusão dos problemas de pessoas que anteriormente tinham pouca ou nenhuma importância – pessoas com deficiência e minorias sexuais, por exemplo" (GALANTER, Marc. Acesso à justiça em mundo de capacidade social em expansão. *Revista Brasileira de Sociologia do Direito*, Porto Alegre: ABraSD, v. 2, n. 1, jan.-jun. 2015. p. 45).

11   GABBAY, Daniela Monteiro; COSTA, Susana Henriques da; ASPERTI, Maria Cecília Araujo. Acesso à justiça no brasil: reflexões sobre escolhas políticas e a necessidade de construção de uma nova agenda de pesquisa. *Revista Brasileira de Sociologia do Direito*, v. 6 n. 3, set.-dez. 2019.

12   A despeito disso, o Código de Processo Civil previu técnicas voltadas à maior proteção da pessoa com deficiência, permitindo uma maior humanização do processo de interdição. FREDIE DIDIER JR. cita como exemplo as regras dos arts. 751, § 3º, e 755, II. A primeira garante que durante a entrevista prevista no art. 751 do CPC sejam empregados "recursos tecnológicos capazes de permitir ou de auxiliar o interditando a expressar suas vontades e preferências e a responder às perguntas

que se extraia das regras existentes o melhor aproveitamento possível à luz dessa garantia fundamental, sempre com um olhar sobre sua distributividade, levando em conta os grupos vulnerabilizados na perspectiva indicada nos parágrafos anteriores.

O ponto se torna ainda mais relevante quando se vê que essa falta de agendas voltadas à pauta redistributiva do acesso à justiça vem sendo acompanhada de políticas construídas a partir de discursos ligados ao excesso de litigiosidade no Brasil, privilegiando os litigantes habituais em detrimento dos eventuais[13] e, em especial, daqueles vulnerabilizados[14].

---

formuladas". A segunda exige que, na sentença que declarar a interdição, o juiz considere "as características pessoais do interdito, observando suas potencialidades, habilidades, vontades e preferências". A própria adequação do art. 751 e a previsão de citação do interditando para que seja *entrevistado* pelo juiz, e não *interrogado*, revelam uma preocupação com a acessibilidade das pessoas com deficiência. Embora num primeiro momento possa parecer tratar-se de uma mudança singela, ela reflete uma importante preocupação com a humanização do processo de interdição, na medida em que a palavra interrogatório "carrega consigo forte conotação inquisitorial, sem destacar o aspecto dialógico e cooperativo que essa inspeção-entrevista deve ter". O mesmo autor destaca a influência que as discussões e propostas que acabaram culminando no Estatuto da Pessoa com Deficiência (Lei n. 13.146/2015) exerceram sobre o Código de 2015, citando como exemplos, dentre aqueles já citados, a previsão do art. 162, III, e o direito do portador de deficiência auditiva a comunicar-se em audiências por meio da Língua Brasileira de Sinais, e o direito das pessoas com deficiência à acessibilidade aos meios eletrônicos de comunicação processual, previsto no art. 199 (DIDIER JR., Fredie. Da interdição. *In*: ALVIM, Teresa Arruda et al. (coord.). *Breves comentários ao Novo Código de Processo Civil*. 3. ed. São Paulo: Revista dos Tribunais, 2016 (ebook)).

13 Sobre o tema: GALANTER, Marc. *Por que "quem tem" sai na frente*. Trad. Ana Carolina Chasin. São Paulo: FGV Direito SP, 2018.

14 "O aumento dos requisitos para a concessão de justiça gratuita e a ressignificação do instituto processual do interesse de agir também trazem importantes ameaças ao acesso à justiça, impondo obstáculos justamente àqueles para quem a via judicial se coloca como importante espaço de reivindicação de direitos e equalização de conflitos sociais, como consumidores e postulantes a benefícios previdenciários, grupos reconhecidamente hipossuficientes e vulneráveis e que acabam tendo de recorrer ao Judiciário justamente em razão de violações sistemáticas e de vias administrativas ineficientes. São, ainda, exemplos sintomáticos da influência dos grandes litigantes na formação de precedentes (como no caso do entendimento firmado sobre a necessidade de requerimento prévio nas ações previdenciárias) e na propositura de mudanças legislativas (como os projetos de lei que alteram o texto legal do art. 17 do CPC/2015), sempre embasados nos discursos sobre o excesso de acesso e de litigância abusiva" (ASPERTI, Maria Cecília de Araujo; COSTA, Susana Henriques da. Julgamento em extinção? O estudo "Vanishing Trial" de Marc Galanter e a transformação da atividade jurisdicional no Brasil. *In*: YARSHELL, Flávio Luiz; COSTA, Susana Henriques da; FRANCO, Marcelo Veiga (coord.). *Acesso à justiça, direito e sociedade*. Estudos em homenagem ao Professor Marc Galanter. São Paulo: Quartier Latin, 2022. p. 597).

Isso significa pensar o acesso à justiça com um olhar sobre os marcadores sociais de diferenças, sem perder de vista uma fundamental análise intersecional. Em outras palavras, e na perspectiva distributiva do acesso à justiça, não há como pensar o sistema de justiça sem a consideração transversal das diversidades que envolvem gênero, raça, classe social, deficiência etc., possibilitando o alcance da tutela de grupos que sempre estiveram à margem, mas que devem ocupar a centralidade das preocupações políticas.

Ao mesmo tempo, e enquanto um problema em constante mutação[15], o acesso à justiça deve acompanhar a evolução dos problemas que permeiam a sociedade, adequando-se para que seja capaz da melhor solução possível, de forma orientada para a tutela dos direitos. Nesse sentido, a agenda convencional do acesso à justiça[16] – no que se inclui o manejo das técnicas processuais – não dá conta de atender as necessidades postas pela pluralidade[17].

Também não se pode perder de vista as inúmeras acessibilidades que se incluem no conceito de acesso à justiça. Isso significa que sua concretização depende de uma genuína preocupação com a acessibilidade linguística, estrutural e informacional[18], dentre outras, olhando-se para as necessidades da tutela dos direitos a partir de uma prestação jurisdicional humanizada[19].

---

15 FULLIN, Carmen. Acesso à justiça: a construção de um problema em mutação. *In*: SILVA, Felipe Gonçalves; RODRIGUEZ, José Rodrigo (org.). *Manual de sociologia jurídica*. São Paulo: Saraiva, 2013.

16 GALANTER, Marc. Acesso à justiça em mundo de capacidade social em expansão, p. 43.

17 A título de exemplo, relevante pesquisa realizada pelo CNJ e pelo IPEA revelou as inúmeras dificuldades das vítimas de violência doméstica e familiar no acesso ao sistema de justiça. O relato de campo realizado revela inúmeras falhas na conduta de alguns magistrados na condução das audiências e na prática de outros atos por inúmeros atores (*O Poder Judiciário no enfrentamento à violência doméstica e familiar contra as mulheres*. Brasília: CNJ, 2019). Na mesma linha, outra pesquisa revelou as inúmeras dificuldades postas ao acesso à justiça para a população LGBTQIAPN+ (CONSELHO NACIONAL DE JUSTIÇA; PROGRAMA DAS NAÇÕES UNIDAS PARA O DESENVOLVIMENTO. *Discriminação e violência contra a população LGBTQIA+*: relatório da pesquisa. Brasília: CNJ, 2022).

18 "Num segundo momento, e já com um olhar 'porta adentro' do Poder Judiciário, o acesso à justiça depende da prestação de uma tutela jurisdicional adequada e efetiva. Também aí a informação assume especial relevância. Afinal, a parte deve estar devidamente informada dos rumos do seu processo, para tomar todas as decisões necessárias à prestação da tutela. É fundamental, nesse ponto, a ideia de autonomia e acessibilidade, inclusive linguística, além da adequação da estrutura do Judiciário para a realização de audiências e a prática de outros atos que envolvam coletividades, fatores fundamentais para a garantia do pleno acesso. Quando não atendidos, esses fatores revelam o sistema de justiça como espaço onde a fragilização democrática se destaca, evidenciando a dificuldade do Poder Judiciário em lidar com a pluralidade" (PASCHOAL, Thaís Amoroso. Acesso à justiça, tecnologia, e o nosso realismo esperançoso de cada dia. *In*: FUX, Luiz; ÁVILA, Henrique; CABRAL, Trícia Navarro Xavier (org.). *Tecnologia e justiça multiportas*. Indaituba: Foco, 2021).

19 "O acesso à justiça surge como demanda da sociedade moderna em busca de um Judiciário que receba os conflitos e os tratem de forma digna. Existe inicialmente

Qualquer construção que se possa fazer sobre as técnicas processuais deve partir dessas premissas. Iniciado o caminho do acesso à justiça pelo ingresso no Poder Judiciário[20], a prestação jurisdicional deve ser integralmente orientada pelo manejo das técnicas adequadas, com um olhar sobre a diversidade e as vulnerabilidades.

Não poderia ser diferente no que toca às provas no processo. A consideração daquelas acessibilidades (ou da falta delas) deve levar em conta, por exemplo, a dificuldade no acesso a certas provas por pessoas ou grupos vulnerabilizados, de forma a justificar a adoção de ferramentas postas no sistema para a facilitação da prova – como a inversão ou a dinamização do ônus da prova –, e uma atuação mais ativa do juiz no exercício de seus poderes instrutórios em situações de disparidade em razão da vulnerabilidade de um dos sujeitos do processo. Ainda, deve orientar uma maior amplitude quanto à admissibilidade de certos meios de prova, como é o caso da prova testemunhal. Esse ponto será abordado mais adiante.

O protocolo para julgamento com perspectiva de gênero do Conselho Nacional de Justiça, por exemplo, orienta que, já na primeira aproximação das partes com o processo, o magistrado verifique "se as assimetrias de gênero, sempre em perspectiva interseccional, estão presentes no conflito apresentado". Especificamente no que se refere à instrução, prevê que, "para além de conhecimentos específicos, o gênero deve ser utilizado como lente para a leitura dos acontecimentos, em todas as etapas da instrução"[21]. Nesse contexto, "o(a)

---

a procura por uma resolução instrumental das ações pela justiça, mas, em um segundo momento, a busca pelo judiciário vai além da procura pelas portas da justiça, a procura passa a ser também por um acesso digno e humanizado" (Pessoa, Olívia Alves Gomes. *Audiências no juizado especial cível no Distrito Federal: quem fala com quem?* Dissertação (Mestrado) – Universidade de Brasília, Brasília, 2017).

20 Necessário pontuar que, embora relevante, esse é apenas um dos aspectos que permeia a adequada leitura do acesso à justiça. Pensar no acesso "porta adentro" permite um olhar sobre as técnicas processuais e sua adequação tendo como critério as vulnerabilidades. De outro lado, é fundamental pensar o acesso à justiça também na perspectiva do caminho percorrido para que a tutela aos direitos seja pleiteada. Essa perspectiva olha para os inúmeros obstáculos ao acesso e precisa ser pensada também a partir das vulnerabilidades, com a consideração das barreiras postas especificamente para cada grupo social. Embora haja um ponto de intersecção que indica a existência de barreiras comuns a todos os grupos e indivíduos vulnerabilizados, certas barreiras serão postas a cada grupo individualmente considerado, a depender de suas especificidades. Considerando o objetivo deste trabalho, o acesso à justiça será considerado na perspectiva "por adentro", identificando-se a melhor interpretação das regras atinentes às provas em espécie à luz da pauta redistributiva.

21 Conselho Nacional de Justiça. *Protocolo para julgamento com perspectiva de gênero 2021.* Brasília: CNJ; Enfam, 2021. p. 44 e 47.

CPC/2015

julgador(a) atento(a) a gênero é aquele(a) que percebe dinâmicas que são fruto e reprodutoras de desigualdades estruturais presentes na instrução do processo e que age ativamente para barrá-las"[22].

Essa preocupação orientou a edição da Lei Federal n. 13.505/2018, que acrescenta dispositivos à Lei n. 11.340/2006 (Lei Maria da Penha), determinando que a mulher em situação de violência doméstica e familiar tenha atendimento policial e pericial especializado, ininterrupto e prestado, preferencialmente, por servidoras. O § 1º do art. 2º, que acrescentou o art. 10-A à Lei Maria da Penha, elenca uma séria de diretrizes que devem orientar a inquirição da mulher em situação de violência doméstica e familiar ou de testemunha de violência doméstica, quando se tratar de crime contra a mulher. Dentre elas, a de que não se pratique condutas que resultem na "revitimização da depoente, evitando sucessivas inquirições sobre o mesmo fato nos âmbitos criminal, cível e administrativo, bem como questionamentos sobre a vida privada".

Isso resulta em uma postura atenta em todas as etapas probatórias, desde seu pleito e sua admissão até a interpretação do resultado da prova, passando, é claro, por uma produção que trate todos os participantes com igual respeito e consideração[23]. O protocolo para julgamento na perspectiva de gênero do CNJ permite um olhar da questão sobre o marcador de gênero e a necessidade de adoção de técnicas que garantam a igualdade processual a partir dessa perspectiva[24], mas essa conduta deve ser expandida para todos os outros marcadores, permitindo que gênero, raça, classe social, deficiência etc., sempre em uma perspectiva interseccional, possam orientar a condução e a instrução do processo.

Como se verá no decorrer deste trabalho, isso impacta na interpretação e aplicação de muitas regras do sistema probatório, orientando, por exemplo, a admissão de determinadas provas no processo, sua suficiência considerando o grupo a que pertence a parte e o contexto em que se insere o conflito, a atitude dos atores na produção das provas e a análise do material probatório, em

---

22 CONSELHO NACIONAL DE JUSTIÇA. *Protocolo para julgamento com perspectiva de gênero 2021*, p. 47.

23 "Essas estão entre minhas razões para pensar que qualquer defesa atraente das liberdades moralmente importantes deve seguir por outro caminho, menos convencional: não pela insistência de que a liberdade é mais importante que a igualdade, mas mostrando que essas liberdades devem ser protegidas segundo a melhor definição da igualdade distributiva, a melhor explicação de quando a distribuição de propriedades na sociedade trata cada cidadão com igual consideração" (DWORKIN, Ronald. *A virtude soberana*: a teoria e a prática da igualdade. São Paulo: Martins Fontes, 2005. p. 159).

24 Para uma análise das inúmeras dificuldades encontradas pelas mulheres no processo civil e os fatores de desequilíbrio, ver HILL, Flávia Pereira. Uns mais iguais que os outros: em busca da igualdade (material) de gênero no processo civil brasileiro. *Revista Eletrônica de Direito Processual – REDP*, ano 13, v. 20, n. 2, maio-ago. 2019.

especial para depurar eventuais vieses inconscientes que possam ter influenciado a colheita da prova ou possam orientar sua valoração.

É, por isso, uma das premissas fundamentais que orienta as teses aqui defendidas.

1.2. Ampla admissibilidade, pleno contraditório e persuasão racional: o núcleo do sistema probatório e a perspectiva instrumental da prova

São inúmeras as dificuldades de aplicação das regras afetas ao sofisticado e complexo tema das provas no processo[25]. O Código de Processo Civil de 2015 implementou certa melhora no sistema probatório brasileiro, em especial na parte geral, mas uma análise jurisprudencial – como a que aqui se apresentará – revela que ainda há muitos problemas em torno do tema, que muitas vezes partem de dificuldades oriundas de equívocos nas premissas adotadas pelos Tribunais, ou na falta de preocupação com essas premissas.

Mais do que isso, e de forma geral, tem-se uma aplicação das ferramentas probatórias sem que se perquira sua finalidade e inserção no contexto da teoria da prova. A preocupação com o procedimento probatório e a aplicação estrita e restritiva das regras que disciplinam as provas muitas vezes ofuscam a necessidade de consideração da prova na perspectiva do raciocínio probatório, desconsiderando-se o necessário diálogo com a epistemologia[26].

---

25 "Se os temas de prova são, por regra, temas difíceis, particularmente difícil é o tema da prova difícil. No entanto, a dificuldade sentida por aquele que tem de relatar o estado da arte neste domínio torna-se mais leve quando, acedendo seguramente apenas a uma ínfima parte da doutrina disponível, percebe que não está só no meio da dificuldade: desde que a matéria da prova merece tratamento sistemático, todos quantos sobre ela se pronunciaram sentiram as dificuldades do tema. Mais curioso ainda, aquele que investigar esta matéria perceberá que as soluções encontradas para se ultrapassarem os problemas que a prova difícil suscita foram sempre reconduzidas a um espectro limitado de alternativas. E, neste domínio, possivelmente como em todos os demais, há de ser bem ponderada qualquer nova saída, encontrada em respostas dadas em outras latitudes ou longitudes" (COSTA E SILVA, Paula; REIS, Nuno Trigo dos. A prova difícil: da *probatio levior* à inversão do ónus da prova. *Revista de Processo*, ano 38, v. 222, ago. 2013).

26 Essa concepção "aberta" a respeito da prova coloca "a definição da prova e dos conceitos correlatos em uma perspectiva epistemológica mais propriamente do que em uma dimensão exclusivamente jurídica". Em outras palavras, dizer que a prova se insere num "contexto aberto" significa ser "óbvio e lícito empregar noções, conceitos e modelos de análises provenientes de outros setores da experiência, sejam esses de corte científico ou trazidos do senso comum ou da racionalidade geral". Essa concepção se opõe a uma concepção "fechada", que coloca a prova no contexto exclusivo das normas que regulamentam o procedimento probatório (TARUFFO, Michelle. Verdade e processo. *In:* MITIDIERO, Daniel (org.). *Processo civil comparado:* ensaios. São Paulo: Marcial Pons, 2013. p. 48-50). DANIEL MITIDIERO lembra que

Da mesma forma, raras vezes há uma preocupação com a prova na perspectiva distributiva do acesso à justiça, de que se tratou no item anterior. Esses problemas perpassam o tema da admissibilidade das provas e da produção probatória e se sofisticam ainda mais quando se trata da sua valoração.

Daí ser importante pontuar três premissas gerais que serão adotadas neste trabalho, possibilitando a adequada compreensão das regras do direito probatório aqui comentadas, em especial com sua inserção num sistema probatório que, mais do que uma simples conjugação de regras procedimentais, tem por objetivo orientar o manejo da prova (enquanto meio, atividade e resultado) também na perspectiva do raciocínio probatório necessário à formação do convencimento acerca das questões fáticas do processo.

Em primeiro lugar, no que toca à admissibilidade da prova, parte-se da liberdade como fundamento principal, autorizando-se a produção de qualquer meio de prova moralmente legítimo e adequado para comprovação dos fatos, em especial quando necessário para viabilizar uma tutela adequada do direito material, sempre na perspectiva distributiva de que se tratou no item anterior. As únicas restrições possíveis decorrem da (in)adequação da prova, em casos como o da imprescindibilidade da perícia ou outra prova técnica quando se tratar de fatos técnicos (ressalvada a aplicação das regras de experiência técnica, como se verá mais adiante), ou de documento público, essencial para a prática de determinados atos e, consequentemente, da prova de sua realização. Mesmo a suficiência da prova documental e da confissão, a justificar o indeferimento da prova testemunhal (art. 443, I), merece algumas considerações, como se verá em item próprio.

A fiabilidade da prova de modo algum poderia servir de fundamento para seu indeferimento, devendo a regra ser a da admissibilidade plena das provas lícitas, salvo nos casos de inadequação. O valor dado às provas produzidas (no que se enquadram critérios ligados à fiabilidade da prova) é problema que se verifica na etapa seguinte, em que ocorrerá sua valoração, sempre à luz da persuasão racional.

Ainda assim, como se verá, remanescem no Código algumas previsões que buscam restringir o cabimento de determinados meios de prova a depender dos fatos probandos, em especial no que se refere à prova testemunhal. Como se demonstrará, essas regras restritivas quanto ao cabimento da prova

---

"uma virada importante no terreno da prova está no deslocamento da atenção dos processualistas das regras do procedimento probatório para a epistemologia e para o raciocínio probatório", o que tem feito com o que o campo da prova se mostre mais "arejado – mais simpático à epistemologia e à ciência em geral" (MITIDIERO, Daniel. *Processo civil*. 2. ed. São Paulo: Revista dos Tribunais, 2022. p. 204).

COMENTÁRIOS AO CÓDIGO DE PROCESSO CIVIL V. VIII

não impedem que, nos casos concretos, à luz de uma interpretação sistemática e com base nas garantias constitucionais, defenda-se uma maior amplitude da admissibilidade probatória.

Em segundo lugar, o contraditório deve ser observado durante todas as etapas probatórias, sendo imprescindível que a produção da prova seja realizada com o mais amplo diálogo entre os sujeitos processuais. Nessa perspectiva, o contraditório abrange o direito à produção de todas as provas necessárias à comprovação das alegações de fato, o direito de participar ativamente da produção da prova, independentemente do sujeito que a pleiteou ou determinou, o direito de se manifestar sobre todas as provas produzidas e o direito de ter a prova devidamente valorada pelo juiz, a partir da persuasão racional, o que inclui a adequada fundamentação[27] da valoração realizada e da decisão sobre os fatos.

A participação das partes no procedimento probatório deve ser rigorosamente observada, pois é a partir dela que se qualifica a prova e se permite seu uso adequado no processo em que produzida ou até mesmo em processos concomitantes ou futuros. Não é à toa que o Código determina que o perito informe as partes e seus assistentes técnicos de todas as atividades que cercam a produção da prova pericial (arts. 466, § 2º, e 474 do CPC). Noutra perspectiva, não é à toa, também, que o Código prevê o empréstimo da prova[28], mas desde que respeitado o contraditório[29].

---

27   Satisfazendo-se, como afirma MOACYR AMARAL SANTOS, o requisito da "sociabilidade da convicção, o que corresponde ao máximo de garantia da excelência da verdade declarada na sentença", submetendo-se a "apreciação judicial à crítica da sociedade" (SANTOS, Moacyr Amaral. *Prova judiciária no cível e no comercial*. São Paulo: Max Limonad, [ano]. v. I, p. 357).

28   Sobre o tema: PASCHOAL, Thaís Amoroso. *Coletivização da prova*: técnicas de produção coletiva da prova e seus reflexos na esfera individual. São Paulo: Revista dos Tribunais, 2020. p. 316 e s.; TALAMINI, Eduardo. A prova emprestada no processo civil ou penal. *Revista de Informação Legislativa*, n. 140, out.-dez. 1998; AURELLI, Arlete Inês. Da admissibilidade da prova emprestada no CPC de 2015. *In*: JOBIM, Marco Félix; FERREIRA, William Santos (coord.). *Direito probatório*. Salvador: Juspodivm, 2015. p. 394.

29   Em regra, entende-se que o compartilhamento da prova somente poderá ocorrer entre processos que tenham as mesmas partes, ou ao menos que a parte contra quem se pretenda produzir a prova tenha participado do processo de origem, preservando-se o contraditório. Nesse sentido: TALAMINI, Eduardo. A prova emprestada no processo civil ou penal, p. 149; WAMBIER, Luiz Rodrigues; TALAMINI, Eduardo. *Curso avançado de processo civil*. São Paulo: Revista dos Tribunais, 2016. v. 2, p. 250; GOÉS, Gisele. *Teoria geral da prova* – apontamentos. Salvador: Juspodivm, 2005. p. 62-63. A jurisprudência, porém, entende de modo diverso. Nesse sentido: STJ, EREsp 617.428/SP, Corte Especial, rel. Min. NANCY ANDRIGHI, j. 4-6-2014, *DJe* 17-6-2014.

O atento respeito ao contraditório na produção da prova é fundamental para a legitimidade do procedimento e da decisão judicial, considerada a perspectiva do contraditório como direito de influência, expressão da democracia deliberativa no processo[30].

É também em atenção ao contraditório pleno que o Código apresenta inúmeras previsões relativas à adequada documentação da prova. Afinal, é também por meio dela que se permitirá às partes o contato com os elementos de prova, possibilitando o seu máximo controle racional e, também sob esse aspecto, o exercício do contraditório. Embora os Tribunais costumem relativizar os prejuízos decorrentes da falta de documentação adequada das provas produzidas no processo[31], esse entendimento deve ser analisado *cum grano salis*. Um cuidado que, em verdade, recomenda cautela na aplicação da instrumentalidade das formas quando se trata de nulidades afetas ao tema das provas. Afinal, a ausência de prejuízo decorrente do descumprimento de uma formalidade relativa à prova, porque outras provas teriam servido de base à formação do convencimento judicial, deixa de lado a percepção de que todos os elementos probatórios podem ter contribuído subjetivamente para a formação desse convencimento, mesmo que alguns não tenham sido expressamente indicados na fundamentação. É justamente a documentação adequada de todas as provas produzidas no processo – mesmo daquelas que não justifiquem expressamente a decisão – que permite esse controle racional pelas partes.

Por fim, a prova é valorada[32] com base no critério da persuasão racional[33], de modo que o juiz deverá, além da análise da prova individualmente consi-

---

30 CABRAL, Antonio do Passo. El principio del contradictorio como derecho de influencia y deber de debate. *Revista Peruana de Derecho Procesal*, Lima, 16, año XIV, 2010. p. 269. Em seu clássico *Instrumentalidade do processo*, CÂNDIDO RANGEL DINAMARCO já destacava que o processo deve "refletir as bases do regime democrático", sendo um "microcosmos democrático do Estado-de-direito, com as conotações da liberdade, igualdade e participação (contraditório)" (DINAMARCO, Cândido Rangel. *A instrumentalidade do processo*. 6. ed. São Paulo: Malheiros, 1998. p. 25).

31 Exemplo disso é o caso citado na nota 400.

32 "Valorar a prova, desse modo, é desenvolver o raciocínio lógico que permite a correlação da prova produzida com o fato que dela é objeto, a fim de aferir se a fundamentação fática apresentada pelas partes viabiliza a qualificação jurídica necessária à sustentação da decisão sobre a pretensão. Sua finalidade não pode ser outra senão a justificação racional da decisão judicial, que ocorre como etapa seguinte à valoração" (PASCHOAL, Thaís Amoroso. *Coletivização da prova*, p. 167).

33 "As balizas norteadoras dessa atividade decorrem da própria concepção do critério persuasão racional. Pode-se sintetizá-las basicamente da seguinte forma: a) o conjunto probatório inclui apenas as provas constantes nos autos, relativas aos fatos expressamente alegados pelas partes; b) serão valoradas apenas as provas obtidas a partir de meios moralmente legítimos; c) a consideração das máximas de experiência é critério norteador da valoração do conjunto probatório; d) as presunções viabilizam a valoração dos fatos indiciários, possibilitando o raciocínio inferencial

derada, valorá-la no contexto do conjunto probatório dos autos[34], para o que poderá contar com as regras de experiência ordinárias ou técnicas[35]. As regras de experiência técnica, em especial sua relação com os fatos técnicos e a necessidade de prova pericial, serão melhor analisadas no item 31.

A fundamentação adequada permite o controle racional das decisões do Poder Judiciário enquanto expressão do Estado de Direito[36], o que inclui o controle dos *bias* e de eventuais desvios na produção e valoração da prova. A ideia de franqueza judicial e a legitimidade da atividade jurisdicional a partir desse critério[37] assumem aqui especial relevância.

---

no sentido da verificação da ocorrência do fato principal; e) qualquer decisão acerca dessas balizas deverá ser suficientemente fundamentada" (PASCHOAL, Thaís Amoroso. *Coletivização da prova*, p. 174).

34 "A valoração individual é um passo prévio imprescindível para a valoração conjunta, consistindo na análise da confiabilidade de cada uma das provas analisada tanto isoladamente como em relação a outras, como podem ser as provas sobre prova. A valoração em conjunto, de seu turno, coloca as provas em relação com as diferentes hipóteses sobre os fatos, permitindo concluir sobre qual grau de corroboração é aportado por aquela a cada uma dessas" (FERRER-BELTRÁN, Jordi. *Prova sem convicção*: *standards* de prova e devido processo. Trad. Vitor de Paula Ramos. Salvador: Juspodivm, 2022. p. 29).

35 "As regras de experiência comum decorrem de generalizações formadas no seio da sociedade, as quais podem ter base em crenças religiosas, regras de moral ou mesmo em leis naturais, lógicas ou científicas. Enquanto isso, as regras de experiência técnica derivam do pensamento técnico-científico sobre uma determinada situação" (MARINONI, Luiz Guilherme; ARENHART, Sérgio Cruz. *Prova e convicção*. 4. ed. São Paulo: Revista dos Tribunais, 2018. p. 82 e 171).

36 Para além de se justificar a partir do interesse das partes, também o interesse público justifica a fundamentação das decisões. Nesse sentido, CABRAL, Antonio do Passo. El principio del contradictorio como derecho de influencia y deber de debate, p. 269.

37 A defesa de que a tomada de decisões judiciais seja permeada pelo critério da franqueza tem como foco a motivação, referindo-se à crença de que aquilo que se afirma é verdadeiro, e contribuindo para a qualidade das decisões judiciais, inclusive na perspectiva de sua legitimidade institucional. Sobre o tema, SCHWARTZMAN, Micah. The Principle of Judicial Sincerity. *Virginia Law Review*, 94, 2008, p. 987-988; IDLEMAN, Scott C. A Prudential Theory of Judicial Candor. *Tex. L. Rev.*, 73, 1995, p. 1.307 e 1.310; FALLON JR., Richard H. A theory of judicial candor. *Columbia Law Review*, 117, 2017, 2317. Para este último, "defined subjectively, the obligation of candor requires judges and Justices, in their official roles, not to utter deliberate untruths and not to make knowingly misleading statements. Judges also bear an affirmative obligation to strive conscientiously to make it intelligible how they could regard their stated reasons for deciding cases as legally adequate. In a second, ideal dimension, judicial candor calls for searching inquiry into all relevant claims of law and fact in disputed cases and for full disclosure of moral and policy considerations that weighed on a judge's decision. As a practical matter, however, the inherent pressures of time, among other considerations, would preclude any human judge from realizing the ideal in all cases".

CPC/2015

A essas alturas, e postas essas premissas fundamentais, já é possível construir o conceito de prova que orientará as ideias que serão aqui desenvolvidas: prova é, em primeiro lugar, a atividade dialógica desenvolvida pelos sujeitos processuais de forma cooperativa, em busca da construção de um juízo de convencimento quanto à ocorrência dos fatos, de modo a justificar a tomada de decisões racionais. Para além da atividade, compreende-se a prova também como seu resultado[38].

Respeitados os limites deste trabalho, é importante, ainda que de forma breve, esclarecer alguns pontos relevantes para a formulação desse conceito: (i) essa atitude cooperativa dos sujeitos processuais[39] deve ser orientada pelo amplo

---

38 OVÍDIO A. BAPTISTA DA SILVA admite que o vocábulo "prova" poderá ter como significado "o convencimento que se adquire a respeito da existência de um determinado fato" (SILVA, Ovídio A. Baptista. *Curso de processo civil*. 5. ed. rev. e atual. São Paulo: Revista dos Tribunais, 2001. v. 1, p. 338). Para ANTONIO MAGALHÃES, a prova, considerando-se a linguagem geral e a linguagem processual, pode ser compreendida como demonstração, experimentação ou desafio. A primeira acepção tem relação com a busca de um "conhecimento processualmente verdadeiro a respeito dos fatos discutidos no processo", de modo a viabilizar "a obtenção de elementos capazes de autorizar um determinado grau de certeza sobre a ocorrência daqueles mesmos fatos", desde que "por meio de procedimentos racionais". Enquanto *experimentação*, a prova é atividade ou procedimento voltados a "recolher e analisar os elementos necessários para confirmar ou refutar as asserções sobre aqueles fatos". Por fim, a prova se coloca como *desafio* (ou *obstáculo a ser superado*), quando vista sob o aspecto de um ônus processual do qual cabe à parte se desincumbir (GOMES FILHO, Antonio Magalhães. Notas sobre a terminologia da prova (reflexos no processo penal brasileiro). *In*: YARSHELL, Flávio Luiz; MORAES, Maurício Zanoide de (org.). *Estudos em homenagem à professora Ada Pellegrini Grinover*. São Paulo: DPJ Editora, 2005. p. 306). Além dessas acepções, o autor destaca que a prova no processo pode representar "cada um dos dados objetivos que confirmam ou negam uma asserção a respeito de um fato que interessa à decisão da causa", referindo-se, no caso, aos *elementos de prova*; a conclusão que se extrai dos elementos, vista a prova, neste caso, como *resultado*, decorrente do "procedimento intelectual feito pelo juiz", ressaltando a necessidade de existência de uma "conexão entre os elementos objetivos produzidos e o resultado da prova" (GOMES FILHO, Antonio Magalhães. Notas sobre a terminologia da prova (reflexos no processo penal brasileiro), p. 307-308). Para BENTHAM, a prova é "um meio para um fim" (BENTHAM, Jeremy. *Tratado de las pruebas judiciales*. Org. E. Dumont. Trad. C. M. V. Paris: Bossange Fréres, 1825. v. I, p. 22). GIOVANNI VERDE ressalta que raramente o termo "prova" alude a um procedimento probatório, sendo possível excluir este último significado (VERDE, Giovanni. Prova (dir. proc. civ.). *Enciclopedia del diritto*. Giuffrè Editore, 1988. v. XXXVII, p. 589).

39 Em seu *Colaboração*, DANIEL MITIDIERO coloca o modelo e princípio colaborativo como orientador de toda a atividade probatória, desde a definição do tema da prova. Assim, "a formação do tema da prova também deve refletir a comunidade de trabalho em que se consubstancia o processo no marco teórico do processo civil no Estado Constitucional", comunidade de trabalho que, "polarizada pelo diálogo, constitui-se em uma verdadeira comunhão cooperativa para seleção do objeto da

diálogo em todas as etapas probatórias, desde a definição das provas a serem produzidas até a valoração das provas e a decisão sobre as questões de fato. O contraditório, portanto, em sua vertente *estendida*, assume especial expressão; (ii) sempre que necessário, essa ampla participação e diálogo devem ser viabilizados levando em consideração o critério da vulnerabilidade; (iii) o conceito desvincula a prova de um juízo absoluto de verdade, mas não deixa de considerar a necessidade de que a atividade probatória cooperativa dos sujeitos processuais permita a construção de um juízo de probabilidade obtido a partir de elementos o mais próximo possível da verdade[40]; (iv) dizer que a prova tem por finalidade a formação do convencimento e a construção de uma base racional para a tomada de decisões não desconsidera a imprescindibilidade de estabelecimento de critérios que orientem sua produção e valoração; e (v) de modo algum essa concepção coloca o magistrado como protagonista da atividade probatória. Orientada pela cooperação, provar é atitude que abarca todos os sujeitos do processo.

É esse olhar instrumental sobre a prova que orientará tudo aquilo que se pretende defender neste volume a respeito da prova testemunhal, da prova pericial e da inspeção judicial, em especial considerando a relevância desses meios de prova para a adequada tutela dos direitos e para a efetivação do acesso à justiça pela via do processo.

1.3. A prova pericial, a prova testemunhal, a inspeção judicial e a análise dos fatos: as inevitáveis subjetividades, os *bias* e a necessidade de estabelecimento prévio das premissas e critérios que orientam a produção da prova

Outra premissa fundamental para o que se pretende apresentar nesses comentários relativamente às provas testemunhal e pericial e à inspeção judicial

---

prova". Em seguida, e "uma vez dimensionado o *thema probandum*, interessa ao processo civil cooperativo a repartição do encargo probatório" (MITIDIERO, Daniel. *Colaboração no processo civil*. 3. ed. São Paulo: Revista dos Tribunais, 2015. p. 130-132).

40 "Se a verdade é relativa, o máximo que se pode esperar é reconstruir a verdade possível no processo. Não dá para alimentar falsas esperanças. O que não é motivo, contudo, para se desiludir, abandonar a verdade ou levar a falsidade para casa. A verdade, ainda que relativa, continua sendo uma espécie de luz no fim do túnel – um importante ideal regulativo. A verdade possível no processo é a probabilidade. A probabilidade própria do processo é a probabilidade lógica, que surge do procedimento de confirmação e não refutação da hipótese à luz da prova dos autos. Quanto mais a hipótese resiste ao cotejo com a prova, maior o seu grau de suporte na realidade, o que envolve: i) adequada formulação da hipótese; ii) individualização analítica da prova; e iii) adequada confrontação entre a hipótese e a prova para fins de confirmação e não refutação" (MITIDIERO, Daniel. *Processo civil*, p. 205).

é a ausência de neutralidade dos atores envolvidos na produção da prova. Essa premissa é relevante para todos os meios de prova, embora se manifeste em cada um de forma muito peculiar[41]. Não obstante, é nela que residem traços de grande semelhança entre esses meios de prova. Não por outra razão, CARMEN VÁZQUEZ defende o caráter testemunhal da prova pericial, afirmando que "a prova pericial é o que do ponto de vista epistemológico se conhece como testemunho"[42-43].

O Código de Processo Civil trouxe algumas regras que podem ajudar a reduzir o espaço de subjetividade no que toca às provas no processo[44]. Seja suprimindo o uso da palavra "livre" ao positivar o critério da persuasão racional no art. 371, seja atribuindo maior objetividade aos casos de impedimento das testemunhas, eliminando duas hipóteses de suspeição, relativamente à prévia condenação da testemunha por crime de falso testemunho e àquele que, por seus costumes, não for digno de fé. A mudança revela uma preocupação com uma maior objetividade na admissibilidade das testemunhas, afastando critérios ligados a preconcepções decorrentes de condutas anteriores por elas praticadas, que, no sistema anterior, geravam uma espécie de presunção de que seu depoimento, em qualquer caso, poderia ser falacioso.

---

41   Partindo do pressuposto de que a prova testemunhal não é suscetível apenas à mentira, mas também aos "erros honestos", VITOR DE PAULA RAMOS elenca que o testemunho de uma pessoa pode apresentar dois tipos de problemas: "(i) a percepção de uma pessoa pode ser diferente da realidade; e (ii) a narrativa que uma pessoa faz dos fatos pode ser diferente de sua percepção". Os erros honestos, por sua vez, "podem derivar de erros de percepção ou de erros na recuperação de uma memória, que podem, por sua vez, ser causados por inúmeros fatores que podem influenciá-la" (RAMOS, Vitor de Paula. *Prova testemunhal*: do subjetivismo ao objetivismo, do isolamento científico ao diálogo com a psicologia e a epistemologia. 4. ed. Salvador: Juspodivm, 2023. p. 249-250). Dadas essas premissas, o autor considera a prova testemunhal extremamente frágil, quando não corroborada de outras provas, "conferindo um grau de confirmação muito baixo, ou quase nulo" (p. 247). Nessa fundamental obra sobre o tema da prova testemunhal, o autor apresenta, à luz da psicologia e da epistemologia, critérios que buscam atribuir maior racionalidade e aproveitamento a esse meio de prova, sem desconsiderar suas limitações.

42   VÁSQUEZ, Carmen. *Prova pericial*: da prova científica à prova pericial. Trad. Vitor de Paula Ramos. Salvador: Juspodivm, 2021. p. 87. Para a autora, há diferenças epistêmicas importantes entre um testemunho técnico e um testemunho leigo, mas essas diferenças são de grau, não categóricas.

43   Nos sistemas de *common law*, o perito assume a condição de "testemunha especialista", aplicando-se à produção da prova pericial os mesmos mecanismos aplicáveis à prova testemunhal. Para mais detalhes, numa análise comparativa com a atuação do perito na *civil law*, TARUFFO, Michelle. *A prova*. Trad. João Gabriel Couto. São Paulo: Marcial Pons, 2014. p. 88-91.

44   Acerca de critérios para se atribuir racionalidade à prova pericial, a imprescindível obra de CARMEN VÁZQUEZ: *Prova pericial*: da prova científica à prova pericial.

Ainda assim, a subjetividade acaba por inevitavelmente permear a percepção que as testemunhas têm dos fatos, o que recomenda que se busque critérios objetivos e estratégias de colheita que permitam minimizá-la[45]. Guardadas as devidas proporções, e respeitadas as especificidades de cada meio de prova, algo semelhante ocorre com a análise que o perito faz acerca dos fatos durante a produção da prova pericial. E o mesmo – talvez até em maior grau, dada sua deferência à imediatidade – ocorre com a inspeção judicial. Em todas, é fundamental que se esteja atento a esses critérios, bem como a possíveis *bias*, ou seja, vieses inconscientes que o perito, as testemunhas e o juiz possam apresentar, em especial quando afetos a questões de gênero[46], raça ou classe social.

Todos os sujeitos envolvidos em cada um desses meios de prova (a testemunha, o perito e o juiz) carregam, necessariamente, percepções e premissas que de alguma forma podem orientar sua interpretação dos fatos. Afinal, tanto a prova pericial quanto a prova testemunhal "oferecem fatos interpretados que devem ser relevantes para o caso"[47].

O Código parece ter se atentado a isso. Tanto é que no § 3º do art. 473 prevê ser "vedado ao perito ultrapassar os limites de sua designação, bem como emitir opiniões pessoais que excedam o exame técnico ou científico do objeto da perícia". Inibir que o perito emita suas opiniões pessoais, porém, não é suficiente para evitar a carga subjetiva que suas conclusões inevitavelmente podem carregar.

---

45   Sobre o tema, RAMOS, Vitor de Paula. *Prova testemunhal.*

46   O Comitê sobre a Eliminação da Discriminação contra as Mulheres – CEDAW, das Nações Unidas, editou a Recomendação Geral n. 33, norteando o acesso das mulheres à justiça. Em seu item 29, a Recomendação orienta os Estados-partes que, dentre outros, "adotem medidas, incluindo programas de conscientização e capacitação a todos os agentes do sistema de justiça e estudantes de direito, para eliminar os estereótipos de gênero e incorporar a perspectiva de gênero em todos os aspectos do sistema de justiça", bem como que "assegurem que os programas de capacitação tratem, em particular: (...) A questão da credibilidade e do peso dado às vozes, aos argumentos e depoimentos das mulheres, como partes e testemunhas", bem como "os estândares inflexíveis muitas vezes desenvolvidos por juízes e promotores sobre o que consideram comportamento apropriado para as mulheres", e que "proporcionem programas de capacitação para juízes, promotores, advogados e funcionários encarregados de fazer cumprir a lei sobre a aplicação dos instrumentos jurídicos internacionais relacionados aos direitos humanos, incluindo a Convenção e a jurisprudência do Comitê, bem como a aplicação da legislação proibindo a discriminação contra as mulheres" (NAÇÕES UNIDAS. Comitê sobre a Eliminação da Discriminação contra as Mulheres (CEDAW). *Recomendação Geral n. 33: acesso das mulheres à justiça.* 3 ago. 2015. Disponível em: https://assets-compromissoeatitude--ipg.sfo2.digitaloceanspaces.com/2016/02/Recomendacao-Geral-n33-Comite--CEDAW.pdf. Acesso em: 20 dez. 2023).

47   VÁSQUEZ, Carmen. *Prova pericial*, p. 89.

Isso significa o abandono da crença de que a prova pericial, por sua natureza técnica, seria permeada de um objetivismo que permitiria ao juiz uma consideração fria das conclusões do perito. Tanto é que o art. 479 do CPC, de que se tratará mais adiante, em diálogo com o art. 371, prevê que o juiz "apreciará a prova", podendo considerar ou deixar de considerar as conclusões do laudo, "levando em conta o método utilizado pelo perito".

A carga subjetiva da prova pericial deve ser considerada, tanto quanto o é na prova testemunhal. Em outras palavras: se é fundamental que o juiz perquira as questões que circundam os depoimentos das testemunhas e possam influenciar nas suas percepções sobre os fatos, também a clara exposição das premissas e crenças de que parte o perito deve integrar a prova pericial, viabilizando o controle racional da prova e sua adequada valoração, no contexto do material probatório dos autos. Da mesma forma, os critérios objetivos que orientam a inspeção judicial – em especial a expressa indicação do objeto da prova e sua necessidade – permitem o controle racional desse meio de prova. O olhar do direito probatório em diálogo com a epistemologia, já mencionado anteriormente, permite que esses cuidados sejam adotados, recomendando em muitos casos o auxílio de especialistas, dado o caráter científico que se deve atribuir aos meios de prova.

Aceita essa premissa, a grande questão está em se buscar critérios que viabilizem o adequado conhecimento dessas percepções e possíveis vieses, viabilizando o controle racional da prova. Assim, sendo o perito uma "fonte de conhecimento para o juiz", é fundamental "analisar seu funcionamento e, sobretudo, a justificação das crenças ou do conhecimento assim adquirido"[48]. Nesse sentido, MARINA GASCÓN ABELLÁN destaca o grande interesse epistêmico no controle dos "informes periciais" admitidos no processo, que deverão ter um sólido fundamento científico, deixando a "pseudociência" fora do âmbito das decisões judiciais. Não é à toa que todos os critérios de controle de validade e confiabilidade das provas científicas compartilham desse objetivo[49].

É a fundamentação adequada desses critérios – que devem ser expostos corretamente pelo perito – que permitirá esse controle racional, levando à adoção de técnicas que possam auxiliar na valoração das provas e decisão dos fatos pelo juiz, como a determinação de uma nova perícia, ponto de que também se tratará mais adiante.

---

48   VÁSQUEZ, Carmen. *Prova pericial*, p. 83.

49   ABELLÁN, Marina Gascón. Prueba científica, un mapa de retos. *In*: VÁZQUEZ, Carmen (ed.). *Estándares de prueba y prueba científica*: ensayos de epistemologia jurídica. Madrid: Marcial Pons, 2013; PEIXOTO, Ravi. Standards *probatórios no direito processual brasileiro*. Salvador: Juspodivm, 2020. p. 191.

Seja como for, partindo da premissa de que há, tanto na prova testemunhal como na pericial e na inspeção, certa carga subjetiva, é necessário que se busquem critérios objetivos que possam orientar a produção e a valoração dessas provas, para o que é fundamental que sejam conhecidas as premissas que orientam as conclusões do perito, as percepções das testemunhas e as aferições realizadas pelo juiz na inspeção judicial.

Isso inclui, é claro, questões que possam indicar a existência de vieses inconscientes, em especial relativos a gênero, raça e classe social, que possam deturpar o resultado da prova. Pensar as ferramentas probatórias a partir dessa premissa é fundamental para garantir sua fiabilidade e adequação no contexto do acesso à justiça efetivo (sempre na perspectiva distributiva) e da tutela jurisdicional adequada.

1.4. Por fim, alguns aspectos metodológicos: a interpretação sistemática das regras probatórias e o necessário diálogo com a teoria geral da prova

O Código de Processo Civil de 2015 trouxe importantes mudanças para o sistema probatório do processo civil brasileiro. A potencialização da produção antecipada de provas[50], o posicionamento topográfico mais adequado da exibição de documento ou coisa e a distribuição dinâmica do ônus da prova[51] são alguns exemplos de como a regulamentação das provas no Código de Processo Civil ganhou novas e adequadas ferramentas, na perspectiva instrumental da prova.

Se, de um lado, esse olhar sobre a teoria geral da prova parece ter permeado a edição do Código, de outro, deixou-se passar a oportunidade do que seria uma fundamental reorganização e adequada sistematização da parte especial. Embora no que toca às provas em espécie o Código traga algumas

---

50 Sobre o tema: PASCHOAL, Thaís Amoroso. *Coletivização da prova*, p. 247 e s.; DIDIER JR., Fredie; BRAGA, Paula Sarno. Ações probatórias autônomas: produção antecipada de prova e justificação. *Revista de Processo*, v. 218, p. 13-45, abr. 2013; TALAMINI, Eduardo. Produção antecipada de prova no Código de Processo Civil de 2015. *Revista de Processo*, São Paulo: Revista dos Tribunais, v. 260, 2016; YARSHELL, Flávio Luiz. *Antecipação da prova sem o requisito da urgência e direito autônomo à prova*. São Paulo: Malheiros, 2009; FUGA, Bruno Augusto Sampaio. *Produção antecipada da prova*: procedimento adequado para a máxima eficácia e estabilidade. Londrina: Thoth, 2023.

51 Sobre o tema: CREMASCO, Suzana Santi. *A distribuição dinâmica do ônus da prova*. Rio de Janeiro: 2009; CARPES, Artur. *Ônus dinâmico da prova*. Porto Alegre: Livraria do Advogado, 2010; PAOLINELLI, Camilla Mattos. *O ônus da prova no processo democrático*. Rio de Janeiro: Lumen Juris, 2014; ANDREATINI, Lívia Losso. Ônus da prova: da doutrina chiovendiana sobre o interesse ao dever probatório. *Revista de Processo*, v. 346, dez. 2023.

novidades interessantes – como é o caso da prova pericial negociada e da prova técnica simplificada, de que trataremos mais adiante –, o fato é que os dispositivos da parte especial sofreram pouca modificação, comparados aos dispositivos do Código de 1973. A falta de sistematização, que já se verificava fortemente no Código anterior, é problema que persiste no atual Código. Isso gera reflexos na dificuldade de aplicação de algumas dessas regras e no pouco ou inadequado aproveitamento de alguns meios de prova – o que há muito se verifica na prática e na jurisprudência, como se verá no decorrer deste trabalho.

Não se trata de uma questão apenas estética. A desorganização dos dispositivos afetos a uma mesma questão, a separação – em dispositivos muitas vezes distantes topograficamente – de previsões afins ou complementares, a repetição de regras em dispositivos diversos e a falta de comunicação mais clara entre dispositivos com regras comuns ou complementares geram dificuldades também na aplicação das ferramentas, prejudicando seu adequado aproveitamento.

Um trabalho de sistematização mais atento permitiria uma melhor organização dos dispositivos e, como consequência, uma maior facilidade na sua interpretação e aplicação. É o que ocorre, por exemplo, com as previsões sobre o encargo do perito. A previsão do prazo para entrega do laudo está prevista no art. 465, mas a possibilidade de sua prorrogação é prevista somente no art. 476. A nomeação do perito é prevista também no art. 465, mas a possibilidade de indicação de mais de um perito em caso de perícia complexa aparece somente no art. 475. A disciplina dos quesitos perpassa inúmeros dispositivos, e as hipóteses de impugnação e substituição do perito, também espalhadas em alguns dispositivos, parecem não dialogar de forma adequada.

Embora em menor grau, o mesmo ocorre em alguns dispositivos da seção da prova testemunhal. O art. 449 se encontra na subseção da admissibilidade e valor da prova testemunhal, mas claramente deveria estar localizado na subseção relativa ao procedimento da prova. É complementado, de certo modo, pelas disposições dos arts. 453 e seguintes, mas está distante deles topograficamente. Também no que se refere à admissibilidade da prova testemunhal – questão, talvez, das mais complexas com relação a esse meio de prova –, a falta de uma melhor organização e clareza das regras gera algumas dificuldades (majoradas, é certo, pela manutenção, no Código Civil, de regra que deveria ter sido revogada expressamente pelo CPC, como se verá mais adiante).

Com relação à inspeção judicial, a despeito de sua baixa utilização pelo Judiciário, nenhuma alteração foi feita. Os dispositivos do CPC de 1973 permaneceram intactos no Código de 2015, sem nenhum acréscimo ou adequação, ignorando-se o grande potencial desse meio de prova.

Esses são somente alguns exemplos de como a desorganização da parte especial das provas – o que ocorre com praticamente todos os meios de prova – pode prejudicar a devida compreensão e aplicação das regras que orientam as provas em espécie. E indicam também como a falta de algumas previsões específicas poderiam melhor orientar a aplicação e o aproveitamento das provas no processo.

Como se verá nas linhas que seguem, alguns dispositivos, condensados ou melhor organizados, permitiram uma melhor sistematização da matéria. E um olhar mais adequado sobre a prova, que permitisse compreendê-la não somente numa perspectiva procedimental, mas também na dimensão do raciocínio probatório, seria fundamental.

Isso reforça ainda mais a necessidade de uma interpretação adequada das regras probatórias, abrindo-se o campo da prova a aplicações mais condizentes com seu caráter científico e o papel fundamental que desempenha no processo.

Aí reside uma relevante premissa metodológica que deve ser pontuada antes de se iniciar os comentários propriamente ditos. Optou-se, neste trabalho, por apresentar todos os comentários afetos a um determinado tema na primeira vez que ele surge no Código. Também se buscou fazer referência, ainda que de forma breve, a todas as regras relativas a um mesmo tema em cada um dos dispositivos que sobre ele versam. Essa forma de proceder foi necessária para se permitir uma análise sistemática das regras afetas a cada meio de prova, e a formulação das teses que se pretende aqui apresentar, relativamente à interpretação e aplicação dos meios de prova que são objeto deste livro.

Ainda em termos metodológicos, na elaboração destes *Comentários* preocupou-se em apresentar os necessários aportes teóricos sobre os temas, com referências à doutrina e à jurisprudência, buscando um contraponto necessário entre aquela que se entende ser a mais adequada interpretação das previsões legais sobre os meios de prova e uma melhor aplicação dessas ferramentas. Embora a maioria dos julgados utilizados seja do Superior Tribunal de Justiça, há também menção a decisões de tribunais estaduais, quando relevantes para a abordagem dos temas aqui tratados.

Correndo-se o risco de incidir numa obviedade, é importante pontuar, por fim, que também se verá no decorrer deste trabalho a busca de uma interpretação dos dispositivos da parte especial sempre em diálogo com a teoria geral da prova. São as previsões da parte geral que orientarão essa interpretação e a aplicação adequada dos dispositivos que regulam as provas em espécie.

Seção IX
Da Prova Testemunhal

Subseção I
Da Admissibilidade e do Valor da Prova Testemunhal

Art. 442. A prova testemunhal é sempre admissível, não dispondo a lei de modo diverso.

CPC de 1973 – art. 400, caput

2. Do conceito, do cabimento e da admissibilidade da prova testemunhal

Dentre as provas em espécie que integram o sistema probatório brasileiro, talvez a prova testemunhal seja aquela que mais abre espaço para discussões quanto à sua admissibilidade – tema, aliás, dos mais áridos no direito probatório.

O primeiro artigo voltado a essa regulamentação já motiva inúmeras discussões. Afinal, esse dispositivo parece sugerir uma significativa amplitude no que toca à admissibilidade da prova testemunhal, prevendo que ela será sempre admitida, assim como qualquer outro meio de prova, desde que a lei não disponha de forma contrária.

Os dispositivos seguintes, porém, revelam um sistema que, na realidade, impõe limitações à admissibilidade da prova testemunhal, dando a ela, em alguns casos, um caráter complementar a outros meios de prova. Mesmo que o Código de Processo Civil atual tenha suprimido um dos dispositivos mais polêmicos sobre o tema no CPC de 1973 – o antigo art. 401, que excluía a prova testemunhal em contratos com valor acima do décuplo do maior salário mínimo vigente no país –, essa alteração não foi suficiente para extirpar o evidente receio quanto à fiabilidade da prova testemunhal[52].

Tomem-se como exemplo os arts. 444 e 445, que apresentam algumas restrições à prova exclusivamente testemunhal. Como se verá nos comentários próprios àqueles dispositivos, trata-se de restrições que não se justificam e que criam inúmeros problemas práticos, verificáveis na jurisprudência, em especial pela manutenção da defasada regra prevista no art. 227, parágrafo único, do CC, que o legislador de 2015 cometeu o deslize de não revogar expressamente[53]. Por sua relevância e pouco trato na doutrina, esse ponto será analisado com mais detalhes adiante.

---

52 Sobre a fragilidade da prova testemunhal, quando não corroborada de outras provas, e a necessidade de estabelecimento de critérios racionais que permitam atribuir a ela maior confiabilidade, RAMOS, Vitor de Paula. *Prova testemunha*.

53 ROBSON GODINHO vai além, e defende com acerto que o Código de 2015 perdeu a oportunidade de revogar integralmente a disciplina das provas no Código Civil,

É claro que a possibilidade de se utilizar de prova testemunhal em qualquer caso representa um significativo ganho, em especial no que toca às obrigações, que podem ser comprovadas por prova testemunhal sem qualquer limitação de valor, ao contrário do que ocorria com o Código anterior, e desde que a lei não exija a prova escrita como essencial à substância do ato. Ainda assim, é de se registrar o quanto o legislador de 2015 deixou escapar uma importante oportunidade[54] de integrar a prova testemunhal a um sistema probatório que tem como norte a livre produção de provas moralmente legítimas e a persuasão racional. Isso resultou na manutenção de regras que, muito embora não impeçam o uso da prova testemunhal, acabam por limitar sua eficácia, colocando-a como complementar a outros meios de prova, em especial a documental.

A limitação aos meios de prova não se justifica, em especial num Código que parte da livre produção de provas idôneas e impõe sua apreciação no contexto do conjunto probatório dos autos, sempre a partir do critério da persuasão racional. Significa dizer que a prova testemunhal, como qualquer meio de prova, deve ser admitida em qualquer caso, sendo valorada em conjunto com as demais provas, e desde que, obviamente, de forma fundamentada. Afinal, quando se trata da prova testemunhal, o que ocorre não é diferente do que se verifica com qualquer outro meio de prova: qualquer questão relativa à sua fiabilidade é problema de valoração da prova, o que, embora possa influenciar de alguma forma na sua admissibilidade, com ela não se confunde.

Retome-se, aqui, o que se afirmou no item 3, linhas atrás. As características e fragilidades epistêmicas de certos meios de prova não devem orientar sua inadmissibilidade no processo. O único fator apto a afastar o cabimento de certo meio de prova, já no nível de sua admissibilidade, é seu descabimento por inadequação, por exemplo, por se tratar de fato técnico, para o que somen-

---

cujas regras são "lamentáveis, desnecessárias e deslocadas no tempo", em nada contribuindo sistematicamente (GODINHO, Robson Renault. Notas sobre o artigo 1.072, II, do Novo CPC: a revogação de regras sobre provas do Código Civil. *Revista do Ministério Público do Rio de Janeiro*, n. 61, jul.-set. 2016. p. 163-164).

54   "Houve importantes avanços no novo CPC no plano da admissibilidade da prova testemunhal, mas, como antes assinalado, permaneceram descuidos decorrentes da tradição, revelando uma desconfiança quanto a um específico meio de prova. O novo CPC segue, portanto, a opção legislativa de prever casuisticamente algumas hipóteses abstratas e prévias limitando a prova testemunhal, reservando como exceção uma cláusula subsidiária de abertura. Essa política legislativa vem sendo observada no Brasil desde o CPC de 1939, possui profundas raízes históricas em sua origem e, em certa medida, caminha em sentido oposto das tendências mais modernas" (GODINHO, Robson Renault. Notas sobre o artigo 1.072, II, do Novo CPC, p. 165).

CPC/2015, ART. 442

te a perícia será suficiente, ou porque, tratando-se de ato cuja celebração depende de instrumento público, somente o documento público poderá ser admitido. Isso, porém, nada tem a ver com a inadmissibilidade de uma prova em razão de uma suposta fragilidade para a demonstração do fato, que é o que comumente ocorre com relação à prova testemunhal[55].

Em outras palavras, admitidos, como efetivamente o são, todos os meios de prova moralmente legítimos, o valor que se atribui à prova é problema da etapa seguinte, relativa à sua valoração. Descartar-se o cabimento de um meio de prova antes disso – salvo nos casos de clara inadequação, como ocorre com a prova técnica – é criar embaraços indevidos à formação de um material probatório mais adequado. Isso não significa, contudo, deixar de lado a necessária preocupação com a adoção de critérios objetivos que possam orientar essa formação e sua valoração.

Para além disso, a limitação à produção da prova testemunhal e à suficiência em alguns casos pode revelar medida que atenta contra o acesso à justiça de pessoas ou grupos vulnerabilizados. Afinal, sabe-se das inúmeras dificuldades para a formação de conjunto probatório robusto decorrentes da falta de acesso a provas mais sofisticadas, evidenciando um dos obstáculos estruturais para a efetivação do acesso à justiça. Em muitos casos, a prova testemunhal será o único meio de prova a que a parte terá acesso, em especial quando se trata de certas negociações. Tudo isso deve ser ponderado no caso concreto, de modo a viabilizar uma maior abertura à admissão desse meio de prova.

Feitas essas ponderações iniciais, pode-se afirmar que a prova testemunhal é aquela que tem como fonte de prova as testemunhas, que nada mais são do que terceiros que tiveram algum contato com os fatos que integram a causa de pedir. Tratando-se de terceiros[56], obviamente se estará diante de pessoas diversas daquelas que exercem o contraditório (ou, se se preferir, daquelas que formulam suas pretensões ou contra quem se formulam essas pretensões)[57],

---

55 Relevante, neste ponto, a ponderação de ROBSON GODINHO, que alerta que, "se a admissibilidade de uma prova não se confunde com sua valoração, é incorreta e artificial a utilização dessa mistura heterogênea para amesquinhar um meio probatório" (GODINHO, Robson Renault. Da admissibilidade e do valor da prova testemunhal. *In*: ALVIM, Teresa Arruda et al. (coord.). *Breves comentários ao Novo Código de Processo Civil*. São Paulo: Revista dos Tribunais, 2015. p. 1.128).

56 "É terceiro quem não seja parte, quer nunca o tenha sido, quer haja deixado de sê-lo em momento anterior àquele que se profira a decisão" (BARBOSA MOREIRA, José Carlos. *Comentários ao Código de Processo Civil*. 10. ed. Rio de Janeiro: Forense, 2002. v. V, p. 291).

57 Acerca do conceito de parte, adota-se o entendimento de que se trata daquele "que demandar em seu nome (ou em nome de quem for demandada) a atuação de um pedido e aquele outro contra quem esse deve ser atuado. O pedido é o elemento

excluindo-se, portanto, todos os sujeitos do processo e os auxiliares da justiça que atuem no mesmo caso. Nada obsta, de outro lado, que o juiz possa testemunhar sobre determinado fato. Isso, porém, exigirá que se declare impedido para atuar no processo (art. 452, I, do CPC).

Mesmo com relação aos terceiros, é importante posicionar as testemunhas na categoria dos terceiros desinteressados, na medida em que a constatação de que o sujeito possui qualquer interesse na causa pode gerar seu impedimento ou suspeição para atuar como testemunha, como se verá mais adiante (art. 447, §§ 2º e 3º, do CPC). Não se perca de vista neste ponto a existência de estudos muito atuais e sofisticados acerca do conceito de partes e terceiros no processo, em especial a partir da consideração de que há outras categorias, para além dessas duas, que podem impactar sobremaneira na consideração dos esquemas de impedimento e suspeição das testemunhas no processo, como é o caso dos sujeitos ocultos[58].

Assim, a produção da prova testemunhal passa pela descrição que esses terceiros farão desses fatos, a partir de seus sentidos e percepções, e, inevitavelmente, de certa narrativa construída a seu respeito[59].

---

que determina quem é parte no processo e quem não é". Esse conceito é relevante porque parte do "grau de interesse jurídico" do sujeito para sua categorização como parte legítima, terceiro interessado ou terceiro desinteressado ou indiferente (Marinoni, Luiz Guilherme; Arenhart, Sérgio Cruz; Mitidiero, Daniel. *Curso de processo civil*. 7. ed. São Paulo: Revista dos Tribunais, 2021. v. 2, p. 88). Ainda sobre o tema: "O conceito de parte deve restringir-se àquele que participa (ao menos potencialmente) do processo com parcialidade, tendo interesse em determinado resultado do julgamento (...) Parte é o sujeito parcial do contraditório" (Didier Jr., Fredie. *Curso de direito processual civil*. Salvador: Juspodivm, 2020. v. 1, p. 593); "(...) partes são os sujeitos interessados que participam do contraditório. Terceiro, como já se afirmou, é todo aquele que não é parte enquanto não for parte, ou seja, enquanto não ingressar no processo na qualidade de sujeito interessado. Intervindo, em qualquer das modalidades de intervenção de terceiros, mesmo na assistência, ou integrando-se ao processo para compor litisconsórcio necessário, passa a ser parte" (Cintra, Lia Carolina Batista. *Intervenção de terceiro por ordem do juiz*: a intervenção *iussu iudicis* no processo civil. São Paulo: Revista dos Tribunais, 2017. p. 58).

58 Nesse sentido, o trabalho de Temer, Sofia. *Participação no processo civil*. Salvador: Juspodivm, 2020.

59 Como bem ponderam Sérgio Cruz Arenhart e Luiz Guilherme Marinoni, "a testemunha também faz juízo sobre o fato", podendo "supor (e declarar) que viu fato que na realidade não aconteceu". É por isso que a narrativa que a testemunha faz do fato pode ser influenciada também por sua formação, que pode ser técnica (Arenhart, Sérgio Cruz; Marinoni, Luiz Guilherme. *Comentários ao Código de Processo Civil*. São Paulo: Revista dos Tribunais, 2017. v. VII, p. 485), cabendo aos sujeitos processuais, no momento da produção da prova, cercarem-se de todos os cuidados necessários para evitar que esses juízos possam influenciar a adequada averiguação dos fatos. Aplica-se aqui tudo o que se afirmou nos itens iniciais deste

CPC/2015, ART. 442

Essas percepções de modo algum podem ter caráter técnico. Qualquer análise técnica no processo deve ser realizada pelo perito ou especialista, como se verá no capítulo seguinte. Havendo a necessidade de uma apuração técnica dos fatos narrados pela testemunha, o especialista deverá ser chamado ao processo para auxiliar o juiz. Nada impede que ocorra a conjugação dos meios de prova: a testemunha descreve o fato vivenciado e, havendo a necessidade de uma análise técnica a seu respeito, o perito é chamado para elucidá-lo[60]. Isso tudo porque, diferentemente do que ocorre na arbitragem, no processo civil judicial inexiste a figura da *expert witness*[61], ou seja, da testemunha especializada[62].

---

trabalho: assim como ocorre com a perícia, também no que se refere à prova testemunhal é necessário buscar-se critérios objetivos que possam depurar da produção da prova qualquer carga de subjetividade que inviabilize a correta verificação dos fatos.

60 "(...) quando for necessária apenas a descoberta do fato que foi presenciado, ainda que por pessoa dotada de conhecimento técnico, não há porque não admitir a prova testemunhal. O que se pode dizer é que a declaração da testemunha, por ser feita a partir de um juízo técnico, pode ser confrontada com uma prova pericial. Nesse caso, a testemunha irá declarar, ainda que de maneira técnica, sobre o fato, e o perito, que obviamente não pode ter presenciado o fato, irá fazer apenas uma análise técnica a respeito do fato" (MARINONI, Luiz Guilherme; ARENHART, Sérgio Cruz. *Prova e convicção*, p. 829).

61 PASCHOAL, Thaís Amoroso. *Coletivização da prova*, p. 301. PAULO OSTERNACK AMARAL lembra que a testemunha será qualificada como especialista "por seu conhecimento, habilidade, experiência, formação ou educação", sendo que seu testemunho poderá ser prestado por meio de um parecer escrito ou de outra maneira. E complementa: "Em princípio, o trabalho do *expert* não precisa justificar os fatos e dados subjacentes à sua análise. Todavia, ele poderá ser compelido a demonstrar tais circunstâncias quando existir ordem judicial assim dispondo ou ele seja questionado no *cross-examination* (*Rule* 705). A atuação do *expert* pode ser requerida pelas partes ou determinada pelo juiz. Incumbe à parte que pretende a atuação do *expert testimony* a demonstração de que ele ostenta conhecimentos especiais e que tal *expertise* é adequada para elucidar determinada matéria complexa debatida nos autos" (AMARAL, Paulo Osternack. *Provas – atipicidade, liberdade e instrumentalidade*. 2. ed. rev., atual. e ampl. São Paulo: Revista dos Tribunais, 2017. p. 128-129).

62 Embora, na prática, já se tenha permitido a adoção de testemunha para depor acerca de fatos técnicos no processo. Tratava-se de ação envolvendo contrato de derivativos, na específica modalidade *swap*, em que se discutia a possibilidade de revisão de contrato atrelado ao dólar em razão de uma específica cláusula que gerava uma espécie de alavancagem para aumento do valor devido por uma das partes. Um dos pontos controvertidos objeto da prova dizia respeito à demonstração de que, especificamente no caso, essa cláusula não gerava onerosidade excessiva, pelas características técnicas do contrato. Para comprovar esse fato, em especial pela dificuldade de compreensão dessa questão pelo juiz, dada sua tecnicidade, arrolou-se como testemunha o sujeito que criou o contrato para a empresa autora, cujo depoimento foi admitido nos autos sem termo de compromisso, unicamente para explicar tecnicamente o funcionamento do contrato (Autos 1.157/2008, 1.032/2008 e 132/2009, da 1ª Vara Cível de Campo Mourão/PR).

COMENTÁRIOS AO CÓDIGO DE PROCESSO CIVIL V. VIII

Para tanto, a testemunha deve necessariamente vivenciar o fato por meio de seus sentidos (visão, olfato ou mesmo tato ou paladar, a depender dos fatos da causa). O depoimento referencial, ou seja, aquele em que a testemunha se refere a algo que ouviu de outra pessoa, poderá ter utilidade como indício[63] ou mesmo como indicação da necessidade de se ouvir o sujeito que efetivamente vivenciou o fato, na condição de testemunha referida (art. 461, I, do CPC).

Como se verá nos itens a seguir, o sistema brasileiro, embora atualmente mais tolerante quanto à admissibilidade da prova testemunhal, ainda tenta criar alguns embaraços ao seu cabimento, claramente fincados em sua fiabilidade. Esses embaraços devem ser afastados sempre que possível, em especial nos casos em que a prova testemunhal se revele um meio adequado para a comprovação dos fatos[64], como ocorre, por exemplo, em ações de família[65].

A prova testemunhal também pode ser muito útil quando for necessário investigar as circunstâncias do caso, a fim de evidenciar a ocorrência de vícios de consentimento e suas consequências nos casos concretos (ver, sobre este ponto, os comentários ao art. 446, mais adiante), bem como para se aferir a ocorrência e quantificação do dano moral[66].

> **Art. 443.** O juiz indeferirá a inquirição de testemunhas sobre fatos:
>
> **I** – já provados por documento ou confissão da parte;
>
> **II** – que só por documento ou por exame pericial puderem ser provados.

CPC de 1973 – art. 400, I e II

3. Ainda sobre a admissibilidade da prova testemunhal

Na linha do que se afirmou no item anterior, ou seja, da admissibilidade plena da prova testemunhal, ainda que nem sempre de forma exclusiva, o art. 443 do CPC impõe algumas limitações ao uso dessa prova no processo.

---

63 MARINONI, Luiz Guilherme; ARENHART, Sérgio Cruz. *Prova e convicção*, p. 824.

64 CAROLINA UZEDA destaca a adequação da prova testemunhal para a comprovação da falsidade ou autenticidade de obras de arte, inclusive naqueles casos em que "o artista delega a sua produção a terceiros, mediante a utilização de assistentes" (UZEDA, Carolina. Prova da autenticidade de obras de arte. *Revista de Processo*, v. 349, p. 101-127, mar. 2024).

65 Sobre o tema: TARTUCE, Fernanda. *Processo civil no direito de família*: teoria e prática. Rio de Janeiro: Forense; São Paulo: Método, 2017. p. 138-140.

66 Nesse sentido, o Enunciado n. 455 da V Jornada de Direito Civil do Conselho da Justiça Federal: "Embora o reconhecimento dos danos morais se dê, em numerosos casos, independentemente de prova (*in re ipsa*), para a sua adequada quantificação, deve o juiz investigar, sempre que entender necessário, as circunstâncias do caso concreto, inclusive por intermédio da produção de depoimento pessoal e da prova testemunhal em audiência".

Esse dispositivo dialoga com previsões que podem ser extraídas das regras gerais do sistema probatório ou de regras previstas para outros meios de prova, como a prova pericial, que será objeto de comentários na segunda parte deste trabalho. Afinal, tratando-se de caso em que a prova técnica é essencial pela natureza técnica dos fatos, nenhum outro meio de prova poderá substituí-lo, mas apenas complementá-lo, quando necessário para viabilizar sua adequada compreensão. Da mesma forma, tratando-se de fatos já provados por documento ou confissão da parte, qualquer outra prova poderá ser indeferida em razão de seu descabimento, nos termos do art. 370, parágrafo único, do CPC. Neste ponto, a regulamentação do não cabimento da prova testemunhal nada tem de diferente.

No Código anterior, o artigo que regulava a admissibilidade da prova testemunhal já se encarregava de prever as situações em que ela não seria admitida. No atual Código, essas previsões foram separadas, cabendo ao art. 443 a previsão de que a prova testemunhal será indeferida quando se estiver diante de fatos já provados por documento ou confissão da parte ou que somente possam ser provados por documento ou por perícia.

Relativamente à prova documental[67], a previsão nada mais faz do que complementar a regra dos arts. 427 e 428 do CPC, na medida em que a fé do documento público ou particular somente poderá cessar nas hipóteses previstas nesses dispositivos[68]. Em ambos os casos, caberá à parte arguir sua falsidade. No caso dos documentos particulares, além da declaração de falsidade ou inautenticidade[69], a fé cessará quando, assinado em branco, seu conteúdo for impugnado por preenchimento abusivo[70].

---

67 Sobre a maior amplitude na admissão da prova documental, devendo o documento ser excluído apenas quando irrelevante, sendo que, "fora disso, tratar-se-á de discussões de mérito, próprias à fase de valoração" (RAMOS, Vitor de Paula. *Prova documental*: do documento aos documentos – do suporte à informação. Salvador: Juspodivm, 2021. p. 268).

68 "Ora, se o documento é suficiente para demonstrar um fato, a não arguição de sua falsidade torna o fato incontroverso, descabendo à parte prejudicada pelo documento requerer prova testemunhal para tentar demonstrar o fato em contrário" (MARINONI, Luiz Guilherme; ARENHART, Sérgio Cruz. *Prova e convicção*, p. 828).

69 "A inautenticidade do documento, no sentido de indicar autor diverso de seu autor real, normalmente decorre de uma falsidade material, *i.e.*, da formação de um documento não verdadeiro ou da alteração de um documento verdadeiro. E tanto o documento público quanto o particular podem conter falsificações que indiquem autor diverso do autor real. Ou seja, é possível impugnar a autenticidade do documento particular e do documento público, o que ordinariamente coincidirá com a alegação de uma falsidade documental" (LEITE, Clarice Frechiani Lara. *Comentários ao Código de Processo Civil*. São Paulo: Saraiva, 2020. v. VIII, t. II, p. 203).

70 "(...) Pode ocorrer de a assinatura ter sido aposta no documento antes que a declaração tivesse sido redigida de modo completo. É essa a situação pressuposta no art.

Não sendo reconhecida a falsidade, o documento será considerado válido, afastando a produção da prova testemunhal quando suficiente para a verificação da ocorrência do fato. Havendo controvérsia quanto a essa suficiência, a prova testemunhal poderá ser admitida. É possível, ainda, que a prova documental prove o fato constitutivo, mas seja necessária a produção de prova testemunhal para comprovar o fato impeditivo, modificativo ou extintivo do direito do autor.

Quanto à segunda parte do inciso I do dispositivo ora em comento, trata-se de previsão que apenas reitera o que prevê o art. 374, II, do CPC, segundo o qual não dependem de prova os fatos "afirmados por uma parte e confessados pela parte contrária". Nada exclui, por óbvio, o uso da prova testemunhal para a invalidação de confissão, nas hipóteses do art. 393 do CPC, a fim de se comprovar o erro de fato ou a coação, aplicando-se ao caso o art. 446 do CPC. Em outras palavras, a parte poderá se valer da prova testemunhal caso se obtenha a declaração de falsidade da prova documental, ou se pretenda invalidar a confissão.

Da mesma forma, se um determinado fato somente puder ser provado por documento ou por "exame pericial", igualmente nenhum outro meio de prova será suficiente, incluindo-se a prova testemunhal. Não, ao menos, de forma isolada.

Em primeiro lugar, e embora o dispositivo mencione "exame pericial", há que se considerar que qualquer prova técnica suficiente à comprovação de fatos técnicos afastará a admissibilidade da prova testemunhal. Como se verá mais adiante, prova técnica inclui, além da prova pericial, também a prova técnica simplificada (art. 464, § 2º) e a apresentação de pareceres técnicos pelas partes (art. 472).

Remete-se aqui a tudo o que se desenvolverá na segunda parte desta obra, relativamente à prova pericial e sua admissibilidade no processo. Mais uma vez, nenhuma novidade existe aqui relativamente ao descabimento da prova testemunhal, já que, quando determinado fato somente puder ser provado por documento ou por prova técnica, nenhuma outra prova poderá substituir esses meios, muito embora possa complementá-los. Aplicam-se neste ponto, respectivamente, os arts. 444 e 464 do CPC, além de outros relativos à disciplina da prova documental e da prova pericial.

428, II e parágrafo único, na qual alguém assina documento em branco ou com lacunas para que seja preenchido por outrem (...) É possível, de outro lado, que o preenchimento posterior do documento seja abusivo não porque tenha desobedecido ao pacto quanto aos critérios de preenchimento, mas porque pacto algum havia" (LEITE, Clarice Frechiani Lara. *Comentários ao Código de Processo Civil*, p. 205-206).

Lembre-se, por exemplo, da previsão do art. 406 do CPC[71], segundo a qual, "quando a lei exigir instrumento público como da substância do ato, nenhuma outra prova, por mais especial que seja, pode suprir-lhe a falta". Significa dizer que, quando o documento público for essencial para a prática do ato documentado, nenhuma outra prova poderá ser admitida em seu lugar, o que afasta, igualmente, a possibilidade de produção de prova testemunhal (ou de qualquer outro meio de prova) para se comprovar o fato.

O CPC de 1973 limitava o uso da prova testemunhal para os contratos cujo valor não excedesse o décuplo do maior salário mínimo vigente no país ao tempo em que foram celebrados (art. 401 do CPC/1973). Esse dispositivo não tem correspondência no Código de Processo Civil atual, ou seja, a prova testemunhal poderá ser utilizada para comprovar a celebração de qualquer contrato, independentemente de seu valor. Os arts. 444 e 445 do CPC, aliás, autorizam o uso da prova testemunhal em se tratando de obrigações, mesmo quando a lei exigir prova escrita, caso em que poderá ser utilizada desde que haja começo de prova por escrito, emanado da parte contra a qual se pretende produzir a prova (art. 444). Os dispositivos serão comentados a seguir.

É nesse contexto que a admissibilidade da prova testemunhal deverá ser analisada. Esse exame passa, inevitavelmente, por um juízo de suficiência e adequação da prova para a demonstração de determinados fatos. Assim, verificando-se que os fatos já estão provados por documento ou confissão e, portanto, constatando-se a desnecessidade da prova testemunhal, deverá ela ser indeferida. Da mesma forma, tratando-se de fato que somente pode ser comprovado documentalmente, ou de fato técnico a ser comprovado necessariamente por prova técnica, igualmente a prova testemunhal deverá ser indeferida, em razão de sua inadequação[72].

---

71 "(...) nos casos em que a forma escrita (por instrumento público ou particular) for necessária à constituição válida do negócio, não adianta provar que as partes manifestaram, de forma não escrita, a vontade e constitui-lo, porque esse negócio não será válido e não produzirá, pois, seus efeitos programados" (LEITE, Clarice Frechiani Lara. *Comentários ao Código de Processo Civil*, p. 86).

72 De forma geral, a jurisprudência sempre pautou a admissibilidade das provas no processo civil a partir de sua capacidade para demonstrar fatos essenciais no processo. É o que se vê da seguinte decisão: "Para que se tenha por caracterizado o cerceamento de defesa, em decorrência do indeferimento de pedido de produção de prova, faz-se necessário que, confrontada a prova requerida com os demais elementos de convicção carreados aos autos, essa não só apresente capacidade potencial de demonstrar o fato alegado, como também o conhecimento desse fato se mostre indispensável à solução da controvérsia, sem o que fica legitimado o julgamento antecipado da lide, nos termos do artigo 330, I, do Código de Processo Civil. II. Sem que o embargante tivesse apresentado qualquer início material de prova do pagamento alegado, por ocasião do oferecimento dos embargos do devedor, a oitiva de

Nada impede, de todo modo, que mesmo nesses casos a prova testemunhal possa ser determinada para complementar[73] o conjunto probatório dos autos, em especial quando houver dúvidas acerca das conclusões extraídas das demais provas no processo.

Em outras palavras, mesmo que determinado fato já esteja provado por documento, confissão ou mesmo por prova técnica, nada impede que a prova testemunhal seja produzida, a despeito do art. 443 do CPC, desde que se revele necessária para complementar a prova do fato. Como lembra Robson Godinho, é também perfeitamente possível que a prova testemunhal sirva para desconstituir a prova documental, salvo no caso em que o documento gere alguma presunção absoluta[74]. Também é possível, como já se disse linhas acima, que seja produzida prova testemunhal para demonstrar o vício de consentimento que fundamente a anulação da confissão.

> **Art. 444.** Nos casos em que a lei exigir prova escrita da obrigação, é admissível a prova testemunhal quando houver começo de prova por escrito, emanado da parte contra a qual se pretende produzir a prova.

> *CPC de 1973 – art. 402, I*

4. A prova testemunhal de obrigações

O tema das provas perpassa o direito civil e o direito processual civil[75]. Tanto é que sua regulamentação aparece tanto no Código Civil quanto no

---

testemunhas, por si só, não se prestaria a desconstituir a força do título que aparelhou a execução, em face das características de autonomia e literalidade que lhe são inatas" (EDcl no AgRg no REsp 251.038/SP, 3ª Turma, rel. Min. CASTRO FILHO, j. 18-2-2003, *DJ* 10-3-2003, p. 185).

73 "Há que se examinar, ainda, a extensão do conteúdo do documento ou da confissão, já que, havendo fatos controvertidos por eles não alcançados, remanesce o direito à produção da prova testemunhal, sem prejuízo de serem indeferidas as perguntas que se relacionarem com o objeto já esclarecido por aqueles meios de prova" (GODINHO, Robson Renault. Da admissibilidade e do valor da prova testemunhal, p. 1.129-1.130).

74 GODINHO, Robson Renault. Da admissibilidade e do valor da prova testemunhal, p. 1.129.

75 "Basicamente contam-se cinco teses sobre a natureza jurídica das normas sobre provas: 1) são exclusivamente de direito material, 2) são exclusivamente de direito processual, 3) possuem natureza mista, 4) possuem natureza dúplice, material e processual e 5) pertencem ao direito 'justicial'. Não se questiona que há uma íntima conexão entre as normas sobre ônus da prova e o direito material, assim como entre as questões probatórias e o direito material, já que estamos trabalhando com suportes fáticos, mas a disciplina sobre a fixação, incidência e eficácia das regras sobre ônus da prova é eminentemente processual. Ainda que se considere irrelevante a topografia da norma para indicar sua natureza, a matéria foi disciplinada pelo

Código de Processo Civil, com alguns problemas decorrentes de certa ausência de um diálogo adequado entre essas normas[76]. O ponto relativo à prova testemunhal certamente é um bom exemplo disso.

Em linhas muito gerais, pode-se afirmar que a prova testemunhal será sempre admitida, mas, em alguns casos, somente poderá ser utilizada em caráter subsidiário ou complementar a um começo de prova por escrito. Esses casos limitam-se àqueles em que a lei exige forma escrita[77] para a prática do ato, que são excepcionais, dado que no sistema brasileiro prevalece a liberdade das formas, de modo que as declarações de vontade dependerão de forma especial somente quando a lei exigir (art. 107 do CC).

Muito embora a prova testemunhal seja sempre admitida, o art. 444 do CPC cria uma condição para sua utilização apenas nos casos em que a lei (civil) exigir prova escrita da obrigação. Ou seja: a previsão do art. 444 do CPC não se aplica a qualquer obrigação, mas apenas àquelas para as quais se considere essencial para a substância do ato a prova escrita. Nesses casos, deverá haver começo de prova escrita, produzida pela parte contra quem se pretende provar. Um exemplo, que desde já pode ajudar na compreensão da regra, é a previsão do art. 108 do CC, que exige a escritura pública para a validade de negócios jurídicos que visem à constituição, transferência, modificação ou renúncia de direitos reais sobre imóveis de valor superior a trinta vezes o maior salário mínimo vigente no país, salvo se a lei dispuser de forma contrária[78].

---

legislador brasileiro tanto no Código Civil quanto no Código de Processo Civil, com evidentes impactos causados no sistema a partir de uma nova codificação" (GODINHO, Robson Renault. Notas sobre o artigo 1.072, II, do Novo CPC, p. 163).

76 Sobre o ponto, com críticas pertinentes acerca dos equívocos na regulamentação das provas no Código Civil: BARBOSA MOREIRA, José Carlos. Anotações sobre o título 'Da Prova' do Novo Código Civil. *In*: DIDIER JR., Fredie; MAZZEI, Rodrigo (org.). *Reflexões do Novo Código Civil no direito processual*. Salvador: Juspodivm, 2007; CÂMARA, Alexandre Freitas. *Lições de direito processual civil*. 11. ed. Rio de Janeiro: Lumen Juris, 2004. v. I, p. 407; GODINHO, Robson Renault. Notas sobre o artigo 1.072, II, do Novo CPC).

77 "Forma do negócio jurídico é o meio através do qual o agente exprime sua vontade. A forma pode ser escrita, verbal, mímica, consistir no próprio silêncio ou, ainda, em atos dos quais se deduz a declaração de vontade (...) No direito contemporâneo, seja pela intensa influência do voluntarismo jurídico, seja pelas necessidades práticas atinentes à dinâmica do tráfego econômico, o formalismo cedeu passagem ao chamado princípio do consensualismo ou da liberalidade das formas" (SCHREIBER, Anderson. *Manual de direito civil contemporâneo*. 5. ed. São Paulo: Saraiva, 2022. p. 235-236).

78 ANDERSON SCHREIBER et al. ressaltam que esse dispositivo é uma exceção ao princípio da liberalidade das formas (SCHREIBER, Anderson et al. *Código Civil comentado* – doutrina e jurisprudência. Rio de Janeiro: Forense, 2019. p. 72).

Comentários ao Código de Processo Civil v. VIII

O primeiro comentário necessário relativamente a esse dispositivo decorre de uma diferença clássica no direito civil entre a forma *ad solemnilatem* e a forma *ad probationem tantum*. Em linhas gerais, trata-se da diferença entre exigir-se determinada forma como essencial para a validade do ato (no plano do direito material) ou exigi-la apenas para a prova de que o fato ocorreu (ou, no específico caso do dispositivo comentado, que a obrigação existe – problema ligado a qualquer pretensão deduzida a respeito da obrigação – de processo civil, portanto)[79]. Afinal, uma coisa é dizer que o ato somente pode ser celebrado pela forma escrita; outra diversa é dizer que o ato, mesmo que celebrado por outra forma, somente pode ter sua celebração comprovada pela prova escrita.

O que faz o art. 444 do CPC nada mais é do que vincular, de certo modo, mas não plenamente, as duas coisas. Ou seja, quando a lei civil elencar determinada forma (no caso, a forma escrita) como essencial à prática do ato, esse ato deverá ser provado no processo por meio de começo de prova escrita, que poderá ser complementada por prova testemunhal. A prova testemunhal, portanto, é admitida; mas, no específico caso de obrigações que somente são válidas se tomarem a forma escrita, aquele meio de prova não poderá ser usado exclusivamente.

Na esteira desse dispositivo, mas indo um pouco além (e, como se verá, também um pouco aquém), o Código Civil prevê, no parágrafo único do art. 227, que, no caso de negócios jurídicos, a prova testemunhal é admissível como subsidiária ou complementar à prova por escrito[80]. O dispositivo parece suge-

---

79   Anderson Schreiber bem explica essa questão: "É antiga, entre nós, a distinção entre a forma *ad solemnilatem* e *ad probationem tantum*. A primeira consubstanciaria um elemento essencial do negócio, integrando a própria substância do ato (*forma dat esse rei*). A segunda seria mero meio de prova. Já Clóvis Beviláqua insurgia-se contra a distinção, pois, a seu ver, 'se a lei estatui que, num certo ato, a escritura é da substância, e, em relação a certo outro, declara que somente por escritura ele se pode provar, é claro que o ato há de submeter-se à forma escrita, para que tenha eficácia e prevaleça quando contestado'. Era também a opinião de João Monteiro, para quem 'em uma palavra: a forma do ato, judiciariamente, se confunde com a prova do mesmo ato'. Há, todavia, quem a defenda, como Caio Mário da Silva Pereira, que invocava o exemplo do art. 401 do Código de Processo Civil anterior, segundo o qual não se admitia prova exclusivamente testemunhal para demonstrar a existência de obrigação de valor superior a dez salários-mínimos'. A forma escrita seria aí ad probationem tantum, não sendo exigida para a substância do ato. O novo Código de Processo Civil suprimiu o dispositivo, reforçando os argumentos daqueles que entendem dispensável a distinção" (Schreiber, Anderson. *Manual de direito civil contemporâneo*, p. 237).

80   Segundo o Enunciado n. 70 da I Jornada de Direito Notarial e Registral, "A prova escrita da celebração de um negócio jurídico pode ser complementada por ata no-

rir que, qualquer que seja o negócio jurídico, deverá sempre haver início de prova por escrito. O *caput* daquele dispositivo[81] foi revogado pelo Código de Processo Civil de 2015, adequando-se, neste ponto, a regulamentação civilista à norma processual, que deixa de vincular a utilização da prova testemunhal ao valor do contrato objeto da causa.

Para além da atecnia legislativa revelada pela manutenção de parágrafo em dispositivo que teve seu *caput* revogado[82], o citado dispositivo está em descompasso com a previsão do art. 444 do CPC, além de ignorar outras formas de celebração de negócios jurídicos, que não podem prescindir da comprovação por meio da prova testemunhal. Neste ponto, pode-se concluir que também o parágrafo único do art. 227 do CC foi revogado pelo Código de Processo Civil, embora não expressamente[83].

Assim, a interpretação do art. 444 em conjunto com o parágrafo único do art. 227 do CC deve necessariamente levar em conta as seguintes questões, fundamentais para que se compreenda a admissibilidade da prova testemunhal no caso de obrigações (o que inclui, por óbvio, os negócios jurídicos): a) de um lado, o parágrafo único do art. 227 do CC diz mais que o art. 444 do CPC, restringindo o uso da prova exclusivamente testemunhal para todo e qualquer negócio jurídico, e não apenas para aqueles em que se exige prova escrita para sua celebração; b) ao mesmo tempo, diz menos que o dispositivo processual, na medida em que este se aplica a todas as fontes das obrigações, enquanto o dispositivo do Código Civil fala unicamente em negócios jurídicos (apenas uma dentre as variadas fontes das obrigações)[84]; c) o art. 444 do CPC refere-se

---

tarial que reproduza diálogos por meio de aplicativos e redes sociais, nos termos do art. 227, parágrafo único, do Código Civil".

81 "Art. 227. Salvo os casos expressos, a prova exclusivamente testemunhal só se admite nos negócios jurídicos cujo valor não ultrapasse o décuplo do maior salário-mínimo vigente no País ao tempo em que foram celebrados."

82 "O parágrafo, em sentido lógico, designa a parte ou seção de um discurso, ou capítulo, que forma um sentido completo e independente; mas em sentido técnico legislativo, indica a disposição secundária de um artigo, ou texto de lei, que, de qualquer modo, completa ou altera a disposição principal, a que se subordina" (Ráo, Vicent. *O direito e a vida dos direitos*. 6. ed. São Paulo: Revista dos Tribunais, 2005. p. 314).

83 "Acertou, portanto, o Código de Processo Civil de 2015 ao revogar o preceito [o *caput* do art. 227 do CC]. Afastada a vedação à prova exclusivamente testemunhal, não há que se falar em caráter subsidiário ou complementar à prova escrita, como faz o parágrafo único do artigo em comento, que deveria ter sido abarcado pela revogação da cabeça do artigo" (Schreiber, Anderson et al. *Código Civil comentado*, p. 135).

84 "A doutrina brasileira, em geral, segue a tendência mais recente de rejeitar as categorias do quase contrato e do quase delito, apresentando como fontes das obrigações: (a) o ato jurídico em sentido lato; (b) o ato ilícito (culposo ou doloso); (c) a lei; e, por fim, (d) o enriquecimento sem causa. Registre-se, contudo, que há fundada

à prova escrita como essencial à substância do ato, e não à prova da celebração da obrigação, coisas imbricadas, mas diversas, como se destacou anteriormente; d) por começo de prova escrita deve-se considerar qualquer elemento idôneo a demonstrar a obrigação, ainda que de forma indiciária e mesmo que por outro meio que não o documental.

Caso a lei imponha a forma escrita à obrigação, a prova testemunhal terá caráter subsidiário, podendo ser utilizada desde que haja início de prova escrita. Em se tratando de obrigações – inclusive contraídas por meio de negócios jurídicos – para as quais não se exija a forma escrita, a prova poderá ser exclusivamente testemunhal. Obviamente, tratando-se de negócio jurídico verbal, a prova escrita não poderá ser exigida, sendo o caso de se autorizar a prova exclusivamente testemunhal.

Essa interpretação se coaduna com a regra do art. 107 do CC, segundo a qual "a validade da declaração de vontade não dependerá de forma especial, senão quando a lei expressamente a exigir". Inexiste, portanto, solenidade quanto à celebração dos negócios jurídicos, que poderão realizar-se por meio de escritura pública, instrumento particular ou mesmo verbalmente[85]. A exceção está prevista no já citado art. 108 do CC, que exige escritura pública como essencial à "validade dos negócios jurídicos que visem à constituição, transferência, modificação ou renúncia de direitos reais sobre imóveis de valor superior a trinta vezes o maior salário mínimo vigente no País"[86], quando a lei não dispuser de forma contrária, ou no caso das doações, às quais se aplica o disposto no art. 541 do CC, que exige escritura pública ou instrumento particular, prevendo, porém, em seu parágrafo único, que "a doação verbal será válida, se, versando sobre bens móveis e de pequeno valor, se lhe seguir incontinenti a tradição". Nesses dois casos (arts. 108 e 541 do CC), a prova testemunhal poderá ser utilizada, desde que haja início de prova por escrito.

O que se vê, portanto, é que, em se tratando da prova de obrigações, somente não será admitida a prova exclusivamente testemunhal quando a lei exigir prova escrita como essencial para a validade do ato[87]. É essa a disposição

---

controvérsia em torno da qualificação do enriquecimento sem causa como fonte de obrigações" (SCHREIBER, Anderson. *Manual de direito civil contemporâneo*, p. 329).

85 SCHREIBER, Anderson. *Manual de direito civil contemporâneo*, p. 236.

86 "O valor de 30 salários mínimos constante no art. 108 do Código Civil brasileiro, em referência à forma pública ou particular dos negócios jurídicos que envolvam bens imóveis, é o atribuído pelas partes contratantes, e não qualquer outro valor arbitrado pela Administração Pública com finalidade tributária" (Enunciado n. 289 da IV Jornada de Direito Civil).

87 Sobre o tema: "O CPC-2015, além de revogar o *caput* do art. 227 do Código Civil, não mais reproduz o outrora disposto no art. 401 do CPC-1973, que vedava a uti-

do art. 444 do CPC, que deve prevalecer, dada a revogação tácita do parágrafo único do art. 227 do CC, que, como se viu, acaba por autorizar o uso de prova testemunhal em quaisquer negócios jurídicos apenas de forma subsidiária ou complementar, de forma diversa do que prevê o Código de Processo Civil.

Esse entendimento – que, na esteira do que faz o Código de Processo Civil, acaba por ampliar a admissibilidade da prova testemunhal – é fundamental na perspectiva da distributividade do acesso à justiça. Se, como se disse no item 2 deste trabalho, as técnicas processuais devem convergir para uma adequada proteção dos direitos de grupos minoritários ou vulneráveis, é importante que a admissibilidade da prova e sua suficiência sejam ponderadas a partir da impossibilidade de produção de outras provas pela parte mais vulnerável.

Exigir-se início de prova escrita de qualquer negócio jurídico é conduta que pode inviabilizar a tutela adequada dos direitos de pessoas que corriqueiramente celebram negócios verbais, confiando no cumprimento das obrigações, independentemente de documento que comprove sua realização. É, igualmente, beneficiar a parte mais forte, em detrimento da parte mais vulnerável, que possivelmente terá muito mais dificuldades de produzir a prova do negócio, senão pela via da prova testemunhal.

Com base nessa premissa, o magistrado deve estar atento para que, no caso concreto, verifique as situações em que a prova testemunhal será a única possível, a fim de equilibrar a paridade de armas no processo, reduzindo desigualdades estruturais que podem ser reforçadas com um sistema probatório que exige prova documental de todo e qualquer negócio jurídico. Ou, ao menos, que se exija prova documental mais precária, aceitando-se como começo de prova escrita qualquer documento idôneo a demonstrar minimamente a pretensão, ainda que relativa a fatos indiciários.

---

lização da prova exclusivamente testemunhal para contratos acima de determinado valor. A regra, pois, é inversa: admite-se a prova exclusivamente testemunhal para a prova de negócios jurídicos de qualquer valor. Cabe ao julgador, porém, certificar-se sobre a credibilidade dessa prova, o que constitui juízo de valor sobre a eficácia da prova testemunhal" (DIDIER JR., Fredie; BRAGA, Paula Sarno; OLIVEIRA, Rafael Alexandria. *Curso de direito processual civil*. 18. ed. Salvador: Juspodivm, 2023. v. 2, p. 326). E ainda: "(...) independentemente do valor da obrigação, a prova testemunhal é admissível, não cabendo restrição prévia. Muitas vezes, por circunstâncias variadas, provas podem ser perdidas (incêndios, tsunamis etc.). Pode se mostrar, no caso concreto, injusta e desproporcional essa restrição. Se a prova testemunhal terá força bastante para o fim pretendido é outro problema. Se será verossímil, se apresentará a consistência necessária, se exibirá coerência etc., são questões que só o magistrado avaliará, à luz das circunstâncias concretas. A prova, porém, em si mesma, sempre poderá ser feita" (FARIAS, Cristiano Chaves de; NETTO, Felipe Braga; ROSENVALD, Nelson. *Manual de direito civil*. 8. ed. Salvador: Juspodivm, 2023. p. 483).

A jurisprudência, vez ou outra, parece estar atenta a isso. Julgando caso que envolvia a concessão de benefício a trabalhador rural "boia-fria", aquela Corte relativizou a Súmula 149 – que afasta a possibilidade de prova exclusivamente testemunhal, como se verá no próximo item –, para exigir início de prova escrita apenas com relação a parte do lapso temporal pretendido, "considerando a inerente dificuldade probatória da condição de trabalhador campesino", o que resultaria em dificuldade de apresentação de prova material sobre a totalidade do lapso temporal[88].

O protocolo para julgamento na perspectiva de gênero do CNJ também leva em conta essa questão, para tentar corrigir desigualdades estruturais em casos de benefícios previdenciários para mulheres negras. Indica, por exemplo, que, "ao empreender a análise de provas documentais relativas à carência de trabalhadores urbanos e rurais", leve-se em consideração "a dificuldade histórica e estrutural das mulheres negras para constituir vínculos de trabalhos formais, podendo-se conferir especial valor, nesses casos, à prova testemunhal e CTPS, em detrimento dos registros oficiais existentes junto ao INSS"[89].

Por fim, veja-se que o dispositivo nada mais prevê que, para a comprovação da existência de obrigações – apenas aquelas com relação às quais se exige prova escrita –, não se admite prova exclusivamente testemunhal. Nada impede, porém, que a prova testemunhal seja utilizada de forma exclusiva para demonstrar questões afetas à interpretação do contrato[90-91]. Esse entendimento

---

88 "1. Esta Corte, ao julgar o Tema Repetitivo 554, fixou a tese de que se aplica a Súmula 149/STJ aos trabalhadores rurais denominados 'boias-frias', sendo imprescindível a apresentação de início de prova material. No entanto, considerando a inerente dificuldade probatória da condição de trabalhador campesino, a apresentação de prova material somente sobre parte do lapso temporal pretendido não implica violação da Súmula 149/STJ, cuja aplicação é mitigada se a reduzida prova material for complementada por idônea e robusta prova testemunhal. 2. Contudo, como mencionado no acórdão recorrido, a conclusão a que se chegou foi de que todas as provas, inclusive as testemunhais, tiveram como termo inicial o ano de 1973, ano a partir do qual foi reconhecido o labor rural, inexistindo prova testemunhal referente a período anterior. 3. Não obstante a parte sustente que a prova testemunhal se refira ao período de 1970 a 1973, para que o entendimento ao qual se chegou seja revisto, seria necessário incurso no acervo fático-probatório dos autos, o que é vedado pela Súmula n. 7/STJ. 4. A incidência da Súmula 7/STJ também impede o conhecimento do recurso especial pela alínea c do permissivo constitucional, uma vez que falta identidade fática entre os paradigmas apresentados e o acórdão recorrido. 5. Agravo interno a que se nega provimento" (AgInt no AREsp 1.898.590/RS, 2ª Turma, j. 30-5-2022, *DJe* 3-6-2022).

89 CONSELHO NACIONAL DE JUSTIÇA. *Protocolo para julgamento com perspectiva de gênero*, p. 80.

90 Nesse sentido: MARINONI, Luiz Guilherme; ARENHART, Sérgio Cruz. *Prova e convicção*, p. 831-832.

91 "(...) 'só não se permite a prova exclusivamente por depoimentos no que concerne à existência do contrato em si, não encontrando óbice legal, inclusive para evitar o

é reforçado pela previsão do art. 446, que autoriza o uso exclusivo de prova testemunhal nos contratos simulados, para comprovar a divergência entre a vontade real e a vontade declarada, e nos contratos em geral para comprovar os vícios de consentimento.

5. A prova exclusivamente testemunhal na jurisprudência

A jurisprudência acaba por refletir a dificuldade gerada pela falta de alinhamento entre os dispositivos citados. Ora se exige começo de prova escrita para demonstrar a realização de qualquer negócio jurídico, ora se relativiza esse requisito, autorizando-se o uso exclusivo de prova testemunhal.

A Súmula 149 do STJ, por exemplo, prevê que "a prova exclusivamente testemunhal não basta à comprovação da atividade rurícola, para efeito da obtenção de benefício previdenciário". O entendimento nada mais faz do que aplicar a Lei n. 8.213/91, que, em seu art. 55, § 3º, veda a prova exclusivamente testemunhal, exigindo "prova material contemporânea dos fatos, para a comprovação do tempo de serviço" para os benefícios previstos na lei, inclusive mediante justificativa administrativa ou judicial, excepcionando os "casos de ocorrência de motivo de força maior ou caso fortuito, na forma prevista no regulamento". O entendimento é amplamente aplicado no âmbito da jurisprudência daquele Tribunal, tendo sido objeto do Tema 642 dos recursos repetitivos[92].

---

enriquecimento sem causa, a demonstração, por testemunhas, dos fatos que envolveram os litigantes, bem como das obrigações e dos efeitos decorrentes desses fatos' (...) 'é admitida a prova exclusivamente testemunhal para comprovar os efeitos decorrentes do contrato firmado entre as partes, devendo tal prova, no caso ora em análise, ser considerada para a demonstração do cumprimento das obrigações contratuais' (...)" (REsp 1.455.521/RS, 3ª Turma, rel. Min. NANCY ANDRIGHI, j. 27-2-2018, DJe 12-3-2018).

92 "O segurado especial tem que estar laborando no campo, quando completar a idade mínima para se aposentar por idade rural, momento em que poderá requerer seu benefício. Ressalvada a hipótese do direito adquirido, em que o segurado especial, embora não tenha requerido sua aposentadoria por idade rural, preenchera de forma concomitante, no passado, ambos os requisitos carência e idade (...) A jurisprudência do Superior Tribunal de Justiça firmou orientação no sentido de que, diante da dificuldade do segurado especial na obtenção de prova escrita do exercício de sua profissão, o rol de documentos hábeis à comprovação do exercício de atividade rural, inscrito no art. 106, parágrafo único, da Lei 8.213/1991, é meramente exemplificativo, e não taxativo, sendo admissíveis outros documentos além dos previstos no mencionado dispositivo, inclusive que estejam em nome de membros do grupo familiar ou ex-patrão (...) a jurisprudência do STJ exige que o conjunto probatório da atividade rural comprove a carência no período imediatamente anterior ao requerimento, mas não exige que o início de prova material diga respeito a todo esse período, bastando início razoável de prova material corroborado por idônea prova

COMENTÁRIOS AO CÓDIGO DE PROCESSO CIVIL V. VIII

O Superior Tribunal de Justiça já considerou a possibilidade de prova exclusivamente testemunhal com o objetivo de demonstrar os fatos que envolveram doações realizadas por determinada pessoa a uma igreja. Tratava-se de ação de indenização por danos morais e materiais proposta em face da Igreja por pessoa diagnosticada com doença psiquiátrica, alegando que passou a frequentá-la na tentativa de resolver seus problemas, tendo sido coagida pelos pastores a dispor de seus rendimentos, mediante doações espontâneas que lhe acarretaram prejuízos materiais e morais, não obstante sua vulnerabilidade. O Tribunal local, reformando a sentença de improcedência, entendeu que a autora, apesar de não ter comprovado o valor econômico efetivamente doado à Igreja, comprovou sua situação de vulnerabilidade psicológica e emocional por meio de prova testemunhal, bem como a ocorrência de doações realizadas mediante coação moral. A prova testemunhal, nesse caso, foi suficiente para demonstrar que a vulnerabilidade psicológica e emocional da autora, diagnosticada com doença psiquiátrica preexistente, afetou o discernimento e a voluntariedade nas doações e criou um contexto de fragilidade que favoreceu a cooptação da vontade. No caso, a prova exclusivamente testemunhal "não serviu para comprovar o valor material das doações, mas apenas para demonstrar a situação pessoal de vulnerabilidade e a ocorrência de coação moral"[93].

Também já se admitiu a prova exclusivamente testemunhal para, ainda sob a égide do Código anterior, comprovar a natureza de contrato verbal firmado entre as partes, tendo por objeto a tradição de equino. Ao contrário do que afirmava o autor, no sentido de se tratar de contrato de arrendamento por prazo determinado, o réu contestou afirmando ter adquirido o referido animal por meio de contrato de compra e venda, o que, com fundamento em prova exclusivamente testemunhal, levou à improcedência do pedido declaratório de resolução de contrato cumulada com pedido de indenização por perdas e danos[94].

---

testemunhal" (REsp 1.354.908/SP, Tema 642, 1ª Seção, rel. Min. MAURO CAMPBELL MARQUES, j. 9-9-2015, *DJe* 10-10-2016).

93 AgInt no REsp 1.374.728/RS, 4ª Turma, rel. Min. LÁZARO GUIMARÃES, j. 8-2-2018, *DJe* 16-2-2018.

94 "Na hipótese vertente, não há falar em ofensa ao art. 401 do CPC pelo só fato de a sentença e o acórdão hostilizado terem fundado a conclusão acerca da real natureza do contrato firmado entre as partes a partir do exame da prova exclusivamente testemunhal produzida pelo recorrido. É que, a norma inserta no art. 401 do CPC não retrata uma vedação absoluta. Em verdade, a proibição ali contida é relativizada no art. 402 daquele mesmo diploma legal, que dispõe: 'Art. 402. Qualquer que seja o valor do contrato, é admissível a prova testemunhal, quando: I – (...); II – o credor não pode ou não podia, moral ou materialmente, obter a prova escrita da obrigação, em casos como o de parentesco, depósito necessário ou hospedagem em hotel'. No caso dos autos, como o que se estava em discussão era a natureza do contrato firmado entre as partes, e sendo certo que tanto o autor quanto o réu nesse aspecto, valeram-se unicamente da prova testemunhal para a comprovação de suas alegações, tanto a procedência quanto a improcedência do pedido só poderia

A prova exclusivamente testemunhal também é admitida para comprovação de união estável para fins de obtenção de benefício previdenciário[95].

Outra decisão merece destaque. Entendendo que "a revogação do *caput* do art. 277 do Código Civil não altera o entendimento de que só se admite prova exclusivamente testemunhal para certificar a ocorrência de pagamento se houver começo de prova escrita", o STJ já destacou que "a jurisprudência desta Corte tem admitido a prova exclusivamente testemunhal para comprovar pagamento de dívida desde que apresentado ao menos início de prova documental"[96]. A decisão é contraditória, pois, se se exige início de prova documental, não se está a admitir prova exclusivamente testemunhal.

O STJ também já admitiu a prova testemunhal para demonstrar peculiaridade ou circunstância do contrato, bem como as obrigações e efeitos dele decorrentes, a fim de evitar o enriquecimento sem causa, em caso no qual a obrigação pecuniária foi assumida pelo pai da autora[97].

6. O começo de prova escrita

Por começo de prova escrita entende-se qualquer indicativo de que o negócio tenha sido realizado[98], mesmo que não se trate de documento escrito[99].

---

mesmo estar calcada em prova de tal espécie" (AgRg no REsp 1.098.462/MT, 3ª Turma, rel. Min. RICARDO VILLAS BOAS CUEVA, j. 18-9-2014, *DJe* 26-9-2014).

95 "PREVIDENCIÁRIO. PENSÃO POR MORTE. UNIÃO ESTÁVEL COMPROVADA PELA PROVA TESTEMUNHAL. POSSIBILIDADE. ACÓRDÃO RECORRIDO CONTRÁRIO À JURISPRUDÊNCIA DO STJ. RESTABELECIMENTO DA SENTENÇA DE PRIMEIRO GRAU. 1. Na hipótese dos autos, o Tribunal de origem indeferiu o pedido de pensão por morte, porquanto não ficou comprovada a condição de dependente da autora em relação ao de cujus. Asseverou (fl. 160, e-STJ): 'As testemunhas arroladas as fls. 81/82 e 103, foram uníssonas em comprovar que a autora vivia em união estável com o de cujus e ele custeava os gastos familiares, porém somente a prova testemunhal é insuficiente para comprovar o alegado'. 2. No entanto, o entendimento acima manifestado está em confronto com a jurisprudência do STJ de que a legislação previdenciária não exige início de prova material para a comprovação de união estável, para fins de concessão de benefício de pensão por morte, sendo bastante, para tanto, a prova testemunhal, uma vez que não cabe ao julgador criar restrições quando o legislador assim não o fez" (REsp 1.824.663/SP, 2ª Turma, rel. Min. HERMAN BENJAMIN, j. 3-9-2019, *DJe* 11-10-2019).

96 AgInt no REsp 2.054.387/RJ, 3ª Turma, rel. Min. Moura Ribeiro, j. 21-8-2023, *DJe* 23-8-2023.

97 AgInt no REsp 1.570.445/MT, 4ª Turma, rel. Min. Lázaro Guimarães, j. 17-10-2017, *DJe* 25-10-2017.

98 "Esse começo de prova escrita deve ser apto para emprestar uma credibilidade suficiente para possibilitar uma complementação pela prova testemunhal" (GODINHO, Robson Renault. Da admissibilidade e do valor da prova testemunhal, p. 1.132).

99 LUIZ GUILHERME MARINONI e SÉRGIO CRUZ ARENHART destacam que não se trata de documento em sentido estrito. Assim, "tudo que emane da parte, ainda que não

Neste ponto, os indícios ocupam importante espaço de aplicação. Em um exemplo singelo, é possível provar a realização de um negócio jurídico por meio de documentos que evidenciem que o valor negociado foi transferido para a conta-corrente do contratante, complementado pelo depoimento de testemunhas. Nada impede, porém, que a prova seja exclusivamente testemunhal, pois assim autoriza o art. 444 do CPC, já que neste caso não se estaria diante de ato cuja realização depende de prova escrita.

Embora destaque a interpretação majoritária no sentido de que a prova escrita deve acompanhar a petição inicial ou a contestação, Robson Godinho defende a possibilidade de que o interrogatório sirva como início de prova escrita, "no próprio processo em que foi produzido ou em outro". Destaca, ainda, que a ausência da parte intimada para prestar depoimento pessoal ou o uso de evasivas (arts. 385, § 1º, e 386 do CPC), embora não possa ser considerada propriamente início de prova por escrito, pode ser complementada pela prova testemunhal, por gerar a aplicação da pena de confissão ficta e, consequentemente, pela influência que gera na apreciação dos fatos[100].

Algo semelhante ocorreu em caso julgado pelo Superior Tribunal de Justiça, em que se pretendia comprovar a realização de uma doação verbal, a partir da prova de que vultuosa quantia havia sido transferida para a conta de uma das partes. O STJ entendeu que a perfectibilização da doação exigiria necessariamente forma solene, mas que, no caso, se trataria de mútuo gratuito verbal, impondo a restituição da quantia emprestada[101].

Já se aceitou como início de prova escrita petição protocolada nos autos e firmada pelos procuradores de uma das partes noticiando a existência de acordo. Embora posteriormente os procuradores tenham alegado que a petição foi protocolada por engano, entendeu-se tratar-se de elemento de prova sufi-

---

seja por escrito, mas que seja suficiente para demosntrar a verossimilhança da afirmação do fato, deve ser admitido como 'começo de prova por escrito'" (MARINONI, Luiz Guilherme; ARENHART, Sérgio Cruz. *Prova e convicção*, p. 834).

100 GODINHO, Robson Renault. Da admissibilidade e do valor da prova testemunhal, p. 1.133.

101 "A transferência de vultosa quantia da recorrente para o recorrido, sem a expressa estipulação de que se tratava de uma doação, induz à conclusão da existência da obrigação de restituí-la, e não o contrário, pois essa é a conduta ordinariamente esperada de quem a recebe por quem a entrega. 8. A legítima expectativa da recorrente de receber, ainda que sem a cobrança de juros, o montante que havia transferido, aliada à ausência de prova escrita da alegada doação, evidencia que o contrato estabelecido entre as partes se trata, em verdade, de um mútuo gratuito verbal" (REsp 1.758.912/GO, 3ª Turma, rel. Min. Nancy Andrighi, j. 27-11-2018, *DJe* 6-12-2018).

ciente para configurar início de prova escrita, reforçada pela prova testemunhal produzida[102].

Já se entendeu serem suficientes a caracterizar início de prova material do labor rurícola "documentos em nome de terceiros, notadamente genitores, cônjuges e certidão de nascimento de filhos, desde que sua força probante seja corroborada por robusta prova testemunhal". Na mesma decisão, entendeu-se possível estender a eficácia probatória da prova material "tanto para o período anterior quanto para o período posterior à data do documento apresentado, desde que corroborada por robusta prova testemunhal"[103]. O entendimento deu origem à Súmula 577 do STJ, segundo a qual "é possível reconhecer o tempo de serviço rural anterior ao documento mais antigo apresentado, desde que amparado em convincente prova testemunhal colhida sob o contraditório".

A questão já foi objeto de ação rescisória proposta perante o STJ com fundamento em erro de fato. Na decisão, considerou-se como início de prova material de labor rurícola a cópia de ficha de inscrição do cônjuge em sindicato de trabalhadores rurais e declarações do mesmo sindicato atestando o trabalho campesino. No caso, entendeu-se na origem que a companheira de rurícola não teria direito ao benefício, pois na certidão de casamento juntada aos autos o seu marido estava qualificado como operário, o que gerou o indeferimento do benefício. Dando procedência ao pedido formulado na ação rescisória, o STJ entendeu que as demais provas juntadas demonstravam tratar--se de trabalhador rural, sendo suficientes a demonstrar o início de prova material, viabilizando a extensão da condição de rurícola do marido à autora[104].

---

102 REsp 864.308/SC, 3ª Turma, rel. Min. Sidnei Beneti, j. 5-10-2010, *DJe* 9-11-2010.

103 AgInt no REsp 1.949.509/MS, 1ª Turma, rel. Min. Regina Helena Costa, j. 14-2-2022, *DJe* 17-2-2022.

104 "As demais provas juntadas, oriundas de sindicato (cópia da ficha de inscrição do cônjuge da autora no Sindicato dos Trabalhadores Rurais de Piraju, na condição de lavrador, e declaração do referido sindicato especificando os períodos em que aquele permaneceu sindicalizado – fls. 17/19), atestam se tratar de trabalhador rural, o que constitui o necessário início de prova material, sendo oportuno ressaltar, nesse ponto, que a Terceira Seção desta Corte, em situações referentes a trabalhadores rurais e apoiada na necessidade de julgamento pro misero, considera possível a análise, em ação rescisória, de documentos preexistentes à propositura da ação originária. Outrossim, é preciso considerar que a condição de rurícola do marido se estende à autora (...) Nesse contexto, havendo o necessário início de prova material, aliado aos testemunhos colhidos na tramitação do feito originário e considerando, também, que, no caso de rurícolas, em razão das condições peculiares desses trabalhadores, deve ter aplicação o princípio pro misero, há de se ter como comprovado o direito da autora ao benefício pleiteado" (AR 1.437/SP, 3ª Seção, rel. Min. Sebastião Reis Junior, j. 10-4-2013, *DJe* 18-4-2013).

COMENTÁRIOS AO CÓDIGO DE PROCESSO CIVIL V. VIII

O começo de prova escrita deverá ser proveniente da parte contra quem se pretende produzir a prova. Embora não seja possível que a prova seja produzida unilateralmente por quem deseja provar a obrigação, é de se admitir o uso de incidentes probatórios que viabilizem a produção da prova no processo. Não se afasta, por exemplo, a possibilidade do manejo da exibição do documento ou coisa (art. 400 do CPC) para viabilizar que o início de prova escrita seja produzido pela parte[105].

Nesse sentido, poderão ser aplicadas tanto a presunção de veracidade prevista no *caput* do art. 400 quanto as medidas coercitivas, indutivas, mandamentais ou sub-rogatórias previstas no parágrafo único. Também não se descarta – muito pelo contrário, se incentiva – o manejo da produção antecipada da prova (art. 381 do CPC) para viabilizar a obtenção dessa prova.

> **Art. 445.** Também se admite a prova testemunhal quando o credor não pode ou não podia, moral ou materialmente, obter a prova escrita da obrigação, em casos como o de parentesco, de depósito necessário ou de hospedagem em hotel ou em razão das práticas comerciais do local onde contraída a obrigação.

CPC de 1973 – art. 402, II

7. A prova testemunhal de relações de parentesco e práticas comerciais

Em rol apenas exemplificativo, o art. 445 do CPC apresenta algumas hipóteses em que a prova testemunhal será admitida, inclusive em caráter exclusivo, nos casos em que o credor não pode ou não podia, moral ou material-

---

105 Acerca deste ponto, já se afirmou, em outra oportunidade, que: "Como decorrência do direito fundamental à prova, tem-se ainda a garantia de acesso pela parte a todos os elementos de prova necessários à demonstração dos fatos alegados. Daí a importância da colaboração e o correlato dever de contribuir para a produção da prova pleiteada pela parte contrária ou determinada de ofício pelo juiz, impondo, além do comportamento com lealdade e boa-fé, também o dever de auxílio para com a parte contrária. É nessa perspectiva que devem ser compreendidos dois relevantes dispositivos do CPC/2015: os arts. 378 e 400, par. único. O primeiro impõe a todos os sujeitos processuais o dever de colaborar com o Poder Judiciário 'no descobrimento da verdade'. O segundo, voltado especificamente à exibição de documento ou coisa, prevê que o juiz poderá adotar 'medidas indutivas, coercitivas, mandamentais ou sub-rogatórias para que o documento seja exibido'. Ambos impõem às partes um dever de colaboração para a produção da prova, como decorrência do dever de colaboração previsto no art. 6º do CPC. Se todos os sujeitos devem colaborar entre si para que a prestação da tutela jurisdicional seja adequada, isso implica a possibilidade de deles se exigir certas condutas tendentes a viabilizar a produção da prova quando pleiteada pelos demais sujeitos processuais" (PASCHOAL, Thaís Amoroso. *Coletivização da prova*, p. 142-143).

mente, obter a prova escrita da obrigação[106]. Trata-se dos casos decorrentes de relações de parentesco, em que se mostre inviável, por motivos morais ou materiais, a obtenção de prova escrita da obrigação; casos em que se discuta hospedagem em hotel; ou em razão de práticas comerciais do local em que contraída a obrigação. Este último ponto é novidade no Código atual, não sendo previsto no antigo art. 402, II, do CPC de 1973, que apenas regulava os casos de relações de parentesco e hotelaria.

Trata-se de hipóteses em que a exigência de prova escrita dificultaria sobremaneira a comprovação da obrigação, nos casos em que se sabe haver negociações informais, e em sua maioria verbais. Nessas situações, qualquer outro meio de prova poderá ser admitido. Como já se pontuou anteriormente, parece-nos que esse entendimento deve ser estendido a qualquer caso em que o começo de prova escrita seja de difícil obtenção, em especial quando essa exigência gerar significativa dificuldade para a tutela dos direitos de pessoas ou grupos vulneráveis.

Acerca das relações de parentesco, o Superior Tribunal de Justiça já julgou caso em que não se admitiu prova exclusivamente testemunhal e, portanto, afastou-se a aplicação do art. 402, II, do CPC de 1973 (atual art. 445 do CPC), sob o fundamento de que, em razão da separação do casal, não haveria mais no caso relação de parentesco fundada em confiança mútua, fundamento para a previsão do citado dispositivo[107].

O depósito necessário mencionado no dispositivo está previsto nos arts. 647 a 652 do CC, sendo aquele que se faz em desempenho de obrigação legal, ou o que se realiza por ocasião de alguma calamidade, como o incêndio, a inundação, o naufrágio ou o saque. A eles são equiparáveis, por expressa dis-

---

106 "Há impossibilidade material quando a exigência da comprovação não seria racional nas circunstâncias do caso concreto, e, por isso, não seria normalmente pedida, sendo justificável a sua dispensa. É o caso, por exemplo, do depósito consequente ao incêndio. Existe impossibilidade moral quando o fato diz respeito a duas pessoas unidas por um vínculo de amizade ou parentesco, quando a sua existência, por si só, substituiria a comprovação por escrito" (MARINONI, Luiz Guilherme; ARENHART, Sérgio Cruz. *Prova e convicção*, p. 833).

107 "Realmente não seria, e para obviar o inconveniente houve remissão à regra do artigo 402, inciso II, do CPC (casos como os de parentesco, depósito necessário ou hospedagem em hotel excepcionariam o artigo 401), a fl. 1070. A colocação não procedia, como corretamente posicionado a fl. 1191. A exceção relativa ao parentesco se funda na confiança mútua, que há que existir entre eles. Só que aqui não havia, a separação deixara sequelas, o relacionamento era difícil e, entre ex-cônjuges, não cabia cogitar de relação alguma de parentesco. Não havendo justificativa nenhuma para o tal acerto de boca, insuscetível de ser provado apenas por testemunhas" (AREsp 823.148, rel. Min. RAUL ARAÚJO, decisão monocrática, j. 6-11-2023, *DJe* 1-12-2023).

posição do art. 649 do CC, o depósito das bagagens dos viajantes ou hóspedes nas hospedarias onde estiverem. Daí por que o art. 445 do CPC inclui todos esses itens na regulamentação ora em comento, autorizando o uso da prova exclusivamente testemunhal.

Aliás, no que se refere à prova, o art. 648, parágrafo único, do CC prevê que os depósitos relativos a calamidades poderão ser certificados por qualquer meio de prova.

Nesses casos, os hospedeiros responderão como depositários, assim como pelos furtos e roubos que perpetrarem as pessoas empregadas ou admitidas nos seus estabelecimentos (art. 649, parágrafo único, do CC). A prova exclusivamente testemunhal pode ser muito utilizada para as questões fáticas oriundas dessas situações, inclusive para comprovar a hipótese do art. 650 do CC, que faz cessar a responsabilidade dos hospedeiros se provarem que os fatos prejudiciais aos viajantes ou hóspedes não podiam ter sido evitados.

> **Art. 446.** É lícito à parte provar com testemunhas:
> **I** – nos contratos simulados, a divergência entre a vontade real e a vontade declarada;
> **II** – nos contratos em geral, os vícios de consentimento.
>
> *CPC de 1973 – art. 404*

8. A prova testemunhal nos contratos simulados e dos vícios de consentimento

Como já se destacou, tratando-se de questões afetas a contratos, a prova testemunhal pode ser utilizada, inclusive de forma exclusiva. Não se aplica neste caso a restrição do art. 444 do CPC, pois não se trata de provar a existência da obrigação, mas outras questões afetas ao contrato.

O dispositivo reforça a possibilidade de uso de prova testemunhal para questões em que comumente essa prova se mostra necessária: a comprovação de divergência entre a vontade real e a declarada, nos casos de simulação, e os vícios de consentimento, nos contratos em geral.

A regulamentação desses defeitos do negócio jurídico no Código Civil, em especial os aspectos ligados à sua caracterização e consequências, evidencia a relevância da prova testemunhal nesses casos. Daí por que se mostra necessária, ainda que brevemente, a análise de algumas dessas disposições.

A simulação[108] está prevista no art. 167 do CC, que prevê a nulidade do negócio jurídico simulado, subsistindo o que se dissimulou, se válido for na substância e na forma. Segundo o § 1º do mesmo dispositivo, a simulação nos

---

108 "Trata-se, em síntese, da celebração de um negócio jurídico que aparentemente está em acordo com a ordem jurídica que o disciplina, mas que, em verdade, não visa ao

CPC/2015, ART. 446

negócios jurídicos ocorre quando aparentarem conferir ou transmitir direitos a pessoas diversas daquelas às quais realmente se conferem ou transmitem[109]; contiverem declaração, confissão, condição ou cláusula não verdadeira; ou quando os instrumentos particulares forem antedatados, ou pós-datados, o que ocorre com mais frequência nos contratos e nos títulos de crédito[110]. Em qualquer caso, ressalvam-se os direitos de terceiros de boa-fé em face dos contraentes do negócio jurídico simulado (§ 2º).

Para ser configurada, a simulação depende da existência de um acordo simulado entre o declarante e aquele a quem se destina a declaração, além de uma divergência intencional entre a declaração e o efeito que se pretende com ela alcançar, sempre com o objetivo de enganar um terceiro[111]. Pode ocorrer tanto no caso em que as partes aparentam praticar um ato que na realidade não querem realizar, o que ocorre frequentemente nos casos em que o devedor simula vender bens a familiares ou amigos (simulação absoluta), quanto nos casos em que as partes realizam um negócio diverso daquele que efetivamente pretendem realizar, como ocorre nas situações em que se realiza uma compra e venda, mas se pretende realizar uma doação (simulação relativa). A simulação, neste último caso, poderá estar no elemento subjetivo, ou seja, ocultam-se sujeitos do negócio realizado[112], ou no elemento objetivo, alterando-se o conteúdo do ato, como seu valor, por exemplo[113].

Quanto aos vícios de consentimento, estão previstos nos arts. 138 a 157 do CC, tratando-se de erro substancial, que poderia ser percebido por pessoa de diligência normal, em face das circunstâncias do negócio (art. 138), dolo, quando este for a causa do negócio (art. 145), coação, que incuta ao paciente fundado temor de dano iminente e considerável à sua pessoa, à sua família ou aos seus bens (art. 151), lesão (art. 157) ou estado de perigo (art. 156).

O erro é substancial[114] e, portanto, suficiente à anulação do negócio jurídico, quando interessar à natureza do negócio, ao objeto principal da decla-

---

efeito que juridicamente deveria produzir, por se tratar de uma declaração enganosa de vontade" (SCHREIBER, Anderson. *Manual de direito civil contemporâneo*, p. 285).

109 "É o caso de negócio jurídico por interposta pessoa, como ocorre, por exemplo, com a venda simulada que ascendentes fazem a terceiro para que este, por sua vez, a faça a descendentes daqueles, contornando o disposto no CC, art. 496. Idêntica hipótese a do art. 550 do mesmo diploma" (AMARAL, Francisco. *Direito civil* – introdução. 5. ed. Rio de Janeiro-São Paulo: Renovar, 2003. p. 535-536).

110 "(...) as partes visam um resultado diverso do indicado ao estabelecerem um momento diferente da efetiva constituição ou extinção da relação jurídica, com o fim de enganar terceiros" (AMARAL, Francisco. *Direito civil*, p. 536).

111 AMARAL, Francisco. *Direito civil*, p. 533.

112 AMARAL, Francisco. *Direito civil*, p. 534.

113 AMARAL, Francisco. *Direito civil*, p. 535.

114 "Erro essencial, também dito substancial, é aquele de tal importância que, sem ele, o ato não se realizaria. Se o agente conhecesse a verdade, não manifestaria vontade

COMENTÁRIOS AO CÓDIGO DE PROCESSO CIVIL v. VIII

ração ou a alguma das qualidades a ele essenciais; ou quando concernir à identidade ou à qualidade essencial da pessoa a quem se refira a declaração de vontade, desde que nela tenha influído de modo relevante (art. 139, I e II, do CC). Neste último caso, o erro de indicação da pessoa ou da coisa a que se referir a declaração de vontade somente viciará o negócio quando, por seu contexto e pelas circunstâncias, não se puder identificar a coisa ou pessoa cogitada (art. 142 do CC). Ocorrerá erro substancial, ainda, quando se tratar do motivo único ou principal do negócio jurídico, sendo de direito e não implicando recusa à aplicação da lei (art. 139, III, do CC).

O dolo caracteriza-se como atitude utilizada para levar alguém à prática de um ato que lhe prejudica e aproveita ao autor ou a terceiro. Trata-se do "erro provocado"[115], diferentemente do erro substancial, que é um erro espontâneo[116].

É possível, por exemplo, que a prova testemunhal tenha por objeto demonstrar que a omissão dolosa[117], em negócio jurídico bilateral, foi fundamental para a celebração do negócio, sendo caracterizada pelo silêncio intencional de uma das partes a respeito de fato ou qualidade que a outra parte haja ignorado (art. 142 do CC). O tema dos vícios redibitórios (art. 441 do CC), por exemplo, dialoga fortemente com este ponto (e também com o dolo, de que se falará em seguida), podendo a prova testemunhal, nesses casos, ser muito utilizada para demonstrar que o alienante conhecia o vício ou defeito oculto da coisa, caso em que deverá restituir o que recebeu com perdas e danos (art. 443 do CC).

---

de concluir o negócio jurídico. Diz-se por isso, essencial, porque tem para o agente importância determinante, isto é, se não existisse, não se praticaria o ato" (AMARAL, Francisco. *Direito civil*, p. 502).

115 "Não se deve confundir o dolo, como defeito do negócio jurídico, e o dolo como modalidade de culpa, elemento do ato ilícito, que se revela na conduta intencionalmente dirigida a causar prejuízo a outrem. Embora ambas as noções assentem sobre a malícia do agente, são conceitos distintos que possuem papel e efeitos próprios na dogmática do direito civil" (SCHREIBER, Anderson. *Manual de direito civil*, p. 267).

116 AMARAL, Francisco. *Direito civil*, p. 505.

117 "O dolo pode ser por omissão, quando uma das partes silencia sobre fato ou qualidade essencial à celebração do negócio jurídico. O dever de informação, imposto pela boa-fé objetiva também na fase pré-contratual, realça a repressão ao dolo omissivo. São exemplos de dolo por omissão a venda de automóvel entre particulares sem a informação de que sofrera amplo conserto por força de severo acidente ou a locação de imóvel por locador que silencia quanto à existência de vazamentos nas instalações hidráulicas do apartamento ou mesmo de conflitos de vizinhança recorrentemente gerados por excesso de ruído, se tinha conhecimento desses problemas" (SCHREIBER, Anderson. *Manual de direito civil*, p. 268).

CPC/2015, ART. 446

Também poderá ser objeto de prova o dolo de terceiro, igualmente suficiente à anulação do negócio jurídico, assim como o conhecimento do fato pela parte a quem ele aproveite (art. 148 do CC). O mesmo ocorre com a coação realizada por terceiro (arts. 154 e 155 do CC).

No caso de coação, que pressupõe ameaça ou violência, somente se caracterizará vício à declaração de vontade se incutir ao paciente fundado temor de dano iminente e considerável à sua pessoa, à sua família ou aos seus bens (art. 151 do CC), não se considerando coação a ameaça do exercício normal de um direito, nem o simples temor reverencial (art. 153 do CC). São as circunstâncias do caso – verificáveis, muitas vezes, justamente por meio de prova testemunhal – que indicarão se há, no caso, coação ou o exercício normal de um direito[118].

Quando disser respeito a pessoa não pertencente à família do paciente, o juiz decidirá se houve coação com base nas circunstâncias (art. 151, parágrafo único, do CC). Em ambos os casos, a prova testemunhal pode ser fundamental, inclusive para a verificação das circunstâncias que podem influir na gravidade da coação, previstas, exemplificativamente, no art. 152 do CC.

O estado de perigo se verifica quando alguém, "premido da necessidade de salvar-se, ou a pessoa de sua família, de grave dano conhecido pela outra parte, assume obrigação excessivamente onerosa" (art. 156 do CC)[119]. As circunstâncias do caso poderão orientar a decisão do juiz, quando se tratar de pessoa não pertencente à família do declarante (art. 156, parágrafo único, do CC). Essas circunstâncias poderão ser objeto de prova testemunhal.

Por fim, a lesão ocorre quando uma pessoa se obriga a prestação manifestamente desproporcional com relação a um contato, sob premente necessidade ou por inexperiência (art. 157), tendo sua disciplina a finalidade de proteger a parte mais fraca na relação. A desproporção das prestações é apreciada segundo os valores vigentes ao tempo em que foi celebrado o negócio jurídico (§ 1º).

---

118 "Observe-se, porém, que o Código Civil fala em 'simples temor reverencial'. Se o temor reverencial vier acompanhado de ameaças, perde o caráter de 'simples temor reverencial' e passa a ser coação. Deve-se atentar para as circunstâncias. Se, por exemplo, um marido ameaça se separar da mulher caso ela não assine a venda de determinado imóvel do caso, isso pode perfazer a figura do abuso de direito (Código Civil, art. 187)" (FARIAS, Cristiano Chaves de; NETTO, Felipe Braga; ROSENVALD, Nelson. *Manual de direito civil*, p. 424).

119 "A ameaça ou violência que na coação provém de uma pessoa interessada na prática do ato pode decorrer de simples circunstâncias de fato que exerçam notável influência sobre a vontade do agente. Caracteriza-se assim o chamado estado de perigo ou de necessidade, situação de receio ou temor que leva o necessitado a praticar um ato que em outras condições não faria" (AMARAL, Francisco. *Direito civil*, p. 510).

Qualquer parte interessada no processo – ou seja, aquela que alega a simulação ou vício de consentimento – poderá produzir a prova testemunhal dos fatos relativos aos defeitos do negócio. O entendimento se aplica, por evidente, a todos aqueles que podem figurar como parte nessas ações, abrangendo qualquer interessado ou o Ministério Público, nos casos em que lhe couber intervir (art. 168 do CC)[120].

Art. 447. Podem depor como testemunhas todas as pessoas, exceto as incapazes, impedidas ou suspeitas.

§ 1º São incapazes:

I – o interdito por enfermidade ou deficiência mental;

II – o que, acometido por enfermidade ou retardamento mental, ao tempo em que ocorreram os fatos, não podia discerni-los, ou, ao tempo em que deve depor, não está habilitado a transmitir as percepções;

III – o que tiver menos de 16 (dezesseis) anos;

IV – o cego e o surdo, quando a ciência do fato depender dos sentidos que lhes faltam.

§ 2º São impedidos:

I – o cônjuge, o companheiro, o ascendente e o descendente em qualquer grau e o colateral, até o terceiro grau, de alguma das partes, por consanguinidade ou afinidade, salvo se o exigir o interesse público ou, tratando-se de causa relativa ao estado da pessoa, não se puder obter de outro modo a prova que o juiz repute necessária ao julgamento do mérito;

II – o que é parte na causa;

III – o que intervém em nome de uma parte, como o tutor, o representante legal da pessoa jurídica, o juiz, o advogado e outros que assistam ou tenham assistido as partes.

§ 3º São suspeitos:

I – o inimigo da parte ou o seu amigo íntimo;

II – o que tiver interesse no litígio.

§ 4º Sendo necessário, pode o juiz admitir o depoimento das testemunhas menores, impedidas ou suspeitas.

§ 5º Os depoimentos referidos no § 4º serão prestados independentemente de compromisso, e o juiz lhes atribuirá o valor que possam merecer.

CPC de 1973 – art. 405

---

120 Nesse sentido: MARINONI, Luiz Guilherme; ARENHART, Sérgio Cruz. *Prova e convicção*, p. 837.

9. As testemunhas: incapacidade, impedimento e suspeição

A fiabilidade da prova testemunhal depende do atendimento de determinadas condições que garantam sua idoneidade. Uma das mais relevantes é certamente o cuidado em se evitar o depoimento de pessoas que possam ter qualquer interesse na causa, o que poderá influenciar na percepção e narrativa dos fatos probandos. No contexto das inúmeras ressalvas impostas pela lei e pela jurisprudência à admissibilidade desse meio de prova, expostos nos itens anteriores, é fundamental que o exame dessas condições seja muito criterioso, a fim de se viabilizar a ampla admissibilidade da prova e a contribuição que pode oferecer para a solução dos pontos controvertidos de fato no processo.

É nesse contexto que o art. 447 prevê as causa de incapacidade, impedimento e suspeição de testemunhas. O rol leva em conta, justamente, critérios que possam influenciar na franqueza das narrativas da testemunha, restringindo a atuação daquelas que podem, em razão de alguma característica objetiva, relatar os fatos de forma dissociada da realidade, consciente ou inconscientemente.

Assim, são incapazes de depor como testemunhas o interdito por enfermidade ou deficiência mental; o que, acometido por enfermidade ou retardamento mental, ao tempo em que ocorreram os fatos, não podia discerni-los, ou, ao tempo em que deve depor, não está habilitado a transmitir as percepções; o que tiver menos de dezesseis anos; o cego e o surdo, quando a ciência do fato depender dos sentidos que lhes faltam.

Previsão semelhante é dada pelo art. 228 do CC, que impede de atuarem como testemunhas os menores de dezesseis anos, o interessado no litígio, o amigo íntimo ou o inimigo capital das partes, os cônjuges, os ascendentes, os descendentes e os colaterais, até o terceiro grau de alguma das partes, por consanguinidade ou afinidade. Na linha do que ainda dispõe o Código de Processo Civil, a redação original daquele artigo no Código Civil também incluía aqueles que, por enfermidade ou retardamento mental, não tiverem discernimento para a prática dos atos da vida civil (inciso II); e os cegos e surdos, quando a ciência do fato que se quer provar dependa dos sentidos que lhes faltam (inciso III), mas esses incisos foram acertadamente revogados pelo Estatuto da Pessoa com Deficiência (Lei n. 13.146/2015).

O Código de Processo Civil, editado posteriormente ao Estatuto e na contramão do mais atual entendimento acerca da proteção da pessoa com deficiência[121], acabou por manter essas restrições. Há quem defenda, porém,

---

121 Como destaca GABRIELA EXPÓSITO, "O EPD ingressa no ordenamento jurídico brasileiro com o propósito de tentar ultrapassar as consequências das privações sofridas pelas pessoas com deficiência, com a perspectiva de reduzir a vulnerabilidade do grupo, como também com a intenção de garantir, da forma mais ampla possível, a autonomia individual da pessoa com deficiência a partir da percepção das parti-

que a regra do Código Civil deve prevalecer sobre a do Código de Processo Civil neste ponto, por estar mais alinhada com a proteção constitucional à pessoa com deficiência e o olhar mais atual do direito probatório, menos restritivo com relação aos meios de prova[122].

Seja como for, há que se registrar que a deficiência auditiva ou visual, por si sós, não geram a incapacidade da testemunha para depor. Isso somente ocorrerá se a percepção dos fatos da causa, sobre os quais deverão depor, depender de sua audição ou visão[123].

Ainda no que se refere às causas de incapacidade, nada impede que pessoa analfabeta ou semianalfabeta preste depoimento como testemunha, como já entendeu o Superior Tribunal de Justiça[124].

São impedidos de depor como testemunhas o cônjuge, o companheiro, o ascendente e o descendente em qualquer grau e o colateral, até o terceiro grau, de alguma das partes, por consanguinidade ou afinidade. O juiz poderá autorizar o depoimento dessas pessoas em razão de interesse público ou, tratando-se de causa relativa ao estado da pessoa, não for possível obter de outro modo prova considerada necessária ao julgamento do mérito. Também é impedido o que é parte na causa, e aquele que intervém em nome de uma parte, como o tutor, o representante legal da pessoa jurídica, o juiz, o advogado[125] e outros que assistam ou tenham assistido às partes.

---

culardiades de cada indivíduo" (EXPÓSITO, Gabriela. *A capacidade processual da pessoa com deficiência intelectual*. Salvador: Juspodivm, 2019. p. 92).

122 SCHREIBER, Anderson et al. *Código Civil comentado*, p. 136.

123 NATHALIA GONÇALVES DE MACEDO CARVALHO vai mais além, afirmando que a limitação das testemunhas pela incapacidade para os atos da vida civil é geral e preconceituosa. E exemplifica: "É crível que um interditado perdulário, que não possua mais condições de administrar os seus bens diante dos gastos excessivos consiga testemunhar em uma demanda que discute a responsabilidade civil pelo acidente de trânsito. A incapacidade, nesse caso, em nada atrapalha ou retira a credibilidade da testemunha que poderia ter seu depoimento colhido e valorado". Defende, assim, que "a análise de credibilidade da prova deve ser realizada após a produção, pois somente com a colheita da prova é que o magistrado e as partes poderiam verificar se a incapacidade inviabilizou o depoimento" (CARVALHO, Nathalia Gonçalves de Macedo. *Admissibilidade de provas: os limites ao indeferimento da produção da prova cível*. Dissertação (Mestrado) – Pontifícia Universidade Católica de São Paulo, São Paulo, 2017. p. 159).

124 "A pessoa analfabeta é apenas e tão somente aquela que não tem a capacidade de ler ou escrever, e isso em nada interfere na percepção de ato irregular que tenha presenciado, como por exemplo, os atos de improbidade administrativa que se imputam aos recorrentes, quais sejam, utilizar-se de equipamentos públicos em benefício particular" (REsp 1.183.330/SP, 1ª Turma, rel. Min. NAPOLEÃO NUNES MAIA FILHO, j. 17-9-2013, *DJe* 23-10-2013).

125 "2. Não se aplica o impedimento previsto no art. 442, § 3º, do CPC/2015 ao advogado que, ouvido no processo como testemunha, posteriormente é constituído

CPC/2015, ART. 447

Com relação ao advogado, o impedimento não ocorre apenas no processo em que atua como mandatário da parte, estendendo-se para todo e qualquer caso que envolva parte por ele já patrocinada. O Estatuto da Advocacia (Lei n. 8.906/94), em seu art. 7º, XIX, inclusive, garante o direito de o advogado recusar-se a depor sobre "fato relacionado com pessoa de quem seja ou foi advogado". Em geral, essa situação configurará hipótese em que o advogado estará protegido por seu dever de sigilo profissional, de que se falará no próximo item.

No caso do juiz, caso seja arrolado como testemunha no processo em razão de fatos que possa ter presenciado, poderá tomar duas atitudes: declarar-se impedido para julgar a causa e, neste caso, prestar normalmente o depoimento como testemunha; ou pedir sua exclusão do rol de testemunhas, caso em que não estará impedido para julgar a causa (art. 452 do CPC)[126].

O Superior Tribunal de Justiça já afastou o impedimento de testemunha que tinha relação de parentesco com ambas as partes do processo – no caso, os filhos comuns do casal, no processo de divórcio dos pais – porque, nesta situação, não seria possível concluir que com seu depoimento poderia ter a intenção de beneficiar uma delas[127].

---

nos autos para defender os interesses de uma das partes. Os impedimentos ali dispostos são para depor como testemunha, não para atuar como advogado. 3. Na espécie, depois de mais de 11 (onze) anos da oitiva, os anteriores causídicos substabeleceram sem reservas à banca da qual o advogado que foi testemunha é sócio. Ademais, ele não atuou pessoalmente nos autos, sendo a representação processual exercida sempre por outros advogados integrantes do mesmo escritório" (AgInt nos EDcl no REsp 1.475.737/SP, 3ª Turma, rel. Min. RICARDO VILLAS BOAS CUEVA, j. 6-12-2021, *DJe* 13-12-2021).

126 Nesse sentido: AgInt no RMS 44.487/SP, 2ª Turma, rel. Min. ASSUSETE MAGALHÃES, j. 15-12-2022, *DJe* 19-12-2022.

127 "1. O propósito recursal diz respeito a definir se os filhos comuns do casal são impedidos de atuar como testemunha no processo de divórcio dos pais. 2. A prova testemunhal possui destaque entre os meios de prova, pois a mais usual na prática forense, sendo as testemunhas verdadeiras auxiliares do Juízo. Contudo, não é um meio de prova infalível, porquanto as experiências efetivamente vivenciadas, direta ou indiretamente, pelas testemunhas, podem vir influenciadas por variados juízos de valor pessoal. 3. As hipóteses de impedimento e suspeição da testemunha partem do pressuposto de que a testemunha tenderia a dar declarações favoráveis a uma das partes ou ao resultado que lhe seria benéfico. Assim, não se verifica uma parcialidade presumida quando a testemunha possui vínculo de parentesco idêntico com ambas as partes, sobretudo quando não demonstrada a sua pretensão de favorecer um dos litigantes em detrimento do outro. 4. Ademais, o art. 447, §§ 4º e 5º, do CPC/2015 prevê que, sendo necessário, pode o Magistrado admitir o depoimento das testemunhas menores, impedidas ou suspeitas, hipótese em que os depoimentos serão consentidos independentemente de compromisso e lhes serão atribuídos o

Finalmente, são suspeitos o inimigo da parte, o seu amigo íntimo ou o que tiver interesse no litígio. O STJ entende que "o simples fato de a testemunha possuir vínculo empregatício com a parte não caracteriza causa autônoma de suspeição, salvo quando verificado pelo magistrado de acordo com a análise do caso concreto"[128]. Nesse caso, será necessário verificar se, enquanto empregado da parte, a testemunha tem algum interesse na causa, caso em que sua suspeição deverá ser reconhecida.

Exemplo interessante de terceiro com interesse no litígio é o de pessoa que se coloque como titular de pretensão semelhante àquela discutida no processo, oriunda do mesmo fato, como ocorre no caso de acidente com várias vítimas. Havendo ação proposta por uma das vítimas contra o suposto responsável pelo acidente, as demais vítimas, a princípio, não poderão atuar como testemunhas umas das outras, mesmo que não tenham ação proposta, dado seu interesse num resultado favorável que possa igualmente lhes beneficiar em futura ação.

Como se vê, todos os casos revelam pessoas que podem ter algum interesse na causa. Para além dos casos em que já se estabelece previamente aqueles que serão considerados incapazes, impedidos e suspeitos, o inciso II do § 3º abre espaço para a vedação a qualquer pessoa que tiver interesse na causa. Retoma-se aqui tudo o que se afirmou no item 2, com especial atenção às figuras de terceiros interessados que não se enquadram nas tradicionais formas de intervenção, notadamente os sujeitos ocultos[129].

Mesmo que verificada a incapacidade (apenas no caso de menores), o impedimento ou a suspeição da testemunha, o juiz poderá admitir seu depoimento quando necessário, caso em que será prestado independentemente do compromisso previsto no art. 458 do CPC, sendo valorado no contexto do conjunto probatório dos autos e, é claro, de acordo com o critério da persuasão racional[130].

O "mero informante", ou seja, aquele que presta o depoimento sem o compromisso de dizer a verdade, pode muitas vezes bem esclarecer importantes fatos relativos à causa que, analisados em conjunto com os demais elemen-

---

valor que mereçam" (REsp 1.947.751/GO, 3ª Turma, rel. Min. MARCO AURÉLIO BELLIZZE, j. 25-4-2023, *DJe* 28-4-2023).

128 AgInt no AREsp 937.304/MA, 3ª Turma, rel. Min. Marco Aurélio Bellizze, j. 1-12-2016, *DJe* 9-12-2016.

129 Nesse sentido: TEMER, Sofia. *Participação no processo civil.*

130 FERNANDA TARTUCE lembra que essa situação costuma ser muito comum em demandas familiares, "afinal, diversas situações controvertidas ocorrem na privacidade do âmbito familiar em que estão presentes, naturalmente, parentes e amigos íntimos" (TARTUCE, Fernanda. *Processo civil no direito de família*, p. 139).

tos probatórios, poderá auxiliar na verificação dos pontos controvertidos de fato. Daí a cautela que deve orientar a decisão do juiz acerca da admissibilidade do depoimento dessas pessoas, ainda que não prestem o compromisso[131].

Há previsão semelhante no Código Civil, sem, porém, qualquer ressalva quanto ao compromisso de dizer a verdade. Segundo prevê o § 1º do art. 228, "para a prova de fatos que só elas conheçam, pode o juiz admitir o depoimento das pessoas a que se refere este artigo"[132].

Uma última consideração é necessária. O fato de determinadas pessoas não serem impedidas ou suspeitas de prestarem depoimentos não afasta a necessidade de um controle adequado de certos vieses que possam orientar a percepção dos fatos pelas testemunhas. Afinal, elas podem carregar certas preconcepções que podem influenciar na avaliação que fazem dos fatos e, com isso, deturpar sua narrativa. Todos os sujeitos processuais, em especial o magistrado, devem estar atentos a essas questões tanto no momento da colheita dos depoimentos quando ao valorar a prova testemunhal. No primeiro caso, para que a inquirição seja orientada de modo a afastar qualquer consideração que possa se embasar em vieses, em especial quando baseados em questões de gênero, raça ou classe social. No segundo, para que a apreciação da prova testemunhal leve em conta quaisquer *bias* que possam influenciar a percepção e narrativa das testemunhas sobre os fatos.

---

131 À luz do sistema anterior, que previa a possibilidade de oitiva de testemunhas impedidas ou suspeitas sem que prestassem o compromisso, quando "estritamente necessária", WILLIAM SANTOS FERREIRA levantava interessante questão que, nos parece, ainda se aplica na lógica do sistema atual, ainda que tenha o dispositivo sofrido singela alteração (a troca da expressão "estritamente necessária" por apenas "necessária"). Para o autor, se é "estritamente necessária a oitiva de uma testemunha já declarada impedida ou suspeita, seu depoimento já é potencialmente criticável. Porém, pela importância, ela deve se comprometer nos termos do art. 415 [atual art. 458], sob pena de responder pelo crime de falso testemunho. Se o Poder Judiciário e as partes, por algum motivo, precisam da oitiva desta testemunha, não pode ela deixar de colaborar, bem como de informar o juiz sobre o que tem conhecimento. No dispositivo criticado há uma incompatibilidade que precisa ser superada, sob pena do testemunho já frágil ser considerado imprestável, por isto deve se interpretar na forma acima, mantido, evidentemente, que o juiz deverá atribuir o valor que merecem" (FERREIRA, William Santos. *Princípios fundamentais da prova cível*. São Paulo: Revista dos Tribunais, 2014. p. 203).

132 Em complemento ao que se destacou na nota anterior, WILLIAM SANTOS FERREIRA destaca esse dispositivo, e defende uma interpretação sistemática, "que considera todas as normas conjuntamente em busca da máxima eficiência instrutória possível, ressaltando que o rol de testemunhas impedidas e suspeitas e esta inflexibilidade literal do art. 405 do CPC é resquício do sistema da prova legal e das decorrentes provas tarifadas, que não se coadunam com um sistema que privilegia a atividade instrutória do juiz e sua apreciação livre, mediante fundamentação" (FERREIRA, William Santos. *Princípios fundamentais da prova cível*, p. 203-205).

A apreciação da prova testemunhal no contexto do conjunto probatório dos autos (art. 371 do CPC), com apoio nas regras de experiência, pode auxiliar neste ponto. Além disso, devem também ser levados em conta quaisquer traumas ou medos que possam influenciar na narrativa da testemunha[133]. O apoio de um psicólogo, em certos casos, pode ser fundamental para auxiliar nesse tipo de análise[134], a depender da gravidade dos fatos que integram a causa de pedir.

10. Testemunhas instrumentárias e testemunhas judiciárias

Testemunhas instrumentárias são aquelas que firmam determinado negócio jurídico como condição para a validade do contrato. Elas se contrapõem às testemunhas judiciais ou judiciárias, que são aquelas que depõem em juízo[135].

---

133 A questão não passou desapercebida no protocolo para julgamento na perspectiva de gênero, do CNJ: "(...) É o caso, por exemplo, de pessoas que presenciam casos de assédio sexual no ambiente de trabalho, mas que têm medo de perder o emprego se testemunharem. Em um julgamento atento ao gênero, esses questionamentos são essenciais e a palavra da mulher deve ter um peso elevado. É necessário que preconceitos de gênero – como a ideia de que mulheres são vingativas e, assim, mentem sobre abusos – sejam deixados de lado. Outra questão importante é o nível de consistência e coerência esperado nos depoimentos. Abusos – como os mencionados acima – são eventos traumáticos, o que, muitas vezes, impede que a vítima tenha uma percepção linear do que aconteceu. Ademais, é muito comum que denúncias sejam feitas depois de muito tempo da ocorrência dos fatos. Isso acontece por medo, vergonha ou até pela demora na percepção de que o evento de fato ocorreu ou de que algo que aconteceu tenha sido problemático" (CONSELHO NACIONAL DE JUSTIÇA. *Protocolo para julgamento com perspectiva de gênero*, p. 48). O protocolo apresenta algumas questões que podem auxiliar nessa avaliação, como a indagação do julgador sobre as provas estarem imbuídas de estereótipos de gênero, por exemplo, "um depoimento de testemunha sobre determinada ocorrência pode se pautar em ideias falsas sobre como a vítima deveria ter se comportado ou sobre como homens, em geral, se comportam?" (p. 49).
134 Propondo um fundamental diálogo com a psicologia e a epistemologia, buscando-se uma maior confiabilidade na prova testemunhal, RAMOS, Vitor de Paula. *Prova testemunhal*.
135 "As disposições processuais tratam das testemunhas judiciárias, cuja função é traduzir ou comunicar ao juiz do processo as percepções que tiveram dos fatos ou acontecimentos relacionados com a causa. Há, portanto, diferença no conceito de testemunha judicial e de testemunhas instrumentárias. A testemunha instrumentária participa como integrante de um negócio jurídico. Sua função é estar presente ao desenvolvimento, formação ou encerramento de negócios jurídicos" (VENOSA, Sílvio de Salvo. *Direito civil*: parte geral. São Paulo: Atlas, 2014. p. 638).

CPC/2015, ART. 447

Na medida em que atestam a regularidade do contrato[136], as testemunhas instrumentárias podem ser chamadas a depor caso algum litígio decorra da avença, caso em que as figuras da testemunha instrumentária com a da testemunha judiciária serão confundidas na mesma pessoa[137].

Para que as testemunhas instrumentárias possam ser admitidas como testemunhas judiciais, deve haver uma análise criteriosa no caso, a fim de se avaliar sua efetiva e adequada participação no ato de celebração do negócio. Isso porque a jurisprudência comumente releva vícios dessas testemunhas, seja em razão de suas características subjetivas (gerando impedimentos), seja em razão da inobservância do procedimento adequado, o que, segundo se entende, não invalidaria o negócio realizado.

Já se entendeu, por exemplo, que inexiste ilegalidade em se autorizar a assinatura das testemunhas em momento posterior à celebração do contrato – não retirando sua executividade –, já que se trata de testemunhas "meramente instrumentárias"[138]. Ou seja, a testemunha, nesse caso, não presencia a celebração do negócio, sendo incapaz, portanto, de descrever qualquer questão afeta a essa celebração.

Da mesma forma, autoriza-se que familiares sejam testemunhas instrumentárias, justamente porque servem apenas para atestar a regularidade do contrato[139]. Verificando tratar-se desses casos, essas testemunhas instrumentárias não poderão ser admitidas como testemunhas judiciárias em litígios envolvendo o contrato, seja por revelar causas expressas de impedimento, seja por sua inutilidade para a solução dos fatos controvertidos.

---

136 A jurisprudência do Superior Tribunal de Justiça é pacífica ao entender que "a assinatura das testemunhas instrumentárias somente expressa a regularidade formal do instrumento particular, mas não evidencia sua ciência acerca do conteúdo do negócio jurídico" (REsp 1.185.982/PE, 3ª Turma, rel. Min. NANCY ANDRIGHI, j. 14-12-2010, *DJe* 2-2-2011). Por isso, "a ausência de alguma testemunha ou a sua incapacidade, por si só, não ensejam a invalidade do contrato ou do documento, mas apenas a inviabilidade do título para fins de execução, pela ausência de formalidade exigida em lei" (REsp 1.453.949/SP, 4ª Turma, rel. Min. LUIS FELIPE SALOMÃO, j. 13-6-2017, *DJe* 15-8-2017).

137 "A assinatura das testemunhas é requisito extrínseco à substância do ato, cujo escopo é o de aferir a existência e a validade do negócio jurídico. O intuito foi o de permitir, quando aventada alguma nulidade do negócio, que as testemunhas pudessem ser ouvidas para certificar a existência ou não de vício na formação do instrumento, a ocorrência e a veracidade do ato, com isenção e sem preconceitos" (REsp 1.453.949/SP, 4ª Turma, rel. Min. LUIS FELIPE SALOMÃO, j. 13-6-2017, *DJe* 15-8-2017).

138 AgInt no REsp 2.039.890/MT, 3ª Turma, rel. Min. HUMBERTO MARTINS, j. 23-10-2023, *DJe* 25-10-2023.

139 STJ, REsp 1.458.949/MT, 4ª Turma, rel. Min. LUIS FELIPE SALOMÃO, *DJe* 8-2-2022.

COMENTÁRIOS AO CÓDIGO DE PROCESSO CIVIL V. VIII

Art. 448. A testemunha não é obrigada a depor sobre fatos:

I – que lhe acarretem grave dano, bem como ao seu cônjuge ou companheiro e aos seus parentes consanguíneos ou afins, em linha reta ou colateral, até o terceiro grau;

II – a cujo respeito, por estado ou profissão, deva guardar sigilo.

CPC de 1973 – art. 406

11. Escusa de depor

Prestar depoimento como testemunha é ato que caracteriza relevante contribuição com o Poder Judiciário. Sob essa perspectiva, a testemunha pode ser considerada auxiliar da Justiça, devendo comparecer quando chamada, prestar o depoimento conforme lhe for solicitado e assumir o compromisso de dizer a verdade.

Poderá, porém, escusar-se de depor, em alguns casos expressamente elencados no Código, porque certas garantias devem ser resguardadas e não podem ser colocadas acima do dever de contribuição com o Poder Judiciário.

Assim, a testemunha poderá manifestar sua recusa em depor quando se tratar de fatos que acarretem dano a ela própria, ao seu cônjuge ou companheiro ou aos seus parentes consanguíneos e afins, em linha reta ou colateral, até o terceiro grau.

Além disso, não será obrigada a depor sobre fatos com relação aos quais deva guardar sigilo. A recusa, nesse caso, refere-se apenas a fatos que tenham sido confiados pela parte à testemunha no estrito exercício da profissão, muito embora, com relação a estes, seja possível certa relativização em caráter muito excepcional, a depender do bem que se busca proteger com a demanda, num juízo de proporcionalidade. Lembrando que a violação do segredo profissional é crime previsto no art. 154 do CP.

O art. 7º, XIX, da Lei n. 8.906/94 (Estatuto da Advocacia), como já se destacou, garante o direito de o advogado "recusar-se a depor como testemunha em processo no qual funcionou ou deva funcionar". A possibilidade de recusa se estende, ainda, a "fato relacionado com pessoa de quem seja ou foi advogado, mesmo quando autorizado ou solicitado pelo constituinte, bem como sobre fato que constitua sigilo profissional".

Art. 449. Salvo disposição especial em contrário, as testemunhas devem ser ouvidas na sede do juízo.

Parágrafo único. Quando a parte ou a testemunha, por enfermidade ou por outro motivo relevante, estiver impossibilitada de comparecer, mas não de prestar depoimento, o juiz designará, conforme as circunstâncias, dia, hora e lugar para inquiri-la.

CPC de 1973 – art. 336

12. Local da oitiva

Em geral, as testemunhas são ouvidas na audiência de instrução e julgamento (art. 453 do CPC), realizada de acordo com o procedimento previsto nos arts. 358 a 368 do CPC. A oitiva poderá ocorrer em momento diverso, como ocorre nas situações em que a prova testemunhal é objeto do procedimento de produção antecipada da prova previsto no art. 381 do CPC, caso em que, ainda assim, se aplicará o dispositivo ora comentado. Daí a previsão do art. 449, que estabelece que as testemunhas serão ouvidas na sede do juízo, salvo se houver alguma disposição em sentido contrário.

Em caso de inviabilidade de sua oitiva por motivo de saúde ou outro motivo relevante, será possível o adiamento da audiência, considerando que, quando intimada para comparecer[140], a testemunha é considerada sujeito essencial à realização do ato[141].

A impossibilidade de comparecimento da testemunha à sede do juízo, em razão de enfermidade ou outro motivo considerado relevante, não implicará necessariamente o adiamento da audiência. Se a testemunha estiver em condições de prestar depoimento, a despeito de sua condição, o juiz poderá designar lugar diverso para inquiri-la, designando o dia e a hora para tanto. Como se vê, esse dispositivo traz previsão que busca resguardar a oitiva da testemunha e evitar o adiamento da audiência.

Também não serão ouvidas na sede do juízo as autoridades previstas no art. 454 do CPC. Nesse caso, a inquirição deverá ocorrer em sua residência ou local onde exercem sua função.

Com a previsão do art. 453, § 1º, essa possibilidade passou a ser mais facilitada com o uso da tecnologia. Muito embora aquele dispositivo indique que a oitiva por videoconferência ocorrerá no caso de testemunha que residir em comarca, seção ou subseção judiciária diversa daquela em que tramita o processo, é perfeitamente possível aplicá-lo também ao caso da testemunha

---

140 A parte poderá requerer a oitiva da testemunha e indicar seu comparecimento independentemente de intimação. Nesse caso, caso não possa comparecer, o adiamento da audiência não ocorrerá, presumindo-se a desistência da testemunha (art. 455, § 2º, do CPC).

141 São sujeitos necessários, sem cuja presença a audiência de instrução e julgamento não se realiza e, portanto, será adiada: o juiz, o MP, o perito e as testemunhas intimadas. São sujeitos não necessários, cuja ausência somente causa o adiamento quando decorrer da falta de intimação ou motivo relevante, justificado: as partes, os advogados, os assistentes técnicos e as testemunhas cuja intimação houver sido dispensada. A justificativa, eficaz para o fim de provocar o adiamento da audiência, deve ser feita antes da sua abertura, salvo quando o impedimento resultar de fato muito recente (DINAMARCO, Cândido Rangel. *Instituições de processo civil*. São Paulo: Malheiros, 2020. v. 3).

que, em razão de alguma enfermidade ou outro motivo justificável, não tem condições de se deslocar até a sede do juízo, ou mesmo no caso das autoridades previstas no art. 454 do CPC.

Assim, configurando-se alguma das hipóteses do parágrafo único do art. 449 do CPC, bem como no caso das pessoas elencadas no art. 454, poderá a testemunha ser ouvida também por videoconferência.

Subseção II
Da Produção da Prova Testemunhal

Art. 450. O rol de testemunhas conterá, sempre que possível, o nome, a profissão, o estado civil, a idade, o número de inscrição no Cadastro de Pessoas Físicas, o número de registro de identidade e o endereço completo da residência e do local de trabalho.

CPC de 1973 – art. 407

13. O rol de testemunhas

Uma vez deferida ou determinada, na fase de saneamento e organização do processo, a produção da prova testemunhal, o juiz estabelecerá o prazo para apresentação do rol de testemunhas, que não poderá ser superior a quinze dias (art. 357, § 4º, do CPC). Caso a produção da prova testemunhal tenha sido determinada na audiência de saneamento compartilhado (art. 357, § 3º, do CPC), o rol de testemunhas deve ser apresentado nesse ato. E, ocorrendo qualquer causa que implique a alteração das questões de fato delimitadas no saneamento, deverá ser dada oportunidade para complementação do rol[142].

O rol deverá conter a indicação de todas as testemunhas indicadas pela parte, limitadas a dez, sendo três, no máximo, para a prova de cada fato (art. 357, § 6º, do CPC). É possível que sejam admitidas mais de três testemunhas sobre cada fato, quando isso se revelar necessário ao adequado esclarecimento dos fatos, devendo-se observar o limite máximo de dez testemunhas por parte[143], salvo se necessária a oitiva de um número maior, a depender da comple-

---

142 Nesse sentido, o Enunciado n. 694 do Fórum Permanente de Processualistas Civis: "(art. 357, §§ 1º e 4º) Modificada a decisão de saneamento quanto à delimitação das questões de fato sobre as quais recairá a produção de prova testemunhal, poderá a parte complementar ou alterar seu rol de testemunhas. (Grupo: Intervenção de terceiros, gratuidade de justiça, fase de organização e saneamento)" (DIDIER JR., Fredie et al. *Rol de enunciados e repertório de boas práticas processuais do Fórum Permanente de Processualistas – FPPC*. Brasília, 2023. p. 86).

143 "(...) 2. Nos termos do parágrafo único do art. 407 do CPC, cada parte poderá arrolar um máximo de 10 testemunhas, sendo possível a oitiva de até 03 para cada

xidade da causa[144]. Insere-se no âmbito dos poderes instrutórios do juiz a possibilidade de limitar o número de testemunhas, como também de determinar a oitiva de outras testemunhas, ampliado o número indicado pela parte[145].

No documento devem ser indicados todos os dados das testemunhas, necessários para sua intimação e identificação de possíveis causas de incapacidade, impedimento ou suspeição. Nesse sentido, a qualificação da testemunha no rol deve ser o mais completa possível, indicando-se seu nome, profissão, estado civil, idade, número de inscrição no Cadastro de Pessoas Físicas, número de registro de identidade e endereço completo, tanto de sua residência quanto de seu local de trabalho. Caso a parte não disponha de algum desses dados, poderá requerer ao juízo que auxilie na sua obtenção[146]. A falta de de-

---

fato a ser provado, individualmente considerado. Havendo número excessivo de fatos, caberá ao Juiz, com base em seu prudente arbítrio, averiguar a necessidade de depoimentos para além desse limite, determinando, se entender imprescindível à formação do seu convencimento, a convocação de outras pessoas como testemunhas do juízo, com supedâneo no art. 130 do CPC. 3. Nada impede a parte de arrolar mais de 03 testemunhas – até o limite de 10 – para um mesmo fato, cabendo ao Juiz dispensar a oitiva daquelas que ultrapassarem o teto legal. Há de se considerar que a testemunha pode não comprovar o fato da forma pretendida pela parte, hipótese em que esta terá à sua disposição outras testemunhas para serem ouvidas, até que se complete o limite de 03 relativas a um mesmo fato. Deve-se estabelecer a diferença entre o limite de testemunhas que podem ser ouvidas acerca de um mesmo fato (03) e o limite de testemunhas que podem ser arroladas por cada parte (10). 4. Não há como admitir que as partes tenham a liberdade de oferecer uma quantidade indeterminada de testemunhas, conforme o número de fatos que pretendam demonstrar. A estipulação de um número máximo de testemunhas por parte evita tumulto e desequilíbrio na relação processual, preservando o seu regular andamento e, por conseguinte, a sua razoável duração, erigida à condição de garantia constitucional pela EC nº 45/04" (REsp 1.028.315/BA, 3ª Turma, rel. Min. NANCY ANDRIGHI, j. 14-6-2011, *DJe* 24-6-2011).

144 "É possível a ampliação do número de testemunhas, em razão da complexidade da causa e dos fatos individualmente considerados" (DIDIER JR., Fredie et al. *Rol de enunciados e repertório de boas práticas processuais do Fórum Permanente de Processualistas*, p. 83, Enunciado n. 677).

145 Nesse sentido, o Enunciado n. 300 do Fórum Permanente de Processualistas Civis: "O juiz poderá ampliar ou restringir o número de testemunhas a depender da complexidade da causa e dos fatos individualmente considerados" (DIDIER JR., Fredie et al. *Rol de enunciados e repertório de boas práticas processuais do Fórum Permanente de Processualistas*, p. 39).

146 Nesse sentido, o Enunciado n. 519 do Fórum Permanente de Processualistas Civis: "Em caso de impossibilidade de obtenção ou de desconhecimento das informações relativas à qualificação da testemunha, a parte poderá requerer ao juiz providências necessárias para a sua obtenção, salvo em casos de inadmissibilidade da prova ou de abuso de direito" (DIDIER JR., Fredie et al. *Rol de enunciados e repertório de boas práticas processuais do Fórum Permanente de Processualistas*, p. 63).

COMENTÁRIOS AO CÓDIGO DE PROCESSO CIVIL V. VIII

terminado dado não impede a indicação da testemunha, que poderá, em casos excepcionais, ter sua qualificação complementada no momento da oitiva (art. 457), de modo a viabilizar eventual contradita, salvo se demonstrado prejuízo[147].

Da necessidade de prévio conhecimento das testemunhas para viabilizar sua eventual impugnação decorre também a necessidade de que o rol seja juntado aos autos com a devida antecedência e contendo todos os dados indicados no dispositivo ora em comento. Desse modo, sempre que possível, o rol deverá conter o nome, a profissão, o estado civil, a idade, o número de inscrição no Cadastro de Pessoas Físicas, o número de registro de identidade e o endereço completo da residência e do local de trabalho. A falta de qualquer um desses dados não impede a indicação da testemunha, desde que seja possível realizar sua devida identificação e intimação.

> **Art. 451.** Depois de apresentado o rol de que tratam os §§ 4º e 5º do art. 357, a parte só pode substituir a testemunha:
> **I** – que falecer;
> **II** – que, por enfermidade, não estiver em condições de depor;
> **III** – que, tendo mudado de residência ou de local de trabalho, não for encontrada.
>
> *CPC de 1973 – art. 408*

14. Substituição da testemunha

Como já se destacou, o rol de testemunhas deve ser apresentado no prazo fixado pelo juiz na decisão de saneamento, não podendo ser superior a quinze dias, ou na audiência de saneamento compartilhado, nos casos em que esse ato for designado. O prazo é necessário para que as partes possam ter conhecimento das testemunhas arroladas pela parte contrária, a fim de viabilizar eventual contradita (a impugnação da testemunha), nos termos do art. 457, § 1º, do CPC.

Não se admite, como regra, a substituição de testemunha indicada no rol apresentado nos termos do art. 357, §§ 3º e 4º, do CPC, salvo se vier a falecer, não estiver em condições de depor em razão de enfermidade, ou que não for encontrada, após ter mudado de residência ou de local de trabalho.

Caso alguma dessas hipóteses se verifique, será necessário dar ciência à parte contrária da nova testemunha indicada em substituição à anterior, a fim de viabilizar eventual contradita.

---

147 Nesse sentido, o Enunciado n. 34 da I Jornada de Direito Processual Civil do Conselho da Justiça Federal: "A qualificação incompleta da testemunha só impede a sua inquirição se houver demonstração de efetivo prejuízo".

CPC/2015, ART. 451

Não se pode descartar a possibilidade de indicação de testemunha que somente tenha sido descoberta após a apresentação do rol de testemunhas. Nesse caso, a parte terá o ônus de comprovar que, de fato, trata-se de prova nova, antes desconhecida, o que poderá autorizar o deferimento da oitiva dessa testemunha. A hipótese somente será admitida se se verificar não só que a testemunha era desconhecida, mas que seu conhecimento era impossível no momento da apresentação do rol de testemunhas, o que pode ser evidenciado a partir das diligências realizadas pela parte[148].

A descoberta de nova testemunha já foi aceita pelo STJ até mesmo como fundamento para ação rescisória fundada em prova nova[149], o que reforça a possibilidade de que, na própria ação, seja admitida sua oitiva se, de fato, tratar--se de prova nova.

---

148 O STJ já considerou que, embora a descoberta de nova testemunha pudesse caracterizar "fato de conhecimento superveniente", a ensejar a aplicação do art. 462 do CPC de 1973 (atual art. 493 do CPC), "na hipótese dos autos não se justifica a anulação da sentença para que se colha o depoimento de uma testemunha tardiamente descoberta. Admitir tal situação implicaria estabelecer um perigoso precedente, que poderia representar valioso expediente à disposição dos que, de má fé, eventualmente tenham interesse na eternização das lides forenses. Assim, compete à parte diligenciar para que todas as provas que possam ser produzidas o sejam até o momento da audiência de instrução e julgamento. Não há espaço para a exceção de que pretende se valer o réu, na hipótese dos autos. Recurso especial não conhecido" (REsp 926.721/RJ, 3ª Turma, rel. Min. NANCY ANDRIGHI, j. 19-2-2008, *DJ* 5-3-2008, *RDTJRJ* vol. 75, p. 70).

149 "(...) 2. Recurso especial oriundo de ação rescisória, fundada no artigo 966, inciso VII, do Código de Processo Civil de 2015, na qual a autora noticia a descoberta de testemunhas novas, julgada extinta pelo Tribunal de origem em virtude do reconhecimento da decadência, por entender que testemunhas não se enquadram no conceito de 'prova nova'. 3. Cinge-se a controvérsia a definir se a prova testemunhal obtida em momento posterior ao trânsito em julgado da decisão rescindenda está incluída no conceito de 'prova nova' a que se refere o artigo 966, inciso VII, do Código de Processo Civil de 2015, de modo a ser considerado, para fins de contagem do prazo decadencial, o termo inicial especial previsto no artigo 975, § 2º, do Código de Processo Civil de 2015 (data da descoberta da prova nova). 4. O Código de Processo Civil de 2015, com o nítido propósito de alargar o espectro de abrangência do cabimento da ação rescisória, passou a prever, no inciso VII do artigo 966, a possibilidade de desconstituição do julgado pela obtenção de 'prova nova' em substituição à expressão 'documento novo' disposta no mesmo inciso do artigo 485 do código revogado. 5. No novo ordenamento jurídico processual, qualquer modalidade de prova, inclusive a testemunhal, é apta a amparar o pedido de desconstituição do julgado rescindendo. Doutrina. 6. Nas ações rescisórias fundadas na obtenção de prova nova, o termo inicial do prazo decadencial é diferenciado, qual seja, a data da descoberta da prova nova, observado o prazo máximo de 5 (cinco) anos, contado do trânsito em julgado da última decisão proferida no processo" (REsp 1.770.123/SP, 3ª Turma, rel. Min. Ricardo Villas Boas Cueva, j. 26-3-2019, *DJe* 2-4-2019).

COMENTÁRIOS AO CÓDIGO DE PROCESSO CIVIL V. VIII

Art. 452. Quando for arrolado como testemunha, o juiz da causa:

I – declarar-se-á impedido, se tiver conhecimento de fatos que possam influir na decisão, caso em que será vedado à parte que o incluiu no rol desistir de seu depoimento;

II – se nada souber, mandará excluir o seu nome.

CPC de 1973 – art. 409

15. O juiz testemunha

Uma das causas de impedimento do juiz, prevista no inciso I do art. 144 do CPC, se configura nos casos em que "prestou depoimento como testemunha". Por evidente, caso o juiz tenha presenciado algum fato objeto da causa e possa acerca dele prestar depoimento, deixará de ser considerado sujeito imparcial e, por isso, deverá reconhecer seu impedimento.

É essa a situação regulada pelo dispositivo ora em comento. Segundo prevê, o juiz que tiver conhecimento de fatos que possam influir na decisão e for arrolado como testemunha deverá reconhecer seu impedimento. Nesse caso, por evidente, a parte que o arrolou não poderá desistir de seu depoimento. A previsão é necessária para que se evite que a parte utilize esse fundamento apenas para forçar a retirada do magistrado do processo.

Caso, porém, não tenha nenhum conhecimento a respeito do fato, o juiz mandará excluir seu nome do rol de testemunhas, afastando seu impedimento.

Como se vê, o fator determinante para que o juiz reconheça ou não seu impedimento está no conhecimento dos fatos da causa. Afinal, sabe-se que o juiz não poderá se utilizar de conhecimentos privados para julgar. Isso se aplica não só aos casos de conhecimentos técnicos que porventura possua em razão de alguma outra formação (o que lhe impede de julgar fatos técnicos sem o auxílio de um perito, como se verá mais adiante, nos comentários sobre a prova pericial), como também ao julgamento proferido a partir de conhecimento privado de fatos comuns[150]. O juiz que presenciou um acidente, por exemplo, não poderá julgar ação de indenização fundada nesse acidente, ainda que não seja arrolado como testemunha.

---

150 "Como fica a vedação ao julgamento com base na ciência privada do juiz na era do Google?" O questionamento é feito por DANIEL MITIDIERO, que o responde lembrando que o juiz tem poderes instrutórios para determinar a produção do meio de prova, mas não para acessar diretamente as fontes de prova. A consequência é que o juiz "não pode produzir a prova por si mesmo – mesmo que esteja a um click". E complementa: "Se indevidamente produziu, porém, o mínimo que tem de fazer é submeter ao contraditório das partes e procurar mitigar eventual enviesamento por meio do dever de fundamentação" (MITIDIERO, Daniel. *Processo civil*, p. 203-204).

O STJ já entendeu que o fato de o magistrado ter atuado como testemunha em processo administrativo disciplinar anterior contra servidor cedido ao tribunal em que atua não gera seu impedimento para, posteriormente, atuar em mandado de segurança impetrado pelo servidor. O entendimento foi no sentido de que a regra prevista no art. 134, III, do CPC de 1973 (atual art. 144, II) somente se aplica aos casos em que o magistrado tenha participado, em outro grau de jurisdição, de um mesmo processo judicial, não se aplicando em caso de atuação na esfera administrativa[151].

> **Art. 453.** As testemunhas depõem, na audiência de instrução e julgamento, perante o juiz da causa, exceto:
>
> **I** – as que prestam depoimento antecipadamente;
>
> **II** – as que são inquiridas por carta.
>
> **§ 1º** A oitiva de testemunha que residir em comarca, seção ou subseção judiciária diversa daquela onde tramita o processo poderá ser realizada por meio de videoconferência ou outro recurso tecnológico de transmissão e recepção de sons e imagens em tempo real, o que poderá ocorrer, inclusive, durante a audiência de instrução e julgamento.
>
> **§ 2º** Os juízos deverão manter equipamento para a transmissão e recepção de sons e imagens a que se refere o § 1º.

CPC de 1973 – art. 410

16. Momento da oitiva

O art. 453 complementa a previsão do art. 449 (que, aliás, traz previsão que deveria estar aqui, e não lá). Como já se viu, as testemunhas são ouvidas na sede do juízo, salvo as que possuam alguma enfermidade ou outro motivo relevante que impeça seu comparecimento, caso em que o juiz designará dia, hora e lugar para a inquirição, conforme as circunstâncias.

Essa oitiva, em regra, ocorrerá na audiência de instrução e julgamento, seguindo o rito previsto nos arts. 358 a 368, bem como no art. 456 do CPC, comentado em seguida. Tratando-se de ato que tem por objetivo justamente viabilizar a produção da prova oral, é natural que a prova testemunhal seja produzida preferencialmente nesta audiência.

Não serão ouvidas naquele ato apenas as testemunhas que prestam depoimento antecipadamente, referindo-se o inciso I à produção da prova testemunhal no procedimento da produção antecipada da prova. Igualmente, também não serão ouvidas nessa audiência as testemunhas que são inquiridas por carta.

---

151 MS 21.991/DF, Corte Especial, rel. Min. HUMBERTO MARTINS, j. 16-11-2016, *DJe* 3-3-2017.

No caso do inciso I, ou seja, da oitiva da testemunha nas hipóteses de produção antecipada da prova testemunhal, trata-se do procedimento do art. 381 do CPC ou, ainda, da eventual necessidade de que sejam ouvidas antecipadamente no próprio processo, ou seja, antes da audiência de instrução e julgamento[152].

No caso do inciso II, trata-se das hipóteses de oitiva de testemunhas que residem em outra comarca e que, por isso, serão ouvidas por carta. Como se verá nos próximos itens, essa forma de colheita da prova testemunhal deve ser excepcional. A começar porque o próprio Código prevê a possibilidade de oitiva por videoconferência, o que pode viabilizar a inquirição da testemunha na própria audiência de instrução e julgamento, ainda que não presencialmente e mediante o uso da tecnologia. Além disso, a prática cooperativa de atos, nos termos dos arts. 67 a 69 do CPC, pode facilitar a colheita do depoimento sem os entraves gerados pelo manejo das cartas.

Em linhas gerais, portanto, pode-se afirmar que a colheita dos depoimento das testemunhas ocorrerá, como regra, na audiência de instrução e julgamento, que se realizará, também como regra, presencialmente na sede do juízo. É possível, porém: a) que a produção da prova ocorra na audiência de instrução e julgamento, mas por videoconferência; b) que a produção da prova ocorra na sede do juízo, mas em outro momento, diverso da audiência de instrução e julgamento – no caso da antecipação da prova; c) que a produção da prova não ocorra nem na audiência de instrução e julgamento nem na sede do juízo, porque a colheita poderá ser realizada na residência ou local em que as autoridades do art. 454 exercem sua função, ou em outro local designado pelo juiz, em caso de enfermidade, ou, ainda, poderá ser colhido por carta, na comarca em que reside a testemunha.

17. A oitiva por videoconferência

O Código prevê o uso da tecnologia para a prática de atos processuais em diversos dispositivos. O próprio art. 236 do CPC, que regulamenta a prática dos atos processuais em geral, prevê a medida em seu § 3º, autorizando a prática de "atos processuais por meio de videoconferência ou outro recurso tecnológico de transmissão de sons e imagens em tempo real".

---

152 "Numa conceituação *lato sensu*, produzir-se antecipadamente a prova significa possibilitar a sua formação de forma prévia à fase instrutória do processo. Esse momento pode ser anterior ao próprio processo ou, quando já iniciado, apenas previamente à fase instrutória, a partir do manejo dos poderes concedidos ao juiz pelo art. 139, VI, do CPC, ou às partes, via negócios processuais (art. 190 CPC). Em qualquer desses casos, a produção da prova poderá ser judicial ou extrajudicial" (PASCHOAL, Thaís Amoroso. *Coletivização da prova*, p. 247).

CPC/2015, ART. 453

A questão foi regulada pela Resolução n. 354/2020 do CNJ, que "regulamenta a realização de audiências e sessões por videoconferência e telepresenciais e a comunicação de atos processuais por meio eletrônico, em todas as unidades jurisdicionais de primeira e segunda instâncias da Justiça dos Estados, Federal, Trabalhista, Militar e Eleitoral e Tribunais Superiores, salvo do Supremo Tribunal Federal". Antes disso, a Resolução n. 341/2020 já determinava "aos tribunais brasileiros a disponibilização de salas para depoimentos em audiências por sistema de videoconferência, a fim de evitar o contágio pela Covid-19".

A Resolução n. 354 prevê que a participação por videoconferência, via rede mundial de computadores, ocorrerá em unidade judiciária diversa da sede do juízo que preside a audiência ou sessão, na forma da Resolução n. 341/2020 do CNJ (art. 2º, parágrafo único)[153].

Segundo o art. 4º da Resolução n. 354, a testemunha e o perito residentes fora da sede do juízo serão inquiridos e prestarão esclarecimentos por videoconferência, na sede do foro de seu domicílio. O § 1º do mesmo dispositivo estende a prerrogativa à parte que residir distante da sede do juízo. Já o § 2º prevê expressamente que, "salvo impossibilidade técnica ou dificuldade de comunicação, deve-se evitar a expedição de carta precatória inquiritória". Antes disso, a Resolução n. 105/2010 do CNJ já regulamentava a questão, prevendo igualmente, em seu art. 3º, que a testemunha que não residir na sede

---

153 Resolução n. 354: "Art. 7º A audiência telepresencial e a participação por videoconferência em audiência ou sessão observará as seguintes regras: I – as oitivas telepresenciais ou por videoconferência serão equiparadas às presenciais para todos os fins legais, asseguradas a publicidade dos atos praticados e as prerrogativas processuais de advogados, membros do Ministério Público, defensores públicos, partes e testemunhas; II – as testemunhas serão inquiridas cada uma de per si, de modo que umas não saibam nem ouçam os depoimentos umas das outras; III – quando o ofendido ou testemunha manifestar desejo de depor sem a presença de uma das partes do processo, na forma da legislação pertinente, a imagem poderá ser desfocada, desviada ou inabilitada, sem prejuízo da possibilidade de transferência para lobby ou ambiente virtual similar; IV – as oitivas telepresenciais ou por videoconferência serão gravadas, devendo o arquivo audiovisual ser juntado aos autos ou disponibilizado em repositório oficial de mídias indicado pelo CNJ (PJe Mídia) ou pelo tribunal; V– a publicidade será assegurada, ressalvados os casos de segredo de justiça, por transmissão em tempo real ou por meio hábil que possibilite o acompanhamento por terceiros estranhos ao feito, ainda que mediante a exigência de prévio cadastro; VI – a participação em audiência telepresencial ou por videoconferência exige que as partes e demais participantes sigam a mesma liturgia dos atos processuais presenciais, inclusive quanto às vestimentas; e VII – a critério do juiz e em decisão fundamentada, poderão ser repetidos os atos processuais dos quais as partes, as testemunhas ou os advogados não tenham conseguido participar em virtude de obstáculos de natureza técnica, desde que devidamente justificados".

do juízo em que tramita o processo será ouvida preferencialmente pelo sistema de videoconferência, mas ainda por meio de carta precatória[154], o que claramente foi superado pelas normas posteriores.

O art. 385, § 3º, do CPC prevê, na mesma linha, que o depoimento pessoal da parte poderá ser tomado por meio de videoconferência ou outro recurso tecnológico de transmissão de sons e imagens em tempo real.

A oitiva de partes ou testemunhas por videoconferência ou outro recurso tecnológico de transmissão e recepção de sons e imagens em tempo real é medida que auxilia a prática dos atos processuais e o atendimento da razoável duração do processo, viabilizando que o depoimento seja colhido preferencialmente na própria audiência de instrução ou, não sendo possível, em outro ato especificamente designado para tanto.

Assim, sempre que possível, a oitiva de testemunha que residir em comarca, seção ou subseção judiciária diversa daquela em que tramita o processo deverá ser realizada por videoconferência.

À luz da razoável duração do processo, é de se dar sempre preferência a essa forma de prática do ato, em detrimento da oitiva por carta. Essa é, nos parece, a melhor interpretação desse dispositivo, não obstante a jurisprudência entenda tratar-se de faculdade do juiz[155], ignorando a regulamentação do CNJ na Resolução n. 354.

---

154 Não obstante essa resolução tenha sido alterada pelas Resoluções n. 222/2016 e n. 326/2020, posteriores, portanto, ao CPC de 2015, o art. 3º segue fundamentando a medida no "princípio da identidade física do juiz", abolido no atual Código de Processo Civil.

155 Em interessante caso, o STJ decidiu que "a prática de atos processuais por videoconferência é uma faculdade do juízo deprecante, não competindo ao juízo deprecado a determinação de forma diversa da realização de audiência". Tratava-se de situação em que foi expedida carta precatória para oitiva de testemunha residente em outra comarca do juízo suscitado, a fim de instruir ação previdenciária em curso no juízo deprecante. O Juízo deprecado respondeu a carta precatória informando que a Resolução n. 354/2020 do CNJ admite a realização de atos processuais por videoconferência, razão pela qual deveria o juízo deprecante informar a melhor data para a realização da audiência. Em resposta, o juízo deprecante afirmou ter optado pela expedição da carta precatória para que o juízo deprecado praticasse o ato, pois a realização do ato por videoconferência é uma mera faculdade conferida pelo CPC. Afirmou, também, que o juízo deprecado não poderia recusar a prática do ato, pois não se estava diante de nenhuma das hipóteses do art. 267 do CPC. Daí a instauração do conflito de competência, em que se ressaltou tratar-se, de fato, de uma faculdade, além de que "o argumento do juízo deprecado de que a oitiva da testemunha deve ser realizada por videoconferência não está inserido no rol do referido dispositivo, revelando-se, em verdade, numa recusa injustificada ao cumprimento da carta precatória pelo juízo suscitante" (CC 196.661/SP, 1ª Seção, rel. Min. Francisco Falcão, j. 8-11-2023, *DJe* 13-11-2023).

Para que a produção da prova seja possível, o § 2º exige que os juízos mantenham equipamento para a transmissão e recepção de sons e imagens, o que deverá ser implementado pelos Tribunais em todas as comarcas sob sua jurisdição.

Interessante observar que a já mencionada Resolução n. 354/2020 do CNJ, em seu art. 2º, diferencia ato realizado por videoconferência de ato realizado de forma telepresencial. O primeiro ocorre quando a comunicação à distância "é realizada em ambientes de unidades judiciárias". Já as audiências e sessões telepresenciais são aquelas realizadas "a partir de ambiente físico externo às unidades judiciárias". Considerando essa distinção, o art. 453, § 1º, do CPC deve ser compreendido como autorizador da oitiva de testemunhas (assim como do depoimento pessoal das partes e oitiva do perito) por meio do uso das tecnologias disponíveis nas unidades judiciárias. Nesse caso, a testemunha deverá comparecer à sede do juízo designado na comarca em que reside, para que sua oitiva ocorra por videoconferência na sede daquele juízo, em comunicação direta com o juízo em que tramita o processo, em tempo real.

Não há nenhuma necessidade de que essa cooperação entre os juízos, para que a oitiva por videoconferência possa ser implementada, ocorra por meio de carta precatória. Ao contrário, deverão ser utilizadas para tanto as ferramentas de cooperação, previstas nos arts. 67 a 69 do CPC, que serão objeto de comentários específicos no próximo item. De fato, para que a medida possa ser implementada de forma adequada, é fundamental que o juízo da comarca em que reside a testemunha preste o devido auxílio para que sua oitiva possa ocorrer por videoconferência, na sede daquele juízo. Essa questão poderá ser melhor compreendida no próximo item.

18. A oitiva de testemunha residente em outra comarca: cooperação, uso da tecnologia e desnecessidade do uso das cartas

O inciso II do art. 453 prevê a oitiva por carta, para os casos em que a testemunha residir em outra comarca. Como já se afirmou no item anterior, há que se entender que essa medida somente deverá ser utilizada em caráter excepcional, se não houver a possibilidade de inquiri-la por videoconferência.

Para essa situação, porém, o Código de Processo Civil de 2015 prevê ferramentas muito mais efetivas e menos burocráticas do que as já ultrapassadas cartas que, bem utilizadas, podem inclusive permitir a oitiva da testemunha na própria audiência de instrução e julgamento, mesmo que residindo em outra comarca.

Trata-se das ferramentas de cooperação jurisdicional, previstas nos arts. 67 a 69 do CPC e regulamentadas pela Resolução n. 350/2020 do CNJ. Há, igualmente, previsões que viabilizam a cooperação internacional, previstas nos arts. 26 a 41 do CPC.

Em linhas muito gerais, as ferramentas de cooperação permitem a facilitação da prática de atos processuais por ou entre juízos de competência jurisdicional diversa, que poderão cooperar entre si para a prática de inúmeros atos, dentre eles aqueles voltados à produção de provas.

Trata-se de instrumentos que viabilizam a cooperação entre órgãos do Poder Judiciário, estadual ou federal, especializado ou comum, em todas as instâncias e graus de jurisdição, inclusive Tribunais Superiores (art. 67 do CPC), para a prática de qualquer ato processual (art. 68 do CPC), podendo ser operacionalizada também entre órgãos jurisdicionais e administrativos[156]. A Resolução n. 350/2020 reforça a cooperação interinstitucional, viabilizando a prática de atos entre órgãos do Poder Judiciário e órgãos que estejam fora do sistema de justiça[157].

Segundo o art. 69 do CPC, a cooperação pode consistir em auxílio direto, reunião ou apensamento de processos, prestação de informações e atos concertados entre juízes cooperantes.

Trata-se, sem dúvida, de uma mudança de paradigma, que coloca luz no papel fundamental do Judiciário como gestor de casos judiciais, na perspectiva da eficiência e da efetividade[158]. As ferramentas cooperativas somente podem

---

156   Para TERESA ARRUDA ALVIM, MARIA LÚCIA LINS CONCEIÇÃO DE MEDEIROS, LEONARDO FERRES DA SILVA RIBEIRO e ROGERIO LICASTRO TORRES DE MELLO, "a despeito do grau do órgão jurisdicional (primeiro grau, segundo grau ou instância excepcional) e de sua competência territorial, material ou em razão do valor, deverá existir entre todos os órgãos do Poder Judiciário a cooperação recíproca: atos, informações, elementos constantes dos autos e afins que sejam úteis para determinado órgão jurisdicional e que possam ser praticados ou fornecidos por outro órgão do Poder Judiciário, em prestígio a esse dever de recíproca cooperação, deverão ser objeto de fluxo franco, célere, independente de forma pré-fixada (o que não quer dizer destituído de forma, como adiante consignamos). Consiste, este dever de cooperação, em algo que se impõe ao Poder Judiciário como um todo, aplicando-se tanto a magistrados quanto a todos os servidores da Justiça: note-se a ênfase dada pelo art. 67 do CPC [2015] à incidência do dever de cooperação a 'magistrados e servidores'" (ARRUDA ALVIM, Teresa; CONCEIÇÃO, Maria Lúcia Lins; MELLO, Rogério Licastro Torres de; RIBEIRO, Leonardo Ferres da. *Primeiros comentários ao Novo Código de Processo Civil*: artigo por artigo. São Paulo: Revista dos Tribunais, 2015. p. 133).

157   Já defendemos, por exemplo, a possibilidade de cooperação entre Poder Judiciário e CADE, na prática dos atos necessários à proteção da concorrência e dos direitos dos empresários ou consumidores prejudicados pela conduta anticoncorrencial, principalmente no que se refere à produção de provas de danos concorrenciais (PASCHOAL, Thaís Amoroso; MACEDO, José Arthur Castillo de. Cooperação interinstitucional e produção de provas no direito da concorrência. *In*: GOMES, Adriano Camargo. *Reparação de danos concorrenciais*: direito material e processo. São Paulo: Quartier Latin, 2023. p. 313-331).

158   "(...) as interações cooperativas e dialogais entre juízes estruturam arranjos para a consecução de objetivos comuns pela constatação de que todos enfrentam problemas

ser bem-sucedidas se compreendermos o Judiciário como um importante espaço de diálogo e deliberação. Isso contribui para a eficiência, na medida em que evita a prática repetitiva de atos, e para a qualidade da atividade jurisdicional, por viabilizar a maior participação na prática de atos comuns, inclusive naqueles de caráter decisório. Com efeito, um ato processual que normalmente seria praticado de forma isolada por um juízo antes da criação dessa rede de cooperação, agora poderá ser praticado de forma compartilhada por vários juízos, de forma a otimizar sua realização e viabilizar uma ampla participação (dos juízes e das partes) na sua produção.

O sistema de cooperação nacional do Código foi pensado a partir da diferenciação entre a prática de atos mais simples, sem conteúdo decisório, e outros mais complexos, a exigir uma atividade mais sofisticada por parte dos juízes. Essa é a diferença básica quando se pensa no auxílio direto, previsto no inciso I do art. 69, e nos atos concertados, previstos no inciso IV. O auxílio direto será aplicável quando houver a necessidade de prática de atos que independam propriamente de uma decisão judicial[159]. Tem origem no direito internacional, como forma de viabilizar a prática de atos sem a necessidade de carta rogatória[160].

No caso da prova testemunhal, a ferramenta poderá ser utilizada para viabilizar a oitiva por videoconferência da testemunha que residir em outra comarca, sem a necessidade de expedição de carta precatória e, consequentemente, viabilizando a colheita da prova na própria audiência de instrução e julgamento.

Da mesma forma, a reunião ou apensamento de processos e a prestação de informações, independentemente de forma específica, têm por objetivo possibilitar a coleta de dados necessários ao melhor julgamento da causa.

---

parecidos. A aproximação possibilitada pela colaboração insere os juízos em projetos compartilhados em torno da proteção eficiente dos direitos. Por meio dessas interações, cria-se uma 'rede judiciária' para identificar caminhos para soluções combinadas e compromissórias" (CABRAL, Antonio do Passo. *Juiz natural e eficiência processual*: flexibilização, delegação e coordenação de competências no processo civil. São Paulo: Revista dos Tribunais, 2021. p. 440).

159 Para MARIA GABRIELA CAMPOS, consiste "num instrumento simplificado de cooperação" (CAMPOS, Maria Gabriela. *O compartilhamento de competências no processo civil*: um estudo do sistema de competências sob o paradigma da cooperação nacional. Salvador: Juspodivm, 2020. p. 128).

160 A medida é prevista na Resolução n. 9/2015 do STJ: "Art. 7º As cartas rogatórias podem ter por objeto atos decisórios ou não decisórios. Parágrafo único. Os pedidos de cooperação jurídica internacional que tiverem por objeto atos que não ensejem juízo de delibação pelo Superior Tribunal de Justiça, ainda que denominados como carta rogatória, serão encaminhados ou devolvidos ao Ministério da Justiça para as providências necessárias ao cumprimento por auxílio direto".

Os atos concertados[161], previstos no último inciso do art. 69, possibilitam a prática de atos mais complexos, e poderão consistir em: atos de comunicação processual; produção de provas; efetivação de tutela provisória; efetivação de medidas e providências para recuperação e preservação de empresas; facilitação de habilitação de créditos na falência e na recuperação judicial; centralização de processos repetitivos; execução de decisão jurisdicional.

Pode-se pensar, por exemplo, na solicitação de auxílio direto de um juízo para outro, para a prática de ato de comunicação processual ou de outros atos de forma mais simplificada; na reunião de processos para a prática de atos comuns ou para julgamento de questões comuns; na concertação de atos, ou seja, o compartilhamento da prática de um ato comum por juízes de competência diversa, incluindo, por exemplo, a prática de atos probatórios[162]. Neste último caso, o ato será praticado de forma compartilhada com a participação de todos os juízes.

É possível, por exemplo, que determinada testemunha indicada em vários processos que tramitam em juízos diversos seja ouvida uma única vez em todos os processos de forma concomitante, com a participação de todos os juízes e partes envolvidos. Trata-se, como se vê, de compartilhamento de competências, ou de cooperação por concertação, e não por delegação[163], caso em que somente um juízo participaria da colheita da prova.

Veja-se, portanto, que não se trata de simples transferência de competência para a prática do ato, mas de efetivo compartilhamento de competências. Sob esse aspecto, o instrumento da concertação de atos é muito interessante quando se tratar da prática repetitiva de atos em processos que tramitem em juízos de competência diversa, inclusive material. O § 3º do art. 69 do CPC,

---

161 "O ato concertado é indicado para disciplinar uma cooperação permanente ou duradoura entre os juízos cooperantes" (DIDIER JR., Fredie. *Cooperação judiciária nacional*: esboço de uma teoria para o direito brasileiro (arts. 67-69, CPC). Salvador: Juspodivm, 2020. p. 85). Como já se destacou em outra oportunidade, a concertação de atos "consiste em uma conjugação de esforços de dois ou mais juízos visando à prática mais eficiente de um ou mais atos processuais comuns com grande potencial para contribuir com a gestão de casos pelo Judiciário, na medida em que possibilita a prática de um ato único que toque a inúmeros processos" (PASCHOAL, Thaís Amoroso. *Coletivização da prova*, p. 216). "Os atos concertados são tipos de cooperação, em que os órgãos jurisdicionais concertam procedimentos como forma de racionalizar e otimizar suas atividades" (CAMPOS, Maria Gabriela. *O compartilhamento de competências no processo civil*, p. 132).

162 Especificamente sobre a concertação de atos para a produção de prova de fato comum, PASCHOAL, Thaís Amoroso. *Coletivização da prova*, p. 204 e s.

163 Sobre a diferença entre o que chama de *tipos* de cooperação, DIDIER JR., Fredie. *Cooperação judiciária nacional*, p. 62-64.

CPC/2015, ART. 453

aliás, autoriza que a prática de atos de cooperação seja realizada "entre órgãos jurisdicionais de diferentes ramos do Poder Judiciário".

As ferramentas cooperativas permitem também a criação de espaços de diálogo e deliberação a respeito de questões de fato que se repetem em inúmeros processos. Nesses ambientes, os juízes poderão dialogar a respeito de questões discutidas em processos diversos, para obtenção de uma decisão comum, evitando o risco de decisões conflitantes, sem que haja a necessidade de se alterar a competência para a ação (o que, muitas vezes, será inviável pelas regras de competência). Dessa forma, o compartilhamento de competências pode viabilizar um efetivo diálogo e uma decisão comum sobre inúmeras questões repetitivas.

A prática desses atos independe, a princípio, de forma prevista em lei. A intenção foi justamente a de desburocratizar a prática de determinados atos, viabilizando a comunicação e a colaboração entre juízos de competências diversas. Em geral, assim como ocorre para os demais atos cooperativos, a melhor forma de concertação dos atos será a eletrônica.

Reforçando as previsões do Código, a Resolução n. 350, já em seu art. 2º, impõe o dever de recíproca cooperação para a prática de qualquer ato processual entre os órgãos do Poder Judiciário, por meio de seus magistrados e servidores, em todas as instâncias e graus de Jurisdição. A cooperação poderá ser ativa, passiva e simultânea entre os órgãos do Poder Judiciário, e interinstitucional entre os órgãos do Poder Judiciário e outras instituições e entidades, integrantes ou não do sistema de justiça (art. 1º).

Está prevista a possibilidade de criação consensual de atos cooperativos (art. 6º), além de um rol exemplificativo de inúmeros atos que poderão ser praticados de forma compartilhada, por exemplo: a prática de atos de comunicação processual, como a comunicação conjunta a pessoa cuja participação seja necessária em diversos processos[164]; a prestação e troca de informações relevantes para a solução dos processos; a redação de manuais de atuação, rotinas administrativas, diretrizes gerais para a conduta dos sujeitos do processo e dos servidores públicos responsáveis por atuar em mecanismos de gestão coordenada; a reunião ou apensamento de processos, incluindo a reunião, em

---

164 ALEXANDRE FREITAS CÂMARA cita como exemplo situação hipotética em que vinte varas cíveis de uma mesma comarca recebem, em um determinado período, demandas propostas contra uma mesma pessoa jurídica, havendo a necessidade de prática do ato citatório da empresa nas vinte demandas. Aplicando-se a técnica dos atos concertados, "é perfeitamente possível que os juízos combinem entre si que, em casos assim, um só oficial de justiça, atuando por todos os órgãos jurisdicionais, promova todas as citações" (CÂMARA, Alexandre Freitas. *O novo processo civil brasileiro*. 4. ed. São Paulo: Atlas, 2018. p. 60).

um único juízo, de execuções contra um mesmo devedor; a definição do juízo competente para a decisão sobre questão comum ou questões semelhantes ou de algum modo relacionadas, respeitadas as regras constantes nos arts. 62 e 63 do CPC; a obtenção e apresentação de provas, a coleta de depoimentos e meios para o compartilhamento de seu teor; a produção de prova única relativa a fato comum; a efetivação de medidas e providências para recuperação e preservação de empresas; a facilitação de habilitação de créditos na falência e na recuperação judicial; a gestão e centralização de processos repetitivos, e a realização de mutirões para sua adequada tramitação; a efetivação de tutela provisória ou a execução de decisão jurisdicional; a investigação patrimonial, a busca por bens e realização prática de penhora, arrecadação, indisponibilidade ou qualquer outro tipo de constrição judicial; a regulação de procedimento expropriatório de bem penhorado ou dado em garantia em diversos processos; o traslado de pessoas; a transferência de presos; a transferência de bens e de valores; o acautelamento e gestão de bens e valores apreendidos; o compartilhamento temporário de equipe de auxiliares da justiça, inclusive de servidores públicos; e a efetivação de medidas e providências referentes a práticas consensuais de resolução de conflitos.

Essas ferramentas podem ser utilizadas para facilitar a produção de provas, inclusive viabilizando a colheita de depoimentos de pessoas que residam em comarca ou seção judiciária diversa daquela em que tramita o processo, sem os entraves e dificuldades gerados pelas burocráticas cartas precatórias.

Podem ser utilizadas para facilitar a oitiva de testemunhas por videoconferência, solicitando-se, por exemplo, o auxílio direto de juízo da comarca em que reside a testemunha, para que o ato possa ser praticado com o uso da tecnologia. Poderão, também, resultar em pedido de auxílio para que a testemunha possa ser ouvida presencialmente em outra comarca, sem a necessidade de carta precatória. E poderá, finalmente, implicar a concertação de atos entre juízes cooperantes, para que determinada testemunha possa prestar um único depoimento acerca de fato que se repete em vários processos, mesmo que tramitem em juízos distintos[165].

Como se verá mais adiante, as ferramentas também têm grande espaço de aplicação no contexto da prova pericial, como inclusive se tem verificado na prática, a partir de atos cooperativos realizados em vários Tribunais do país.

Art. 454. São inquiridos em sua residência ou onde exercem sua função:

I – o presidente e o vice-presidente da República;

II – os ministros de Estado;

---

165 PASCHOAL, Thaís Amoroso. *Coletivização da prova*, p. 204 e s.

CPC/2015, ART. 454

III – os ministros do Supremo Tribunal Federal, os conselheiros do Conselho Nacional de Justiça e os ministros do Superior Tribunal de Justiça, do Superior Tribunal Militar, do Tribunal Superior Eleitoral, do Tribunal Superior do Trabalho e do Tribunal de Contas da União;

IV – o procurador-geral da República e os conselheiros do Conselho Nacional do Ministério Público;

V – o advogado-geral da União, o procurador-geral do Estado, o procurador-geral do Município, o defensor público-geral federal e o defensor público-geral do Estado;

VI – os senadores e os deputados federais;

VII – os governadores dos Estados e do Distrito Federal;

VIII – o prefeito;

IX – os deputados estaduais e distritais;

X – os desembargadores dos Tribunais de Justiça, dos Tribunais Regionais Federais, dos Tribunais Regionais do Trabalho e dos Tribunais Regionais Eleitorais e os conselheiros dos Tribunais de Contas dos Estados e do Distrito Federal;

XI – o procurador-geral de justiça;

XII – o embaixador de país que, por lei ou tratado, concede idêntica prerrogativa a agente diplomático do Brasil.

§ 1º O juiz solicitará à autoridade que indique dia, hora e local a fim de ser inquirida, remetendo-lhe cópia da petição inicial ou da defesa oferecida pela parte que a arrolou como testemunha.

§ 2º Passado 1 (um) mês sem manifestação da autoridade, o juiz designará dia, hora e local para o depoimento, preferencialmente na sede do juízo.

§ 3º O juiz também designará dia, hora e local para o depoimento, quando a autoridade não comparecer, injustificadamente, à sessão agendada para a colheita de seu testemunho no dia, hora e local por ela mesma indicados.

CPC de 1973 – art. 411

19. Ainda sobre o local da inquirição: as autoridades e a prerrogativa de local de oitiva

Já se viu que, como regra, as testemunhas devem ser ouvidas na audiência de instrução e julgamento, a ser realizada, como regra, presencialmente na sede do juízo. A exceção, prevista nos arts. 449 e 453, está nos casos em que a testemunha estiver impossibilitada de comparecer, por enfermidade ou outro motivo relevante, ou quando residir em outra comarca ou seção judiciária.

O art. 454 apresenta outra exceção à oitiva na sede do juízo, prevendo uma prerrogativa para determinadas autoridades que exercem função pública, que, justamente em razão dessa posição, serão ouvidas em sua residência ou no local em que exercem sua função. Isso se aplica ao presidente e ao vice-presidente da República, aos ministros de Estado, aos ministros do Supremo Tribunal Federal, aos conselheiros do Conselho Nacional de Justiça e aos ministros do Superior Tribunal de Justiça, do Superior Tribunal Militar, do Tribunal Superior Eleitoral, do Tribunal Superior do Trabalho e do Tribunal de Contas da União, ao procurador-geral da República e aos conselheiros do Conselho Nacional do Ministério Público, ao advogado-geral da União, ao procurador-geral do Estado, ao procurador-geral do Município, ao defensor público-geral federal e ao defensor público-geral do Estado, aos senadores e aos deputados federais, aos governadores dos Estados e do Distrito Federal, ao prefeito, aos deputados estaduais e distritais, aos desembargadores dos Tribunais de Justiça, dos Tribunais Regionais Federais, dos Tribunais Regionais do Trabalho e dos Tribunais Regionais Eleitorais, aos conselheiros dos Tribunais de Contas dos Estados e do Distrito Federal, ao procurador-geral de justiça e ao embaixador de país que, por lei ou tratado, concede idêntica prerrogativa a agente diplomático do Brasil.

Destes, não eram alcançados pela prerrogativa no CPC de 1973 os conselheiros do CNJ e do CNMP, o advogado-geral da União, o procurador-geral do Estado, o procurador-geral do Município, o defensor público-geral federal e o defensor público-geral do Estado, o prefeito, os deputados distritais, os desembargadores dos Tribunais Regionais Federais e o procurador-geral de justiça. O atual Código de Processo Civil passou a incluir também estas autoridades no rol daquelas que possuem a prerrogativa de serem ouvidas em sua residência ou no local em que exercem suas funções, inclusão que chama a atenção, num Código que parece buscar uma maior facilidade na prática dos atos processuais.

O dia, a hora e o local para a inquirição serão indicados pela autoridade, que receberá cópia da petição inicial ou da defesa oferecida pela parte que a arrolou como testemunha. Caso a autoridade não se manifeste após um mês, o juiz designará dia, hora e local para o depoimento, preferencialmente na sede do juízo. O mesmo ocorrerá quando a autoridade injustificadamente não comparecer no dia, hora e local por ela mesma indicados à sessão agendada para a colheita de seu depoimento.

> **Art. 455.** Cabe ao advogado da parte informar ou intimar a testemunha por ele arrolada do dia, da hora e do local da audiência designada, dispensando-se a intimação do juízo.
>
> **§ 1º** A intimação deverá ser realizada por carta com aviso de recebimento, cumprindo ao advogado juntar aos autos, com antecedência de pelo menos 3 (três) dias da data da audiência, cópia da correspondência de intimação e do comprovante de recebimento.

CPC/2015, ART. 455

§ 2º A parte pode comprometer-se a levar a testemunha à audiência, independentemente da intimação de que trata o § 1º, presumindo-se, caso a testemunha não compareça, que a parte desistiu de sua inquirição.

§ 3º A inércia na realização da intimação a que se refere o § 1º importa desistência da inquirição da testemunha.

§ 4º A intimação será feita pela via judicial quando:

I – for frustrada a intimação prevista no § 1º deste artigo;

II – sua necessidade for devidamente demonstrada pela parte ao juiz;

III – figurar no rol de testemunhas servidor público ou militar, hipótese em que o juiz o requisitará ao chefe da repartição ou ao comando do corpo em que servir;

IV – a testemunha houver sido arrolada pelo Ministério Público ou pela Defensoria Pública;

V – a testemunha for uma daquelas previstas no art. 454.

§ 5º A testemunha que, intimada na forma do § 1º ou do § 4º, deixar de comparecer sem motivo justificado será conduzida e responderá pelas despesas do adiamento.

CPC de 1973 – art. 412

20. A intimação da testemunha

No atual Código de Processo Civil, a intimação das testemunhas deixou de ser responsabilidade do juízo, ao menos como regra. Trata-se de importante alteração trazida pelo Código, que imputa ao advogado da parte o dever de intimar ou informar às testemunhas por ela arroladas o dia, a hora e o local da audiência designada.

A intimação deverá ser realizada por carta com aviso de recebimento, devendo o advogado juntar aos autos a cópia da correspondência de intimação e do seu comprovante, com antecedência de pelo menos três dias da data da audiência, sob pena de se considerar que a parte desistiu da oitiva da testemunha. A testemunha que, validamente intimada nesses termos, não comparecer, poderá ser conduzida para o ato, respondendo pelas despesas que sua conduta gerar.

A parte também poderá dispensar a intimação da testemunha, caso em que deverá se comprometer a levá-la à audiência. Nesse caso, porém, seu não comparecimento implicará desistência da oitiva. Na prática, essa desistência presumida é levada em conta mesmo em casos de ausência justificada[166].

---

166 Nos Autos 2.274/2010, da 9ª Vara Cível de Ribeirão Preto/SP, ainda à luz do CPC de 1973, que possuía a mesma regra no art. 412, § 1º, discutia-se indenização em razão do não atendimento a medidas de acessibilidade em agência bancária para deficiente visual. A principal alegação da instituição financeira era a de que, além

COMENTÁRIOS AO CÓDIGO DE PROCESSO CIVIL v. VIII

Como já se viu anteriormente (item 12), a testemunha intimada é considerada sujeito essencial para a realização da audiência. Por isso, caso não compareça, poderá ser conduzida coercitivamente e, em caso de efetiva impossibilidade, o ato poderá ser adiado. O mesmo não se diz com relação à testemunha que comparecerá independentemente de intimação. Nesse caso, não se trata de sujeito essencial, razão pela qual seu não comparecimento resultará em desistência de sua oitiva, realizando-se a audiência normalmente, mesmo que sem a sua colheita.

Excepcionalmente, a intimação poderá ser realizada pelo juízo, quando for frustrada a intimação realizada pelo advogado da parte, que deverá, nesse caso, demonstrar nos autos que houve efetiva tentativa de intimação da testemunha, porém sem sucesso. Ainda, poderá haver intimação da testemunha pela via judicial quando a parte demonstrar sua necessidade; quando figurar no rol de testemunhas servidor público ou militar, hipótese em que o juiz o requisitará ao chefe da repartição ou ao comando do corpo em que servir; quando se tratar de testemunha arrolada pelo Ministério Público ou pela Defensoria Pública; e quando se tratar das autoridades previstas no art. 454.

> **Art. 456.** O juiz inquirirá as testemunhas separada e sucessivamente, primeiro as do autor e depois as do réu, e providenciará para que uma não ouça o depoimento das outras.
>
> **Parágrafo único.** O juiz poderá alterar a ordem estabelecida no *caput* se as partes concordarem.
>
> *CPC de 1973 – art. 413*

21. O procedimento de inquirição das testemunhas

A oitiva das testemunhas, como regra, se insere no rito da audiência de instrução e julgamento, salvo nos casos em que a oitiva ocorrer fora desse ato (arts. 453 e 454 do CPC).

---

da observância de todas as normas técnicas, o gerente da agência, há anos, prestava atendimento adequado para o autor da ação, prioritário e pessoalmente, todas as vezes que comparecia à agência. Para provar esse fato, o banco indicou o gerente como testemunha, que foi aceita pelo juízo. Informou-se nos autos que a testemunha compareceria independentemente de intimação. Às vezes da audiência, o gerente tirou férias, e ficou incomunicável, razão pela qual a instituição financeira peticionou nos autos pedindo o adiamento da audiência, com fundamento, inclusive, na CLT, afirmando não poder obrar o gerente, seu funcionário, a interromper suas férias para prestar o depoimento. A juíza do caso indeferiu o adiamento, justamente porque a instituição financeira afirmou que a testemunha compareceria independentemente de intimação, razão pela qual sua ausência na audiência implicaria em presunção de desistência. O agravo de instrumento interposto contra a decisão foi convertido em retido.

Em qualquer desses casos, serão inquiridas primeiro as testemunhas arroladas pelo autor, e em seguida aquelas arroladas pelo réu, separadamente, de forma a impedir que uma acompanhe o depoimento da outra, para evitar qualquer influência sobre a narrativa dos fatos. Dentre aquelas testemunhas arroladas pela mesma parte, a ordem de oitiva deve ser definida pela própria parte.

Quando a inquirição ocorrer na audiência de instrução e julgamento, a ordem de oitiva segue o previsto no art. 361 do CPC: as testemunhas serão ouvidas após os esclarecimentos do perito, quando houver, e o depoimento pessoal das partes.

A ordem de produção das provas, porém, poderá ser alterada pelo juiz. A autorização para essa flexibilização é novidade no atual Código de Processo Civil, e está em harmonia com a possibilidade de flexibilização dos atos processuais, prevista no art. 139, VI, do CPC, segundo o qual o juiz puder "alterar a ordem de produção dos meios de prova, adequando-os às necessidades do conflito de modo a conferir maior efetividade à tutela do direito"[167].

---

167 A redação original do dispositivo no anteprojeto do CPC de 2015 dava ao juiz poderes ainda mais amplos. Segundo o art. 107, V, do anteprojeto do Senado Federal, seria possível "adequar as fases e os atos processuais às especificações do conflito, de modo a conferir maior efetividade à tutela do bem jurídico, respeitando sempre o contraditório e a ampla defesa". No direito português existe previsão semelhante: "Art. 547. O juiz deve adotar a tramitação processual adequada às especificidades da causa e adaptar o conteúdo e a forma dos atos processuais ao fim que visam atingir, assegurando um processo equitativo". O Código português anterior já possuía disposição parecida, inserida pelo Decreto-lei n. 180/96: "Art. 265-A. Quando a tramitação processual prevista na lei não se adequar às especificidades da causa, deve o juiz oficiosamente, ouvidas as partes, determinar a prática dos actos que melhor se ajustem ao fim do processo, bem como as necessárias adaptações". A redação original do dispositivo, prevista no Decreto-lei n. 329-A/95, previa a necessidade de acordo das partes para alterações procedimentais pelo juiz. Comentando a alteração legislativa realizada pelo sistema português e, em texto escrito em 2008, recomendando sua adoção pelo sistema brasileiro, FERNANDO GAJARDONI afirma: "Com efeito, o novo princípio da adequação formal vem romper com o apertado regime da legalidade das formas processuais. Através dele, visa-se remover um obstáculo ao acesso à justiça em obediência à natureza instrumental da forma do processo, se a tramitação prevista na lei não se adequar ao fim do processo. Conferem-se, então, os correspondentes poderes ao juiz para adaptar a sequência processual às especificidades da causa apresentada em juízo, reordenando os atos processuais a serem praticados no iter, inclusive com a determinação da prática de ato não previsto ou a dispensa de ato inútil previsto, ou ainda com a alteração da ordem dos atos abstratamente disciplinados em lei" (GAJARDONI, Fernando da Fonseca. O princípio da adequação formal do direito processual civil português. *Revista de Processo*, v. 164, out. 2008. p. 127). Acerca do dispositivo, PAULA COSTA E SILVA ressalta posição da doutrina no sentido de que "o art. 265-A teria um

COMENTÁRIOS AO CÓDIGO DE PROCESSO CIVIL v. VIII

Assim, caso entenda necessário, e desde que apresentando a devida fundamentação para tanto, o juiz poderá ouvir primeiro as testemunhas do réu, e então as do autor, assim como poderá até mesmo ouvir as testemunhas antes que o perito preste seus esclarecimentos e as partes prestem seu depoimento. Indo ainda mais além, é possível também que a prova testemunhal seja produzida antes da prova pericial, se essa ordem de produção se revelar mais adequada para o correto esclarecimento dos fatos[168].

Essas alterações na ordem de produção da prova poderão ocorrer, por exemplo, nos casos em que houver prejudicialidade entre as questões de fato, ou mesmo quando uma questão de fato, se mais bem esclarecida, puder orientar a investigação de outras questões. Assim, a ordem de produção de provas deverá seguir o adequado desencadeamento dos fatos, de forma a viabilizar uma melhor condução da produção probatória e um mais adequado esclarecimento dos fatos[169].

---

campo operativo por excelência, o da cumulação objectiva inicial quando aos pedidos correspondessem formas de processo distintas. Nestes casos e porque estivesse presente alguma das causas de conexão objectiva, justificativa do julgamento e decisão conjunta de diferentes objectos processuais, competiria ao juiz escolher a tramitação que melhor se ajustasse à instrução e decisão de todos eles" (COSTA E SILVA, Paula. Legalidade das formas de processo e gestão processual ou as duas faces de Janus. *Revista de Informação Legislativa*, n. 190, ano 40, abr.-jun. 2011. p. 139). Aplicando o dispositivo num caso concreto, o Tribunal da Relação de Coimbra assim destacou: "Naturalmente que o principio da adequação formal, consagrado neste artigo, não transforma o juiz em legislador, ou seja, o ritualismo processual não é apenas aplicável quando aquele não decida, a seu belo prazer, adaptar o conteúdo e a forma dos actos processuais, sob a invocação de, desse modo, assegurar um processo equitativo. Os juízes continuam obrigados a julgar segundo a lei vigente e a respeitar os juízos de valor legais, mesmo quando se trate de resolver hipóteses não especialmente previstas (art. 4º-2 da Lei nº 21/85, de 30-7), e, daí, que o poder-dever que lhes confere o preceito em causa deva ser usado tão somente quando o modelo legal se mostre de todo inadequado às especificidades da causa, e, em decorrência, colida frontalmente com o atingir de um processo equitativo. Trata-se de uma válvula de escape, e não de um instrumento de utilização corrente, sob pena de subverter os princípios essenciais da certeza e da segurança jurídica. Como é bom de ver, a ideia de adequação formal exige um juiz com uma perspectiva crítica das regras procedimentais, um juiz activo, um juiz empenhado em que o rito processual assegure os fins do processo civil, cumprindo-se assim a instrumentalidade do direito adjectivo face ao direito substantivo. Ainda a propósito da adequação formal, é de assinalar que a actividade desenvolvida pelo juiz neste âmbito não deve ser tomada como o exercício de um simples poder outorgado ao juiz, outrossim como o desempenho de uma competência que lhe é conferida (para ser exercida) de modo a assegurar um processo equitativo" (Apelação 507/10.1T2A-VR-C.C1, Secção Cível, rel. ANTÓNIO CARVALHO MARTINS, j. 14-10-2014).

168 Nesse sentido: PASCHOAL, Thaís Amoroso. *Coletivização da prova*, p. 185-186.

169 À luz do Código de 1973, FERNANDO GAJARDONI já defendia que "a cogência das disposições que fixam a ordem de produção das provas, todavia, não pode ser leva-

No momento da oitiva, é fundamental que o magistrado controle o número de testemunhas que depõem acerca do fato. Conforme a previsão do art. 357, § 6º, do CPC, esse número deverá ser de, no máximo, três para a prova de cada fato, não podendo o total exceder o número de dez testemunhas. Já se viu, nos comentários ao art. 450 (item 13), que o juiz poderá admitir um número maior de testemunhas por fato, a depender de sua complexidade. Seja como for, é no momento da audiência que deverá, quando for o caso, indeferir a oitiva de testemunhas que excedam o número máximo, caso não o tenha feito quando da apresentação do rol.

> **Art. 457.** Antes de depor, a testemunha será qualificada, declarará ou confirmará seus dados e informará se tem relações de parentesco com a parte ou interesse no objeto do processo.
>
> **§ 1º** É lícito à parte contraditar a testemunha, arguindo-lhe a incapacidade, o impedimento ou a suspeição, bem como, caso a testemunha negue os fatos que lhe são imputados, provar a contradita com documentos ou com testemunhas, até 3 (três), apresentadas no ato e inquiridas em separado.
>
> **§ 2º** Sendo provados ou confessados os fatos a que se refere o § 1º, o juiz dispensará a testemunha ou lhe tomará o depoimento como informante.
>
> **§ 3º** A testemunha pode requerer ao juiz que a escuse de depor, alegando os motivos previstos neste Código, decidindo o juiz de plano após ouvidas as partes.

CPC de 1973 – art. 414

22. A qualificação da testemunha e a contradita

A qualificação da testemunha é fundamental para viabilizar sua correta identificação e eventual impugnação, caso se verifique tratar-se de caso de incapacidade, impedimento ou suspeição, nos temos do art. 447 do CPC. Daí

---

da tão a sério. Questões de conveniência e oportunidade na produção da prova, bem como outras relacionadas ao custo e à dificuldade em realizar algumas delas (especialmente a dispendiosa prova pericial), justificam que as rígidas disposições da legislação sejam fundamentalmente flexibilizadas para a mais adequada, célere e menos custosa resolução do conflito. Por exemplo, nas ações de indenização, toda vez que houver fundada dúvida sobre a caracterização da culpa do demandado pelo evento, não há sentido para a produção prévia da custosa prova pericial comprobatória do dano, se nem se sabe ainda se o primeiro elemento da responsabilização civil (culpa) se caracterizou (art. 186 do CC). Pois realizada a perícia prévia comprobatória do dano e de sua extensão, e só posteriormente colhida a prova oral, corre-se o risco de, não comprovada a culpa, ter-se por irrelevante a prova produzida" (GAJARDONI, Fernando da Fonseca. *Flexibilização procedimental* – um novo enfoque para o estudo do procedimento em matéria processual. São Paulo: Atlas, 2008. p. 187-188).

por que, antes de iniciar o depoimento, ela declarará ou confirmará seus dados e informará se tem relações de parentesco com a parte ou interesse no objeto do processo. No ato da qualificação, é fundamental que o magistrado oriente a testemunha quanto às causas que poderão impedir seu depoimento e às consequências caso falte com a verdade (art. 458 do CPC).

Após a qualificação, verificando-se tratar-se de testemunha incapaz, impedida ou suspeita, a parte poderá impugnar a testemunha, formulando a contradita. O entendimento majoritário é no sentido de que a oportunidade da contradita se inicia com a qualificação da testemunha, encerrando-se com o início do seu depoimento[170]. Não se pode descartar, porém, a possibilidade de que durante o depoimento se revele algum fato que identifique eventual motivo de impedimento ou suspeição da testemunha, caso em que a impugnação poderá ser realizada neste momento[171].

Uma vez contraditada, a testemunha será intimada para se manifestar. Em caso de negativa dos fatos, a parte poderá produzir prova documental ou testemunhal para comprovar a incapacidade, o impedimento ou a suspeição. Em caso de prova testemunhal, poderão ser ouvidas até, no máximo, três testemunhas. Tanto os documentos quanto as testemunhas de contradita deverão ser apresentados no ato, sendo que as testemunhas serão ouvidas em separado.

Caso acolhida a contradita, o juiz decidirá se a testemunha será dispensada ou se será ouvida independentemente de termo de compromisso (art. 446, §§ 4º e 5º, do CPC).

A testemunha também poderá invocar um dos motivos previstos no art. 448 do CPC para pedir ao juiz que a escuse de depor. O juiz deverá ouvir as partes e, então, decidir sobre a escusa. Caso a acolha, a parte não poderá substituir a testemunha indicada, aplicando-se no caso o art. 451 do CPC.

> **Art. 458.** Ao início da inquirição, a testemunha prestará o compromisso de dizer a verdade do que souber e lhe for perguntado.
>
> **Parágrafo único.** O juiz advertirá à testemunha que incorre em sanção penal quem faz afirmação falsa, cala ou oculta a verdade.

CPC de 1973 – art. 415

23. A testemunha e o dever de dizer a verdade

Após sua qualificação, e não sendo realizada ou sendo rejeitada a contradita, a testemunha deverá prestar o compromisso de dizer a verdade.

---

170 Nesse sentido: STJ, AgInt no REsp 1.652.552/MT, 3ª Turma, rel. Min. Marco Aurélio Bellizze, j. 26-6-2018, *DJe* 29-6-2018.

171 Nesse sentido: Ferreira, William Santos. *Princípios fundamentais da prova cível*, p. 206.

A principal consequência é que, caso falte com a verdade, a testemunha poderá responder por crime de falso testemunho previsto no art. 342 do CP, sobre o que deverá, logo após prestar o compromisso, ser advertida pelo juiz. Com efeito, há que se presumir neste caso que a testemunha desconhece as regras que orientam eventual incapacidade, impedimento ou suspeição, razão pela qual é fundamental que haja um esclarecimento pelo magistrado, logo após sua qualificação, possibilitando-lhe que reconheça eventual causa dentre aquelas previstas no art. 447.

> **Art. 459.** As perguntas serão formuladas pelas partes diretamente à testemunha, começando pela que a arrolou, não admitindo o juiz aquelas que puderem induzir a resposta, não tiverem relação com as questões de fato objeto da atividade probatória ou importarem repetição de outra já respondida.
>
> **§ 1º** O juiz poderá inquirir a testemunha tanto antes quanto depois da inquirição feita pelas partes.
>
> **§ 2º** As testemunhas devem ser tratadas com urbanidade, não se lhes fazendo perguntas ou considerações impertinentes, capciosas ou vexatórias.
>
> **§ 3º** As perguntas que o juiz indeferir serão transcritas no termo, se a parte o requerer.

CPC de 1973 – art. 416

24. Ainda sobre o procedimento da inquirição: o rito para as perguntas formuladas às testemunhas

A forma como a colheita da prova testemunhal é conduzida é fundamental para sua fiabilidade. A qualidade e a veracidade das narrativas trazidas pela testemunha dependem, em grande parte, de um controle criterioso sobre a forma de sua inquirição. VITOR DE PAULA RAMOS, a esse respeito, defende, com acerto, a narrativa livre, por se tratar da "forma que menos influencia a memória"[172].

Nessa esteira, não obstante o Código de Processo Civil tenha previsto a inquirição por meio de perguntas formuladas à testemunha, nada impede que o juiz inicie o depoimento pedindo à testemunha que narre livremente e de forma detalhada os fatos a que teve acesso.

Com relação às perguntas diretas, buscando facilitar o procedimento da colheita dos depoimentos, e na esteira do que já defendia a doutrina[173], o art.

---

172 RAMOS, Vitor de Paula. *Prova testemunhal*, p. 231.
173 Discorrendo sobre o procedimento anterior de oitiva das testemunhas e o princípio da imediatidade, WILLIAM SANTOS FERREIRA afirmava, à luz do CPC de 1973,

459 do CPC possibilita que as partes formulem as perguntas diretamente às testemunhas. Trata-se de uma novidade no CPC de 2015, considerando que no CPC anterior a regra era o que se chamava de "reperguntas", ou seja, as partes formulavam as perguntas ao magistrado que, então, as reformulava de forma dirigida à testemunha inquirida.

Isso não impede, por evidente, que o juiz faça um adequado controle das perguntas formuladas, indeferindo de plano aquelas que puderem induzir a resposta da testemunha, as que não tiverem relação com os fatos a que se destina a prova ou, ainda, as que versarem sobre questão que já tenha sido objeto de pergunta anterior.

Também poderão ser indeferidas as perguntas que tiverem por objeto questão já provada por documento ou confissão da parte, ou que somente possa ser provada por prova documental ou prova pericial, aplicando-se, também aqui, a previsão do art. 443 do CPC.

Caso a parte interessada pleiteie, as perguntas indeferidas serão transcritas no termo de audiência, o que é essencial, pois poderão, posteriormente, ser objeto de impugnação em preliminar de apelação ou contrarrazões de apelação, nos termos do art. 1.009 do CPC.

O juiz participa da colheita da prova, não só conduzindo o ato e indeferindo as perguntas impertinentes, como também formulando perguntas às testemunhas antes ou após a inquirição das partes.

As perguntas são formuladas inicialmente pela parte que arrolou a testemunha, seguida da parte contrária. O juiz poderá formular suas perguntas antes de iniciados os questionamentos das partes e/ou após todas as perguntas terem sido formuladas. Nada impede – muito pelo contrário, se impõe – que o juiz participe ativamente da colheita, podendo formular perguntas durante as arguições, em especial quando necessário para que alguma questão obscura seja esclarecida no momento em que abordada.

25. Os direitos das testemunhas

Ao lado dos deveres impostos pela condição de auxiliar da Justiça, a testemunha também possui direitos previstos expressamente no Código. Todos eles deverão ser explicados à testemunha anteriormente ao seu depoimento,

---

ter se revelado "um procedimento extremamente formal e nem sempre eficiente". Por isso, "com os avanços de novas tecnologias, acelerando o registro de depoimentos, talvez seja possível um procedimento mais direto, célere e talvez mais racional, que é o da pergunta ser formulada pelo advogado diretamente para a testemunha, como ocorre nos países do *common law*" (FERREIRA, William Santos. *Princípios fundamentais da prova cível*, p. 167).

considerando que, em geral, trata-se de pessoas leigas, que não têm conhecimento sobre as regras previstas no Código.

Já se viu que a testemunha poderá recusar-se a depor, nas hipóteses dos arts. 448 e 457, § 3º, do CPC, na medida em que ninguém deve ser obrigado a depor sobre fatos que importem desonra própria ou de sua família, nem violar dever de sigilo profissional.

Além disso, deverá ser tratada com urbanidade pelas partes, não sendo autorizado formular perguntas ou considerações impertinentes, capciosas ou vexatórias. Já se determinou, por exemplo, que se riscassem termos ofensivos à testemunha apostos em petição da parte[174].

Além disso, a testemunha deverá ser reembolsada pelas despesas que efetuar para comparecer à audiência, devendo a parte pagá-la logo que arbitrada, ou depositá-la em cartório dentro de três dias (art. 462 do CPC). Na mesma linha, quando sujeita ao regime da legislação trabalhista, a testemunha não pode sofrer perda de salário nem desconto no tempo de serviço em razão de seu comparecimento (art. 463, parágrafo único, do CPC), já que o depoimento prestado em juízo é considerado serviço público (art. 464 do CPC).

> **Art. 460.** O depoimento poderá ser documentado por meio de gravação.
>
> **§ 1º** Quando digitado ou registrado por taquigrafia, estenotipia ou outro método idôneo de documentação, o depoimento será assinado pelo juiz, pelo depoente e pelos procuradores.
>
> **§ 2º** Se houver recurso em processo em autos não eletrônicos, o depoimento somente será digitado quando for impossível o envio de sua documentação eletrônica.
>
> **§ 3º** Tratando-se de autos eletrônicos, observar-se-á o disposto neste Código e na legislação específica sobre a prática eletrônica de atos processuais.

CPC de 1973 – art. 417

26. A documentação do depoimento

O depoimento da testemunha deverá ser registrado preferencialmente por meio de gravação ou, não sendo possível, digitado ou registrado por taquigrafia, estenotipia ou outro método idôneo de documentação, caso em que será assinado pelo juiz, pela testemunha e pelos procuradores.

---

174 "O parágrafo riscado onde se afirmara que (sigilo este certamente decretado para forjar depoimento de pessoas analfabetas e ainda com problema de dicção como é o caso do Sr. João Miguel, por exemplo), não demonstra qualquer prejuízo a parte, já que, caso o Ministério Público tenha agido em desconformidade com seu dever institucional, os recorrentes terão oportunidade de desconstituir as supostas provas forjadas através da instrução e das provas lícitas" (REsp 1.183.330/SP, 1ª Turma, rel. Min. Napoleão Nunes Maia Filho, j. 17-9-2023, *DJe* 23-10-2023).

Embora o art. 460 do CPC indique tratar-se de uma faculdade do juiz (pelo uso do verbo "poderá"), há que se compreender que a gravação é o método mais adequado e que, por isso, deverá ser priorizado, em especial por permitir o acesso fidedigno aos depoimentos tal como colhidos, viabilizando uma melhor compreensão do resultado da prova[175].

O ponto é reforçado pelo art. 367, que em seu § 5º prevê que "a audiência poderá ser integralmente gravada em imagem e em áudio, em meio digital ou analógico, desde que assegure o rápido acesso das partes e dos órgãos julgadores, observada a legislação específica". Complementando a previsão, o § 6º autoriza que as partes realizem diretamente a gravação da audiência, independentemente de autorização judicial.

A degravação do depoimento gravado somente deverá ocorrer caso haja recurso em processo em autos não eletrônicos, e quando for impossível o envio de sua documentação eletrônica[176].

A Resolução n. 105/2010 do CNJ, alterada pelas Resoluções n. 222/2016 e 326/2020, regulamentou a documentação dos depoimentos por meio do sistema audiovisual e realização de interrogatório e inquirição de testemunhas por videoconferência, prevendo, em seu art. 2º, que "os depoimentos documentados por meio audiovisual não precisam de transcrição". O magistrado, de todo modo, poderá determinar que os servidores de seu gabinete ou secretaria procedam à degravação do depoimento, quando for de sua preferência pessoal (art. 2º, parágrafo único).

Tratando-se de autos eletrônicos, aplica-se o disposto nos arts. 439 a 441 do CPC.

> **Art. 461.** O juiz pode ordenar, de ofício ou a requerimento da parte:
> I – a inquirição de testemunhas referidas nas declarações da parte ou das testemunhas;

---

175 Nesse sentido, destacando que a gravação assegura a "fidelidade do depoimento, como forma de assegurar um julgamento que analise um acervo probatório mais eficiente, mais completo": FERREIRA, William Santos. *Princípios fundamentais da prova cível*, p. 201.

176 "Na vigência do Código de Processo Civil de 2015, a colheita de prova testemunhal por gravação passou a ser um método convencional, ficando a degravação prevista apenas para hipóteses excepcionais em que, em autos físicos, for interposto recurso, sendo impossível o envio da documentação eletrônica" (STJ, CC 150.252/SP, 2ª Seção, rel. Min. RICARDO VILLAS BÔAS CUEVA, j. 10-6-2020, *DJe* 16-6-2020). Na mesma decisão, entendeu-se que a responsabilidade pela degravação neste caso é do juízo deprecante, nos termos do art. 2º da Resolução n. 105/2010 do CNJ, sendo que "a gravação dos depoimentos colhidos em audiência pelo método audiovisual é suficiente para a devolução da carta adequadamente cumprida".

CPC/2015, ART. 461

II – a acareação de 2 (duas) ou mais testemunhas ou de alguma delas com a parte, quando, sobre fato determinado que possa influir na decisão da causa, divergirem as suas declarações.

§ 1º Os acareados serão reperguntados para que expliquem os pontos de divergência, reduzindo-se a termo o ato de acareação.

§ 2º A acareação pode ser realizada por videoconferência ou por outro recurso tecnológico de transmissão de sons e imagens em tempo real.

CPC de 1973 – art. 418

27. A testemunha referida

Após a apresentação do rol de testemunhas previsto nos arts. 357, § 4º, e 450 do CPC, a parte somente poderá substituir as testemunhas indicadas nos casos previstos no art. 451, comentado linhas acima.

Para além desses casos, a única hipótese em que poderá ser ouvida testemunha que não constou no rol decorre das situações em que a parte ou uma das testemunhas arroladas acabe por mencionar determinada pessoa em seu depoimento, revelando-se a necessidade de sua oitiva para um melhor esclarecimento dos fatos. Trata-se da testemunha referida, prevista no inciso I do art. 461 do CPC.

É fundamental que a testemunha referida seja desconhecida das partes no momento da apresentação do rol. Com efeito, o dispositivo autoriza a oitiva de testemunhas que tenham sido mencionadas nas declarações da parte ou das testemunhas, mas em hipótese alguma a oitiva de testemunha referida poderá ser utilizada como subterfúgio para se viabilizar a oitiva de testemunha "surpresa", ou de testemunha que, propositalmente ou por esquecimento, não tenha sido incluída no rol de testemunhas[177]. Cabe ao juiz, no caso concreto,

---

177 "AGRAVO DE INSTRUMENTO. AÇÃO DE INDENIZAÇÃO POR DANO MORAL. OITIVA DE TESTEMUNHA REFERIDA EM AUDIÊNCIA DE INSTRUÇÃO POR OUTRA TESTEMUNHA (ART. 461/CPC). IMPOSSIBILIDADE NO CASO CONCRETO. TESTEMUNHA REFERIDA QUE JÁ ERA DE CONHECIMENTO DO LITIGANTE. AUSÊNCIA DE ARROLAMENTO NO MOMENTO OPORTUNO. DECISÃO MANTIDA. RECURSO IMPROVIDO. 1. No caso dos autos, o cerne recursal orbita a verificação da possibilidade de inquirição de indivíduo, na qualidade de testemunha, referido em depoimento testemunhal colhido em audiência de instrução, na forma do art. 461, inciso I, do CPC. 2. A testemunha referida, cujo depoimento pode ser posteriormente colhido, é aquela desconhecida pelas partes à ocasião da indicação do rol de testemunhas, não ocorrendo preclusão a esse respeito, especialmente quando o seu depoimento poderá auxiliar na busca da verdade real. 3. Constata-se dos autos que as testemunhas cujos depoimentos se pretendem colher, sob alegação de referência

avaliar se se trata de alguma dessas hipóteses e, se for o caso, indeferir a oitiva da testemunha referida.

28. A acareação

É comum que haja divergência entre as declarações de testemunhas, em especial quando arroladas por partes diversas. Se essa divergência for relevante e incidir sobre fato determinado que possa influir na decisão da causa, poderá o juiz determinar a acareação entre as testemunhas, que consiste em colher seus depoimentos no mesmo ato, de forma a contrapor as declarações contraditórias, a fim de se esclarecer o fato controverso. A acareação poderá ser determinada também quando as declarações divergentes emanarem de parte e testemunha, mas não cabe em se tratando de divergência entre as partes, que sempre poderá ocorrer, dadas as versões opostas que comumente apresentam sobre os fatos da causa.

No procedimento da acareação, os acareados serão reperguntados acerca dos fatos controversos, para que expliquem os pontos de divergência. Os depoimentos serão reduzidos a termo, sendo lavrado um ato de acareação. Caso se constate que alguma das testemunhas alterou a verdade dos fatos, deverão ser tomadas as providências para a verificação do crime de falso testemunho (art. 458 do CPC).

Assim como ocorre com os depoimentos, o ato poderá ser realizado por videoconferência ou por outro recurso tecnológico de transmissão de sons e imagens em tempo real.

A acareação também poderá ser realizada entre meros informantes, que não prestaram o compromisso de dizer a verdade, caso o magistrado opte pela oitiva de menor, impedido ou suspeito, nos termos do § 4º do art. 447, já que esse procedimento tem por objeto o melhor esclarecimento dos fatos. A única consequência é que, caso constate que houve alteração da verdade, não será o caso de crime de falso testemunho, embora não esteja afastada a possibilidade de aplicação das penalidades decorrentes de ato atentatório à dignidade da justiça, previstas no art. 77 do CPC.

(art. 461/CPC), já eram de conhecimento prévio da litigante, que, inclusive, havia manifestado interesse em sua oitiva antes mesmo da decisão que designou audiência de instrução, e, no entanto, instada a apresentar o rol de testemunha, deixou de indicá-las deliberadamente. 4. Recurso conhecido e improvido" (TJTO, Turmas das Câmaras Cíveis, Agravo de Instrumento 0003556-31.2023.8.27.2700, rel. Angela Maria Ribeiro Prudente, j. 27-9-2023, *DJe* 11-10-2023).

Art. 462. A testemunha pode requerer ao juiz o pagamento da despesa que efetuou para comparecimento à audiência, devendo a parte pagá-la logo que arbitrada ou depositá-la em cartório dentro de 3 (três) dias.

CPC de 1973 – art. 419

29. Ainda sobre os direitos das testemunhas: o reembolso de todas as despesas realizadas para viabilizar seu comparecimento em juízo

A testemunha presta um serviço público (art. 463 do CPC), contribuindo para o exercício da jurisdição ao depor sobre fatos que interessem para determinada causa. Por isso, caso tenha alguma despesa em razão de seu comparecimento em juízo, deverá ser reembolsada dos custos pela parte que a arrolou.

Tratando-se de despesa processual, o valor poderá ser incluído nos ônus de sucumbência.

Art. 463. O depoimento prestado em juízo é considerado serviço público.

Parágrafo único. A testemunha, quando sujeita ao regime da legislação trabalhista, não sofre, por comparecer à audiência, perda de salário nem desconto no tempo de serviço.

CPC de 1973 – art. 419, parágrafo único

30. A testemunha e a contribuição para a jurisdição

O art. 378 do CPC prevê o dever de todos colaborarem com o Poder Judiciário na descoberta da verdade. Embora esse dispositivo seja alvo de críticas acertadas na doutrina pelo apego à ideia de busca da verdade no processo[178], a previsão se alinha com a ideia de que todos os que participam da produção da prova na condição de terceiros, a fim de contribuir com o esclarecimento dos fatos, prestam um serviço público.

---

178 Afirmando ser "o procedimento que atribui à reconstrução dos fatos sua capacidade de gerar verdade", com embasamento na teoria de JURGEN HABERMAS, LUIZ GUILHERME MARINONI e SÉRGIO CRUZ ARENHART defendem "uma construção da verdade, legitimada pelo procedimento adotado, que deve ser o de uma argumentação em colaboração (não em conflituosidade). As versões parciais apresentadas pelas partes somam-se ao papel ativo do juiz, em perfeito diálogo, na tentativa de construir (e não descobrir) uma verdade possível que guiará a aplicação da lei ao caso submetido ao Judiciário. Portanto, assume relevante papel dentro dessa ordem a noção e a extensão do contraditório. É esse elemento a válvula reguladora que permitirá estabelecer o nível da argumentação dialética e, consequentemente, a legitimação da construção da verdade" (MARINONI, Luiz Guilherme; ARENHART, Sérgio Cruz. *Prova e convicção*, p. p. 52-54).

COMENTÁRIOS AO CÓDIGO DE PROCESSO CIVIL V. VIII

É por isso que a testemunha deverá ser reembolsada de todas as despesas que tiver para viabilizar seu depoimento, como se viu no dispositivo anterior, e é por isso também que, quando sujeita ao regime da legislação trabalhista, não poderá sofrer perda de salário nem desconto no tempo de serviço por comparecer à audiência.

Seção X
Da Prova Pericial

Art. 464. A prova pericial consiste em exame, vistoria ou avaliação.

§ 1º O juiz indeferirá a perícia quando:

I – a prova do fato não depender de conhecimento especial de técnico;

II – for desnecessária em vista de outras provas produzidas;

III – a verificação for impraticável.

§ 2º De ofício ou a requerimento das partes, o juiz poderá, em substituição à perícia, determinar a produção de prova técnica simplificada, quando o ponto controvertido for de menor complexidade.

§ 3º A prova técnica simplificada consistirá apenas na inquirição de especialista, pelo juiz, sobre ponto controvertido da causa que demande especial conhecimento científico ou técnico.

§ 4º Durante a arguição, o especialista, que deverá ter formação acadêmica específica na área objeto de seu depoimento, poderá valer-se de qualquer recurso tecnológico de transmissão de sons e imagens com o fim de esclarecer os pontos controvertidos da causa.

CPC de 1973 – arts. 420 e 421, § 2º

31. A prova pericial: conceito, cabimento e admissibilidade

A prova pericial é espécie de prova técnica, ou seja, aquela que depende necessariamente do olhar de um especialista na matéria objeto da ação para que possa bem esclarecer os fatos do processo[179]. É, portanto, como afirma CARNELUTTI, um "meio de integração da atividade do juiz"[180], possuindo caráter substitutivo, na medida em que "o perito, na qualidade de profissional

---

179 "(...) sempre diz respeito ao oferecimento de informação especializada, que deveria contribuir à correta tomada de decisão sobre os fatos em um processo judicial, independentemente de saber se tal informação pode ser qualificada como científica, artística, técnica ou prática" (VÁSQUEZ, Carmen. *Prova pericial*, p. 70-71).

180 CARNELUTTI, Francesco. *La prova civile*. Seconda edizione. Roma: Edizione Dell'Ateneo, 1947. p. 90.

CPC/2015, ART. **464**

especializado, faz as vezes do juiz na análise das fontes de prova", como lembra Paula Sarno Braga[181]. Daí uma das principais diferenças entre perícia e inspeção judicial[182].

Essa premissa é fundamental para que se compreenda muitos dos dispositivos que regulamentam esse meio de prova. É dela que parte, por exemplo, a equivocada compreensão, manifestada de longa data na jurisprudência, de que o juiz poderia desconsiderar o laudo para, em seu lugar, adotar qualquer outro meio de prova que integre o conjunto probatório dos autos. É certo que a previsão do CPC de 1973 induzia os operadores fortemente a esse entendimento. E a solução dada pelo atual CPC não foi suficiente para inibir esse tipo de orientação. Desse ponto específico se tratará mais adiante (item 56), nos comentários ao art. 479.

---

181 "É ele que inspeciona a pessoa ou coisa a ser periciado. Quando o juiz pode, com sua própria cultura e conhecimento comum, acessar e compreender o que a fonte de prova revela, basta uma inspeção judicial. Mas se para apreendê-la é necessário que se tenham dotes técnicos ou científicos, além dos que se pode esperar do juiz--médio, a inspeção da fonte de prova deve ser feita por um expert na matéria, por um perito. O perito substitui, pois, o juiz, naquelas atividades de inspeção que exijam o conhecimento de um profissional especializado. Nesses casos, a inspeção judicial é substituída por uma inspeção pericial (perícia). Daí o caráter substitutivo da perícia" (Braga, Paula Sarno. Da prova pericial. *In*: Alvim, Teresa Arruda et al. (coord.). *Breves comentários ao Novo Código de Processo Civil*. São Paulo: Revista dos Tribunais, 2015. p. 1.168).

182 Sobre a diferença entre perícia e inspeção judicial, Barbosa Moreira: "Já se disse que pessoas e coisas podem servir de fontes de prova, mediante o exercício, pelo juiz, de seus sentidos. Aqui, porém, se impõe uma distinção. Em certos casos, o juiz vê o que alguém lhe mostra (ex.: documento) ou ouve o que alguém lhe diz (ex.: depoimento de testemunha): não é ele que dirige de propósito a visão ou a audição a determinado alvo, ainda que por iniciativa sua lhe haja chegado à presença a coisa ou a pessoa. Outros casos são marcados pelo traço de uma essencial intencionalidade: o juiz, para ver, olha; para ouvir, escuta. Acrescente-se que o objeto visado pode consistir num fenômeno, e que outros sentidos (olfato, tato, paladar) são exercitáveis, conquanto menos amiúde, mas sem prejuízo da feição intencional. Pois bem. Às vezes, basta para fornecer a informação desejada o exercício pessoal, pelo próprio juiz, do sentido pertinente. Comparece ele ao local do acidente e vê que a estrada faz ali curva perigosa; aproxima-se da oficina e ouve o ruído que produz o funcionamento da máquina, ou sente o mau odor que ela emana – e assim por diante. Outras vezes, para captar a informação, torna-se necessário algo mais: um conhecimento científico ou técnico que o juiz não tem, ou a utilização de métodos especializados, cujo manejo requer preparação também especializada, para revelar, na pessoa, na coisa ou no fenômeno, a realidade só perceptível por meio deles. É então que tem lugar a perícia" (Barbosa Moreira, José Carlos. Anotações sobre o título 'Da Prova' do Novo Código Civil, p. 293).

COMENTÁRIOS AO CÓDIGO DE PROCESSO CIVIL V. VIII

A aferição sobre a necessidade da prova pericial no processo decorre da constatação de que a causa de pedir é composta de fatos[183] que envolvam um conhecimento que ultrapasse o conhecimento ordinário[184], ou seja, dependam "de conhecimento especial que esteja além dos conhecimentos que podem ser exigidos do homem e do juiz de cultura média"[185]. Em outras palavras, a perícia será necessária quando a causa de pedir for composta por fatos técnicos, assim compreendidos aqueles ligados a conhecimentos técnico-científicos, relativos a determinadas áreas da ciência e, por isso, dependendo desses conhecimentos para serem esclarecidos. É sob essa perspectiva que deve ser analisada a admissibilidade da prova pericial.

Embora a perícia somente seja necessária quando se estiver diante de fatos técnicos, nem todo fato técnico dependerá de prova pericial, podendo o fato ser esclarecido a partir de regras de experiência técnica[186]. Estas, por sua vez, somente podem ser assim consideradas quando se refiram a conhecimentos técnico-científicos a que todos podem ter acesso, por integrarem a cultura

---

183 Incluem-se aqui tantos os fatos essenciais quanto os fatos secundários ou instrumentais. Como explica CLARICE FRECHIANI LARA LEITE, "fatos essenciais são eventos da vida afirmados na demanda, que alegadamente correspondem à hipótese fática abstratamente descrita na norma cujo efeito jurídico se pretende. É a alegação de tais fatos essenciais, conformadores da demanda, que se compreende dotada da natureza de manifestação de vontade (...) A essa categoria se contrapõe, como tradicionalmente assentado em doutrina, a dos chamados fatos secundários ou instrumentais, os quais não estão diretamente previstos na norma apta a ensejar o efeito jurídico final, mas se vinculam ao fato essencial por alguma relação lógica ou jurídica, exercendo no processo a função de demonstrar a sua ocorrência ou inocorrência (ou, acresça-se, seus efeitos jurídicos)" (LEITE, Clarice Frechiani Lara. *Fatos e provas novos no processo civil*. São Paulo: Revista dos Tribunais, 2023. p. 73). Desde que de natureza técnica, todos esses fatos poderão ser objeto de prova pericial. Ainda sobre os fatos no Direito, ABELLÁN, Marina Gascón. *Os fatos no direito* – bases argumentativas da prova. Trad. Ravi Peixoto. Salvador: JusPodivm, 2022.

184 DANILO KNIJNIK, em específico trabalho sobre a prova pericial, coloca como proposta metodológica "a necessária modéstia judicial relativamente à confiança dos sujeitos processuais na resolução do juízo de fato" (*Prova pericial e seu controle no direito processual brasileiro*. São Paulo: Revista dos Tribunais, 2017. p. 32).

185 MARINONI, Luiz Guilherme; ARENHART, Sérgio Cruz. *Prova e convicção*, p. 884.

186 Embora considerando que "é dado ao juiz utilizar regras de experiência técnica de uma dada área de conhecimento, desde que obviamente as mesmas sejam compartilhadas pelos indivíduos no geral", na medida em que "existem diversas regras técnicas que, pelo emprego continuado na vida das pessoas acabam por incorporar e compor a cultura geral", ZULMAR DUARTE afirma que "não podem as regras de experiência substituírem a prova pericial na necessidade de demonstração de questão técnica necessária ao julgamento" (GAJARDONI, Fernando da Fonseca; DELLORE, Luiz; ROQUE, Andre Vasconcelos; OLIVEIRA JÚNIOR, Zulmar Duarte de. *Processo de conhecimento e cumprimento de sentença*: comentários ao CPC de 2015. São Paulo: Método, 2016. p. 286).

geral, ainda que de uma determinada comunidade em um dado momento[187]. Ainda assim, a perícia pode vir a ser necessária para auxiliar no esclarecimento da regra de experiência, até mesmo porque elas "transitam no plano da probabilidade"[188].

As regras de experiência técnica, diferentemente das regras de experiência ordinária, têm origem no pensamento técnico-científico, mas são conhecidas pela coletividade de forma geral. Vistas de outro modo, trata-se de questões técnicas que resultam de pesquisas científicas, mas que se tornaram usuais com o passar do tempo. Jamais poderão ser consideradas regras de experiência técnica aquelas decorrentes de conhecimento privado do juiz, em razão de estudos ou vivências anteriores a que somente ele teve acesso.

O próprio art. 375 do CPC autoriza que o juiz se utilize das "regras de experiência técnica, ressalvado, quanto a estas, o exame pericial". Vale dizer que as regras de experiência técnica podem orientar a valoração realizada e a decisão sobre os fatos, sem prejuízo da determinação de prova pericial (ou de prova técnica simplificada) quando, não obstante a regra de experiência, ainda haja dúvidas sobre questão[189]. Como esclarecem SÉRGIO CRUZ ARENHART e LUIZ GUILHERME MARINONI, muitas vezes a oitiva de um perito ou especialista pode ser necessária em razão da natural falta de consenso sobre a regra técnica, pela própria inexistência de consenso sobre certas questões na esfera científica. Nesses casos, o perito poderá auxiliar na definição dos "limites da discussão sobre a regra técnica, assim como o seu grau de credibilidade na comunidade científica"[190].

Como já se teve a oportunidade de afirmar em outro trabalho, as regras de experiência[191] "nada mais são do que elemento facilitador do raciocínio

---

187 "(...) uma regra de experiência pode ser negada ou ter a sua credibilidade abalada com o passar do tempo. Por essa razão, a motivação deve demonstrar que a regra de experiência é correspondente ao momento em que a decisão é tomada. Além disso, deve ser referida ao que acontece na sociedade, não bastando a sua relação com algumas pessoas. Ou melhor, a regra de experiência deve ser extraída a partir do senso comum da coletividade ou da comunidade em que o fato a ser demonstrado está inserido. Em resumo, a motivação deve demonstrar, através de argumentação racional, a proveniência e a atualidade da regra de experiência comum" (MARINONI, Luiz Guilherme; ARENHART, Sérgio Cruz. *Prova e convicção*, p. 173).

188 MARINONI, Luiz Guilherme; ARENHART, Sérgio Cruz. *Prova e convicção*, p. 177.

189 "(...) a circunstância de que as regras de experiência técnica são do conhecimento da coletividade não significa que o juiz não possa recorrer ao auxílio de um perito para esclarece-las" (MARINONI, Luiz Guilherme; ARENHART, Sérgio Cruz. *Prova e convicção*, p. 177).

190 MARINONI, Luiz Guilherme; ARENHART, Sérgio Cruz. *Prova e convicção*, p. 177.

191 "La norma, che costituisce la premessa maggiore del sillogismo ora analizzato, deve avere per contenuto la concomitanza o la regugnanza del fatto affermato nella premessa minore (del fatto, cioè, percepito dal giudice) col fatto da provare; in questo

COMENTÁRIOS AO CÓDIGO DE PROCESSO CIVIL V. VIII

lógico fundado na experiência comum ou técnica" sobre a ocorrência de determinado fato direto ou indireto (indiciário)". Elas se relacionam com "aquilo que comumente ocorre numa sociedade ou num local, não sendo possível considerar-se, para tanto, a experiência privada do juiz"[192]. São máximas ordinárias aquelas que não têm caráter técnico[193].

Significa dizer que tanto as regras de experiência ordinárias como as regras de experiência de caráter técnico devem ser extraídas de conhecimentos da cultura em geral, a que qualquer sujeito pode ter acesso, não se referindo a eventual formação técnica do juiz, mas sendo extraídos da experiência comum, mesmo que com origem em conhecimentos técnicos oriundos da comunidade científica[194].

Por exemplo, a afirmação de que a gasolina é inflamável é um fato técnico de conhecimento geral. É técnico porque envolve conhecimentos técnicos e científicos. E é geral porque, a essa altura, todos sabem que a gasolina é um combustível e, por isso, inflamável. Não será preciso determinar-se a realização de uma prova pericial para confirmar esse fato. Mas pode ser necessário que a perícia seja determinada para que se afira o que teria motivado a combustão e/ou suas consequências no caso concreto.

---

modo serve a dedurne mediante il fatto percepito la esistenza o la non esistenza. Norme siffatte, appartengono a tutti i campi: sono norme del sapere tecnico o del sapere comune, norme delle scienze naturali o delle scienze morali, norme di psicologia o norme di economia. Non è possibile e comunque non sarebbe utile darne, per il tema qui trattato, se non il concetto larghissimo che la dottrina tedesca usa indicare con la formula: regola di esperienza (Erfahrungssatz) o regola della vita (Lebensregel) (...) dalla maggior o minor sicurezza della regola di esperienza impiegata dipende la maggiore o minor fondatezza della conclusione cioè il maggior o minor grado di verisimiglianza del fatto ritenuto dal giudice; quanto meno la regola ammette eccezioni, tanto più è facile che si verifichi quella concomitanza o quella repugnanza del fatto da provare col fatto percepito, sulla cui base il giudice lo ritiene esistente o inesistente" (CARNELUTTI, Francesco. *La prova civile*, p. 75-79).

192   PASCHOAL, Thaís Amoroso. *Coletivização da prova*, p. 175.

193   MONIZ DE ARAGÃO, Egas. *Exegese do Código de Processo Civil*. Rio de Janeiro: Aide, [ano]. v. IV, t. I, p. 104.

194   "Le massime d'esperienza sono costituite da tutte le nozioni, regole, generalizzazioni, criteri, standard e leggi naturali o empiriche che il giudice trae, come del resto accade per qualsiasi persona di media cultura in un contesto socieale dato, dall'esperienza ordinaria del mondo. Si trata di un insieme vastissimo e largamente indeterminato di nozioni che hanno il contenuto più diverso vario status epistemológico e conoscitivo. Tavolta esse sono la versione di senso comune di leggi naturale, logiche o scientifiche. Altre voltesi tratta di mere generalizzazioni tratte induttivamente dall'esperienza, che possono servire come criteri approssimativi per la formulazione di valutazioni ed inferenze dotate di qualche grado di attendibilità" (COMOGLIO, Luigi Paolo; FERRI, Corrado; TARUFFO, Michele. *Lezioni sul processo civile*. 2. ed. Bologna: Il Mulino, 1995. p. 461).

No primeiro caso – o fato de a gasolina ser inflamável –, tem-se um fato técnico que pode ser solucionado a partir das regras de experiência técnica, caracterizando uma percepção ou ilação que se extrai "de fatos recorrentes, de experiências reiteradas da vida"[195]. No segundo (causa da combustão e consequências do acidente com o combustível), será necessária a realização de uma prova pericial.

Assim como ocorre com os demais meios de prova, a admissibilidade da prova pericial deverá ser aferida pelo juiz no caso concreto, enquadrando-se na dimensão de seus poderes instrutórios amplos e de gestão da prova no processo civil. No contexto de um processo colaborativo (art. 6º do CPC), é muito recomendável que essa análise seja realizada em colaboração com as partes, de modo a viabilizar a compreensão da necessidade da prova pelos sujeitos processuais, no contexto de suas pretensões e fundamentos. O saneamento do processo[196], sem dúvida, é o momento adequado para tanto, em especial quando realizado de forma compartilhada (art. 357, § 3º, do CPC)[197].

Quanto à admissibilidade, retoma-se o que já se afirmou anteriormente neste livro, tanto quando se tratou das premissas gerais que orientam as conclusões a que chegamos, quanto no ponto específico da admissibilidade da prova testemunhal. Parte-se da livre admissibilidade probatória, desde que

---

195 APRIGLIANO, Ricardo de Carvalho. *Comentários ao Código de Processo Civil*. Das provas: disposições gerais. São Paulo: Saraiva Educação, 2020. v. VIII, t. I, p. 215.

196 Como já se teve a oportunidade de afirmar, no contexto da gestão da prova coletiva: "(...) no saneamento adequado reside importante ferramenta de garantia da adequação do procedimento, viabilizando aos sujeitos processuais a gestão do caso que, nessa perspectiva, será vista como colaboração para a melhor prestação da tutela jurisdicional e condução do procedimento com eficiência. O ponto inevitavelmente inclui a gestão da prova pelo juiz, por meio do manejo dos poderes de flexibilização e adaptação previstos no art. 139, VI, do CPC, e pelas partes, via negócios jurídicos processuais fundados no art. 190 do CPC/2015, inserindo a gestão do processo pelos sujeitos processuais no espaço de liberdade no processo" (PASCHOAL, Thaís Amoroso. *Coletivização da prova*, p. 103-104). Para uma análise aprofundada do saneamento, ANDREATINI, Lívia Losso. *O devido saneamento e organização do processo: funções e técnicas processuais*. Dissertação (Mestrado) – Faculdade de Direito do Largo São Francisco, Universidade de São Paulo, São Paulo, 2024.

197 Em obra específica sobre o tema, PAULO HOFFMANN, adotando a expressão "saneamento compartilhado", explica tratar-se da "ideia de que a decisão de saneamento do processo não seja mais proferida pelo juiz isoladamente, sem a participação das partes, mas sim, sempre em conjunto com elas da forma mais 'negociada' possível", algo que, para o autor, já estava previsto no art. 331, § 2º, do Código de 1973 (HOFFMAN, Paulo. *Saneamento compartilhado*. São Paulo: Quartier Latin, 2011. p. 92). Sobre o saneamento compartilhado e a prova pericial, FERREIRA, William Santos. A prova pericial no novo Código de Processo Civil. *Revista do Advogado*, AASP, n. 126, ano XXXV, maio 2015, p. 206.

observados critérios objetivos relativos à sua adequação para a comprovação dos fatos. No que toca especificamente à perícia, isso significa dizer que ela será sempre admitida quando se tratar de fatos técnicos, que dependam de um olhar especializado para serem esclarecidos. Afora isso, não há espaço no sistema brasileiro para limitações apoiadas na fiabilidade da prova, o que se revelará um problema de valoração, e não de admissibilidade[198].

O cabimento da perícia deverá partir da existência de questões fáticas de caráter técnico, que devam ser objeto de análise por especialista, dada a impossibilidade de aferição de fatos técnicos pelo juiz. Veja-se que a perícia deverá sempre ser determinada quando se estiver diante desses fatos, sendo vedado ao juiz valer-se de conhecimento pessoal no processo, ainda que dotado de certo caráter técnico. Sendo assim, pouco importa que o juiz eventualmente seja especialista na área da perícia. Tratando-se de prova técnica, sua realização por um terceiro é essencial para a manutenção da imparcialidade[199].

Inexistindo esse caráter técnico, a prova pericial deverá ser indeferida. É o que prevê o § 1º do art. 464 do CPC. É fundamental que no saneamento do processo o juiz perquira essa questão. Caso constate que não se trata de fato

---

198 CLARISSA DINIZ GUEDES destaca haver uma "inegável intercessão entre o plano da admissibilidade e o plano da valoração das provas", de modo que, "assumindo que o valor de determinadas fontes será questionável ou até inexistente, o legislador preestabelece regras de inadmissibilidade probatória", sendo evidente nesses casos "a relação entre a admissibilidade da prova e a limitação ao convencimento do juiz". Concordamos, neste ponto, com a crítica formulada à autora: "(...) a imposição dessas restrições pode constituir uma ingerência exagerada da lei sobre a formação do convencimento do juiz; isso ocorrerá quando não se puder vislumbrar razoabilidade na restrição do material probatório fundada no juízo abstrato de ausência de credibilidade. Com efeito, o direito à prova deve admitir todos os meios suscetíveis de influenciar racionalmente a decisão do juiz sobre os fatos. E, no caso das provas suspeitas, se houver a mínima possibilidade desta influência racional, devem ser admitidas e produzidas, ainda que sobre elas incida um certo grau de desconfiança" (GUEDES, Clarissa Diniz. *Persuasão racional e limitações probatórias: enfoque comparativo entre os processos civil e penal*. Tese (Doutorado) – Universidade de São Paulo, 2013, p. 215-216).

199 Esclarecem LUIZ GUILHERME MARINONI, SÉRGIO CRUZ ARENHART e DANIEL MITIDIERO: "Não importa que o magistrado que está tratando da causa, em virtude de capacitação técnica individual e específica (porque é, por exemplo, formado em engenharia civil), tenha conhecimento para analisar a situação controvertida. Se a capacitação requerida por essa situação não estiver dentro dos parâmetros daquilo que se pode esperar de um juiz, não há como se dispensar a prova pericial, ou seja, a elucidação do fato por prova em que participe um perito – nomeado pelo juiz –, e em que possam atuar assistentes técnicos indicados pelas partes, a qual deve resultar em laudo técnico-pericial, que por estas poderá ser discutido" (MARINONI, Luiz Guilherme; ARENHART, Sérgio Cruz; MITIDIERO, Daniel. *Curso de processo civil*, p. 408-409).

técnico, a prova pericial deverá ser indeferida, evitando-se custos desnecessários no processo, inclusive de tempo.

Nem sempre, porém, a aferição da tecnicidade do fato revelará uma questão simples. Aliás, nem mesmo a definição de que se trata de questão de fato pode ser algo simples, a depender do caso. A diferença entre questão de fato e questão de direito[200] é tema que perpassa todo o Processo Civil, provocando impactos em inúmeros instrumentos processuais e, é claro, gerando significativas dúvidas quanto se trata do tema da prova. É por isso que também aqui o saneamento merece especial atenção. Dada a obrigatoriedade de que nele sejam fixados os pontos controvertidos de fato e, com a atual previsão, também os de direito (art. 357, II e IV, do CPC), é fundamental que sejam desde logo definidas as questões que realmente tenham natureza fática e técnica, para que se defina, também neste momento, a necessidade da produção de prova pericial.

Também não será admitida a perícia quando a verificação do fato for impraticável, como prevê o § 3º. Havendo dúvidas sobre essa inviabilidade, deverá ser determinada a prova, a fim de se averiguar se a prova do fato é ou não possível. Sendo a impossibilidade notória, a prova não deverá ser determinada[201]. Outra solução menos custosa para o processo é a determinação prévia de oitiva de especialista (na linha do que prevê o § 2º do art. 464) para se verificar a viabilidade de produção da prova antes de se determinar a produção da prova pericial.

Veja-se, portanto, que a própria existência de questão fática e técnica e a viabilidade da produção da prova técnica podem caracterizar pontos controvertidos a serem solucionados no momento do saneamento do processo, a fim de melhor orientar a determinação das provas a serem produzidas, em especial a prova pericial.

Postas essas duas previsões relativas ao descabimento da prova pericial, a terceira hipótese relativa à sua (in)admissibilidade – prevista no inciso II do § 1º do art. 464 do CPC – é a mesma prevista para qualquer outro meio de prova: a prova pericial será inadmitida quando for desnecessária "em vista de outras

---

200 Sobre o tema: PASCHOAL, Thaís Amoroso. *Coletivização da prova*, p. 198-202; ARRUDA ALVIM, Teresa. Distinção entre questão de fato e questão de direito para fins de cabimento de recurso especial. *Revista de Processo*, n. 92, out.-dez. 1998; KNIJNIK, Danilo. *O recurso especial e a revisão da questão de fato pelo Superior Tribunal de Justiça*. Rio de Janeiro: Forense, 2005; FERNÁNDEZ, Sergi Guasch. *El hecho y el derecho en la casación civil*. Barcelona: José María Bosch Editor, 1998; LAGIER, Daniel González. *Quaestio facti*: ensaios sobre prova, causalidade e ação. Trad. Luis Felipe Kircher. Salvador: Juspodivm, 2022.

201 MARINONI, Luiz Guilherme; ARENHART, Sérgio Cruz; MITIDIERO, Daniel. *Novo Código de Processo Civil comentado*. São Paulo: Revista dos Tribunais, 2015. p. 468.

COMENTÁRIOS AO CÓDIGO DE PROCESSO CIVIL V. VIII

provas produzidas", considerando o conjunto probatório dos autos[202]. Embora muito comum, a questão não é simples.

O tema da admissibilidade da prova dialoga diretamente com a finalidade da prova no processo que, como já se esclareceu nas premissas deste texto, está na formação do convencimento do juiz sobre os fatos, bem como na construção racional da fundamentação de sua decisão sobre o objeto do processo. Assim, seria possível concluir que, uma vez formado esse convencimento a partir de outros elementos dos autos, a prova pericial poderá ser indeferida, pois desnecessária. Essa análise, porém, deve ser feita com cautela.

O dispositivo tem relação com a regra geral, prevista no parágrafo único do art. 370 do CPC, segundo a qual "o juiz indeferirá, em decisão fundamentada, as diligências inúteis ou meramente protelatórias", o que deve igualmente ser aferido a partir de determinados critérios objetivos, que permitam o respeito ao direito fundamental à prova.

Em primeiro lugar, não deverá ser admitida prova pericial que não se destine à comprovação dos fatos discutidos na causa ou que represente atitude evidentemente protelatória da parte[203]. Como se afirmou anteriormente, essa aferição pode depender – e é muito recomendável que dependa – de um diálogo entre os sujeitos do processo[204] para que, então, se conclua pela inutilidade da prova. Ao mesmo tempo, essa constatação impõe um ônus argumentativo muito forte ao juiz, de modo a fundamentar o indeferimento sem violação ao direito fundamental à prova.

Isso não significa, de outro lado, que o juiz está autorizado a indeferir a produção da prova pericial para se embasar em conhecimento técnico seu. Como já se disse anteriormente, mesmo que dotado de algum conhecimento

---

202 A jurisprudência do Superior Tribunal de Justiça é pacífica nesse sentido: "Não há cerceamento de defesa quando o julgador, ao constatar nos autos a existência de provas suficientes para o seu convencimento, indefere a realização de perícia. Cabe ao juiz decidir, motivadamente, sobre os elementos necessários ao julgamento da causa, pois, como destinatário das provas, é livre para determinar aquelas necessárias ou indeferir as inúteis ou protelatórias" (AgInt no AREsp 1.896.493/SP, 3ª Turma, rel. Min. HUMBERTO MARTINS, j. 2-10-2023, *DJe* 4-10-2023).

203 "Será considerada inútil a diligência quando não guardar ligação com o objeto da prova, sendo daí considerada inadmissível. Protelatória, quando o intuito manifesto da parte é o atraso no trâmite do processo" (MITIDIERO, Daniel. *Colaboração no processo civil*, p. 142). Ainda, afirmando que o juiz poderá negar a produção de uma prova "inútil ou que recaia sobre um fato irrelevante ou com objetivo protelatório", MARINONI, Luiz Guilherme; ARENHART, Sérgio Cruz. *Prova e convicção*, p. 213.

204 Destacando o dever de o juiz realizar a atividade de instrução sob a égide do contraditório, BARBOSA MOREIRA, José Carlos. O juiz e a prova. *Revista de Processo*, v. 35, jul. 1984. p. 178.

técnico, o juiz não poderá dele lançar mão para com isso rejeitar a prova pericial. O olhar técnico do juiz no processo é revelado pelo perito, sendo abusivo que se indefira a prova pericial com base em conhecimento privado do magistrado. Caso o juiz entenda necessária uma verificação própria dos fatos, poderá realizar uma inspeção judicial[205], de forma complementar à perícia, com a finalidade de melhor compreender os fatos. Esse ponto será abordado nos comentários sobre a inspeção.

Da mesma forma, o juiz não poderá indeferir a perícia para se embasar em outros meios de prova que não apresentem o mesmo caráter técnico daquela, pois, tratando-se de fatos técnicos, apenas a prova pericial poderá solucioná-los. A dispensa dessa prova somente poderá ocorrer nas situações em que o Código expressamente autoriza a substituição da perícia por prova técnica simplificada (art. 464, § 2º, do CPC) ou pareceres técnicos apresentados pelo autor com a inicial e pelo réu com a contestação (art. 472 do CPC), todas elas consideradas, igualmente, provas técnicas.

Interessante questão envolve a criação dos Núcleos de Apoio Técnico do Poder Judiciário – NATJUS, por meio da Resolução n. 238/2016, alterada pela Resolução n. 388/2021 do CNJ. Segundo o art. 2º, II, da Resolução n. 388, os NATJUS são "constituídos de profissionais da saúde, responsáveis por elaborar notas técnicas baseadas em evidências científicas de eficácia, acurácia, efetividade e segurança", devendo ser observado, na sua criação, o disposto no § 2º do art. 156 do CPC. Têm por objetivo, portanto, fornecer subsídios técnicos[206] aos magistrados dos Tribunais de Justiça e dos Tribunais Regionais Federais, em questões técnicas afetas ao direito à saúde, especialmente no que toca às demandas por medicamentos.

O Conselho Nacional de Justiça e o Ministério da Saúde celebraram o Termo de Cooperação n. 21/2016, tendo por objetivo a capacitação dos profissionais da área médica que compõem os NATJUS. O termo de cooperação previu, ainda, a criação de um banco de dados nacional que condensa os pa-

---

205 Nesse sentido, ROGÉRIA DOTTI et al, que afirmam o importante papel da inspeção judicial com o intuito de complementação da perícia, para o esclarecimento de dúvidas que não tenham sido adequadamente solucionadas pelo perito (DOTTI, Rogéria; PINHEIRO, Paulo Eduardo D'Arce; MARTINS, Sandro Gilbert; CAMBI, Eduardo; KOZIKOSKI, Sandro Marcelo. *Curso de processo civil completo*. São Paulo: Revista dos Tribunais, 2022 (ebook), item 7.6).

206 Como se extrai do endereço eletrônico do CNJ, o objetivo é fornecer "subsídios técnicos para a tomada de decisão com base em evidência científica nas ações relacionadas com a saúde, pública e suplementar, visando, assim, aprimorar o conhecimento técnico dos magistrados para solução das demandas, bem como conferindo maior celeridade no julgamento das ações judiciais" (Disponível em: https://www.cnj.jus.br/programas-e-acoes/forum-da-saude-3/e-natjus/. Acesso em: 15 jan. 2024).

receres técnico-científicos e as notas técnicas[207] emitidos pelos NATJUS e pelos Núcleos de Avaliação de Tecnologias em Saúde (NATS), criados pelo Ministério da Saúde para expansão da Rede Brasileira de Avaliação de Tecnologias em Saúde (REBRATS) nos serviços de saúde.

Embora se trate de importantes documentos técnicos, estejam sendo utilizados para subsidiar muitas decisões judiciais[208-209] e possam ser produzidos sob demanda, ou seja, a partir de uma solicitação de um magistrado para solução específica de um caso, não se trata de prova pericial[210]. Coisa diversa seria se ocorresse a nomeação de um perito que integre o NATJUS para seguir o procedimento previsto para a prova pericial e, assim, garantir o devido con-

---

207 Os pareceres e as notas técnicas podem ser acessados no seguinte endereço eletrônico: https://www.cnj.jus.br/e-natjus/.

208 Dados estatísticos do próprio CNJ indicavam, até novembro de 2020, um total de 5.302 casos em que o NATJUS foi utilizado (Disponível em: https://www.cnj.jus.br/programas-e-acoes/forum-da-saude-3/nat-jus-nacional/. Acesso em: 15 jan. 2024).

209 "A ausência de instrução processual para dirimir questão técnica e a solução da controvérsia como se fosse de natureza tão somente jurídica, torna temerária a imediata solução do litigio para julgamento de total improcedência, sendo de rigor que seja efetuado requerimento de nota técnica ao Nat-jus (Núcleo de Apoio Técnico do Tribunal de origem) para que se possa aferir os fatos constitutivos de direito da parte autora – à luz do rol da ANS, e dos preceitos de Saúde Baseada em Evidências –, elucidando-se a questão eminentemente técnica subjacente à jurídica, acerca de se saber se os procedimentos vindicados, nas circunstâncias clínicas da parte autora, consta no rol da ANS e se é efetivamente imprescindível" (STJ, AgInt nos EDcl no REsp 1.955.566/SP, 4ª Turma, rel. Min. Luis Felipe Salomão, j. 23-8-2022, *DJe* 2-9-2022).

210 O próprio CNJ designa nota técnica como "um documento de caráter científico, elaborado pela equipe técnica dos Núcleos de Apoio ao Judiciário (NATJus), que se propõe a responder, de modo preliminar, a uma questão clínica sobre os potenciais efeitos de uma tecnologia para uma condição de saúde vivenciada por um indivíduo. A NT é produzida sob demanda, ou seja, após a solicitação de um juiz como instrumento científico para auxílio da tomada de decisão judicial em um caso específico". Da mesma forma, o parecer técnico-científico "é um documento de caráter científico, elaborado pela equipe técnica dos Núcleos de Avaliação de Tecnologias em Saúde (NATS), por força do Termo de Cooperação n. 21/2016, que se propõe a responder, de modo sumarizado e com base nas melhores evidências científicas disponíveis, a uma questão clínica sobre os potenciais efeitos (benefícios e riscos) de uma tecnologia para uma condição de saúde. O PTC pode resultar em: (a) conclusões suficientes para indicar e embasar cientificamente o uso de uma tecnologia; (b) conclusões suficientes para contraindicar seu uso; (c) apenas identificar que as evidências disponíveis são insuficientes (em termos de quantidade e/ou qualidade) e sugerir que recomendações, para seu uso ou não, não podem ser levantadas considerando o conhecimento atual" (Disponível em: https://www.cnj.jus.br/programas-e-acoes/forum-da-saude-3/e-natjus/. Acesso em: 15 jan. 2024).

traditório. Em muitos casos, mesmo diante do parecer ou nota técnica emitidos pelo Núcleo, poderá ser necessária a realização de perícia ou, ao menos, de prova técnica simplificada, para dirimir questões afetas ao medicamento solicitado na ação[211].

Exemplo de prova pericial desnecessária em face de outras provas aparece previsto no art. 573 do CPC, que autoriza a dispensa da prova pericial nas ações de divisão e demarcação de terras particulares, quando se tratar de imóvel georreferenciado, com averbação no registro de imóveis. Nesse caso, como as questões fáticas necessárias à divisão ou demarcação já terão sido aferidas a partir de levantamento topográfico anterior, a prova pericial poderá revelar-se desnecessária. Ainda assim, mesmo nesse caso, o juiz poderá determiná-la, se entender necessário.

O que se vê, portanto, é que, diferentemente do que ocorre com os demais meios de prova, com relação à prova pericial tem-se uma maior possibilidade de controle no que se refere à sua (in)admissibilidade, já que, tratando-se de fato técnico, não será possível seu indeferimento, salvo na hipótese do art. 472 do CPC ou em caso de prova técnica simplificada ou, ainda, caso seja possível esclarecer o fato técnico por meio de regra de experiência técnica (assim rigorosamente considerada e com o adequado controle realizado por meio da motivação). Ainda assim, mesmo nessas hipóteses, a prova pericial poderá ser necessária se aqueles meios não forem suficientes para o devido esclarecimento dos fatos técnicos[212].

---

211 Segundo se extrai do site do CNJ, "O sistema E-NATJUS está a serviço do magistrado para que a sua decisão não seja tomada apenas diante da narrativa que apresenta o demandante na inicial. Com a plataforma digital, essas decisões poderão ser tomadas com base em informação técnica, ou seja, levando em conta a evidência científica, inclusive com abordagem sobre medicamentos similares já incorporados pela política pública, aptos a atender o autor da ação sem a necessidade de se buscar o fármaco ainda não incorporado, mas requerido pelo demandante" (Disponível em: https://www.cnj.jus.br/programas-e-acoes/forum-da-saude-3/e-natjus/. Acesso em: 15 jan. 2024). Muitas vezes, porém, somente a prova pericial produzida com contraditório, voltada especificamente para o caso, poderá evidenciar a necessidade de uso de medicamento não incorporado.

212 Interessante questão acerca da admissibilidade da prova pericial para comprovação da falsidade de obras de arte é posta por Carolina Uzeda, que ressalta a cautela que deve orientar a admissão dessa prova nessas situações, pois "há situações em que a prova pericial não apenas não é aconselhável, como pode traduzir resultado manifestamente equivocado. É o que acontece quando não há elementos suficientes ou o artista possuiu ciclos que impedem a formação de um padrão passível de identificação". A autora ressalta, ainda, que "muitas vezes a análise feita pelo especialista é meramente sentimental e sem qualquer critério metodológico". Não nos parece que esse seja um motivo para se indeferir a prova pericial, mas sim para orientar sua produção de forma adequada, observando a especialidade do perito e o rigor ne-

COMENTÁRIOS AO CÓDIGO DE PROCESSO CIVIL V. VIII

O Superior Tribunal de Justiça julgou caso interessante, tendo por objeto as perdas salariais de servidor público estadual por ocasião da conversão de seus vencimentos de cruzeiro real para URV. Na sentença, o juiz de primeiro grau elaborou cálculos com base nos quais reconheceu a inexistência de valores a serem ressarcidos. O Tribunal de Justiça do Rio Grande do Sul deu provimento ao recurso de apelação, entendendo ser "imprescindível a elaboração de planilhas aritméticas, para aferir o verdadeiro percentual devido ao apelante, ou se não existe nada a pagar", decisão mantida pelo STJ, que considerou que, tratando-se de matéria complexa, em que se exige conhecimento técnico ou científico, a perícia deve ser realizada, não podendo o juiz realizar cálculos de próprio punho[213].

---

cessário na análise e controle da metodologia utilizada, não se descartando a possibilidade de mais de uma perícia, se necessário for. Também aqui se aplica tudo o que já se afirmou e ainda se afirmará neste trabalho acerca da admissibilidade, o mais amplamente possível, de todos os meios de prova, desde que pertinentes e adequados. Concordamos neste ponto com a autora, ao afirmar que "não é possível se excluir completamente a prova pericial, cuja pertinência deverá ser avaliada casuisticamente, podendo compreender estudos mais objetivos (como de pigmentos, das características da tela, datação de carbono...), bem como a aferição da autenticidade do próprio certificado (...) a perícia, nessas situações, deve ser observada (admitida e valorada) com cautela, ante a impossibilidade de se restringir as manifestações artísticas a um critério específico e exclusivo" (UZEDA, Carolina. Prova de autenticidade de obras de arte, item 5).

213 "PROCESSUAL CIVIL. PODER INSTRUTÓRIO DO JUIZ. MATÉRIA COMPLEXA. NECESSIDADE DE REALIZAÇÃO DA PROVA PERICIAL AINDA QUE O MAGISTRADO DISPONHA DE CONHECIMENTO TÉCNICO. PRESTÍGIO À AMPLA DEFESA E AO CONTRADITÓRIO. COMPLEXIDADE DA MATÉRIA. SÚMULA 7/STJ. 1. O art. 145 do CPC estabelece que 'quando a prova do fato depender de conhecimento técnico ou científico, o juiz será assistido por perito, segundo o disposto no art. 421'. O art. 421, § 1º, do CPC, por sua vez, dispõe em linhas gerais que o juiz nomeará perito, fixando de imediato o prazo para a entrega do laudo, cabendo às partes indicarem assistente técnico e a apresentarem quesitos. 2. Em se tratando de matéria complexa, em que se exige o conhecimento técnico ou científico, a perícia deve ser realizada. O juiz, ainda que não esteja vinculado às conclusões do laudo pericial, não pode realizar os cálculos 'de próprio punho'. Isso porque, com a determinação da perícia, as partes terão a oportunidade de participar da produção probatória, com a nomeação de assistentes técnicos e a formulação de quesitos. 3. O indeferimento da perícia só pode ocorrer nas hipóteses prevista no parágrafo único do art. 420 do CPC, quais sejam: I) quando a prova de o fato não depender do conhecimento especial de técnico, II) quando for desnecessária, em vista de outras provas produzidas, e III) quando a verificação for impraticável. 4. Assim, a realização da prova pericial, quando o fato a ser demonstrado exigir conhecimento técnico ou científico, é um direito da parte, não podendo o magistrado indeferi-la, ainda que possua capacitação técnica. 5. A esta conclusão se chega não apenas em decorrência do prestígio ao contraditório e ampla defesa, mas também da interpretação, feita a contrário

CPC/2015, ART. 464

Nesse caso, não se tratava de situação em que o indeferimento da prova pericial teve por fundamento a suficiência do conjunto probatório dos autos, verificando sua desnecessidade "em vista de outras provas produzidas". Diferente disso, o próprio magistrado realizou cálculos com base nos quais justificou o indeferimento da prova.

A jurisprudência do mesmo STJ, de outro lado, é farta ao entender que o juiz poderá indeferir a prova, quando convencido dos pontos controvertidos a partir de outras provas presentes nos autos[214]. Nesses casos, o Tribunal Superior acaba por fundamentar as decisões no fato de que "o magistrado, destinatário final da prova, pode, de maneira fundamentada, indeferir a realização de provas e diligências protelatórias, desnecessárias ou impertinentes"[215], entendimento há muito superado pela perspectiva de que todos os sujeitos processuais são, em alguma medida, destinatários da prova[216].

Essa orientação, adotada há muitos anos pela jurisprudência, acaba por ignorar a imprescindibilidade da prova pericial quando se está diante de fatos técnicos. Ou seja: somente poderá o juiz considerar protelatória uma prova pericial pleiteada pela parte se a causa de pedir não for composta de fatos técnicos que somente possam ser esclarecidos pela prova técnica. Entendimento contrário acaba, por via transversa, por permitir que fatos técnicos sejam solucionados por outros meios de prova de caráter não técnico.

---

senso, do art. 421, parágrafo único, I, do CPC. Este dispositivo permite ao juiz indeferir a perícia quando 'a prova do fato não depender, do conhecimento especial de técnico'. Ora, se o magistrado pode indeferir a perícia quando a prova do fato não depender de conhecimento especial de técnico, pode-se dizer, então, que, quando a prova depender deste conhecimento, ela não poderá ser indeferida" (AgRg no AREsp 184.563/RN, 2ª Turma, rel. Min. HUMBERTO MARTINS, j. 16-8-2012, *DJe* 28-8-2012).

214 Nesse sentido: AgInt no AREsp 1.812.921/SP, 4ª Turma, rel. Min. RAUL ARAÚJO, j. 9-10-2023, *DJe* 16-10-2023; AgInt no AREsp 1.347.896/MS, 4ª Turma, rel. Min. MARIA ISABEL GALLOTTI, j. 5-6-2023, *DJe* 9-6-2023; AgInt nos EDcl no AREsp 1.173.801/SP, 3ª Turma, rel. Min. RICARDO VILLAS BÔAS CUEVA, j. 28-8-2018, *DJe* 4-9-2018.

215 AgInt no AREsp 1.540.888/SP, 4ª Turma, rel. Min. JOÃO OTÁVIO DE NORONHA, j. 14-8-2023, *DJe* 16-8-2023.

216 Como já se afirmou em outra oportunidade, "Ninguém ignora a importância da formação do convencimento judicial acerca dos fatos para que a tutela jurisdicional seja bem prestada. Porém, na parte também reside importante destinatário da prova, na medida em que suas condutas no processo (incluindo, em momento anterior, a própria definição quanto à propositura ou não da demanda) serão muitas vezes norteadas pelo resultado da prova produzida. Mais do que isso: pode haver interesses variados das partes na produção de determinada prova, seja para preservá-la, seja para convencer-se da viabilidade da demanda ou da possibilidade de acordo, ou mesmo para documentar a realização de determinado fato, a fim de se utilizar dessa prova futuramente" (PASCHOAL, Thaís Amoroso. *Coletivização da prova*, p. 145).

No entanto, talvez o equívoco mais pueril dessas decisões esteja na equivocada compreensão de que o magistrado é o destinatário da prova. Afinal, a mais atual concepção da prova no processo tem como base a ideia de que são os sujeitos processuais os destinatários da prova, entendimento que foi reforçado com o Código de Processo Civil de 2015 e a previsão de ferramentas probatórias voltadas para a formação do convencimento das partes, e não do juiz, como é o caso da produção antecipada da prova (art. 381 do CPC).

Daniel Mitidiero alerta que essas decisões confundem juízo de admissibilidade com juízo de valoração da prova, na medida em que o indeferimento é fundamentado, no mais das vezes, no fato de o magistrado *já estar convencido* de determinado ponto controvertido a partir de outras provas presentes nos autos, o que violaria o direito fundamental à prova[217].

Há também situações em que o próprio STJ acaba por ter certa cautela com relação ao indeferimento da prova técnica. Em casos de benefícios previdenciários, por exemplo, a jurisprudência se pacificou no sentido de que caracteriza indevido cerceamento de defesa "o indeferimento de perícia técnica, nos autos da revisional de benefício da previdência complementar, oportunamente requerida na fase de conhecimento"[218].

A questão tem certa relação com o sofisticado tema dos *standards probatórios*, não obstante esteja longe de receber o tratamento adequado pelos Tribunais. A ideia dos *standards* probatórios vai muito além da simples determinação deste ou daquele meio de prova como necessário para provar determinado fato, referindo-se, na realidade, à criação de graus de suficiência probatória. De todo modo, aquelas decisões não deixam de representar uma forma de os Tribunais estabelecerem certos padrões para que determinados fatos possam ser considerados provados.

Afinal, estabelecido determinado grau de exigência probatória para a demonstração dos fatos pertinentes a determinado caso[219], a partir dos *standards*

---

217 Destacando que "o juízo de admissibilidade da prova nada tem que ver com eventual valoração que se empreenda sobre o resultado da prova", devendo ser formado a partir de bases objetivas, ou seja, "a partir de razões subjetivamente controláveis", Daniel Mitidiero explica que, "tendo o meio probatório postulado nexo objetivo com o objeto da prova, tem o órgão jurisdicional de admiti-la, sob pena de sufocar-se o caráter democrático que caracteriza o processo civil no Estado Constitucional, na medida em que interdita o direito de participação das partes no processo. Há aí inequivocamente prova necessária à instrução do processo. O processo cooperativo tem de levar em conta para sua estruturação o ponto de vista de todos aqueles que participam do processo" (Mitidiero, Daniel. *Colaboração no processo civil*, p. 141-142).

218 AgInt no AREsp 2.278.087/RS, 4ª Turma, rel. Min. Maria Isabel Galotti, j. 14-8-2023, *DJe* 17-8-2023.

219 "1) Os *standards* de prova devem ser estabelecidos com base em critérios que recorram à capacidade justificativa das provas a respeito das hipóteses que se trata de

aplicáveis, a prova técnica pode ser exigida ou não. Embora esse não seja o espaço adequado para o desenvolvimento desse tema, vale lembrar que os *standards* probatórios fornecem o grau de suficiência probatória para determinados casos, orientando a valoração da prova, mas gerando também, inevitavelmente, consequências sobre sua admissibilidade. Afinal, dado que o fato x será considerado provado a partir do critério y, a prova z pode ser necessária para que essa finalidade seja alcançada.

No caso citado, o STJ entendeu que, para questões afetas à revisão de benefícios de previdência complementar, é necessária perícia.

A jurisprudência também pacificou o entendimento no sentido de que, em casos de furtos em estacionamentos de *shopping centers*, basta a prova de que a parte esteve nas dependências do estabelecimento[220]. Nesses casos, as decisões

---

provar; 2) devem fixar do modo mais preciso possível um umbral de suficiência probatória; 3) mediante formulações que estejam de acordo com a probabilidade indutiva ou baconiana (não matemática); e 4) os *standards* de prova sobre as distintas decisões sobre os fatos a serem tomadas ao longo de um mesmo processo terão que seguir uma tendência progressiva de exigência" (FERRER-BELTRÁN, Jordi. *Prova sem convicção*, p. 356). Ainda sobre o tema dos *standards* probatórios: VÁZQUEZ, Carmen (ed.). *Estándares de prueba y prueba científica*: ensaios de epistemologia jurídica. Madrid: Marcial Pons, 2013; PEIXOTO, Ravi. Standards *probatórios no direito processual brasileiro*, 2020.

220 "Tendo em vista a teoria da redução do módulo da prova, desnecessário que a parte autora disponha de prova presencial do furto ocorrido no interior do estabelecimento do réu, bastando que sua alegação se revista de verossimilhança. Assim, tendo a autora demonstrado que esteve nas dependências do estabelecimento, através da nota fiscal de compra, tendo reclamado do furto prontamente aos funcionários da ré e registrado boletim de ocorrência, elementos que foram corroborados por prova documental do furto (recuperação do veículo incendiado), desincumbiu-se do encargo que estava ao seu alcance" (Recurso Cível 71007277635, 3ª Turma Recursal Cível do Estado do Rio Grande do Sul, rel. Fabio Vieira Heerdt, j. 28-6-2018, *DJ* 5-7-2018). O Tribunal de Justiça do Amazonas já aplicou referida técnica em recurso de apelação no qual se discutia a existência de união estável para fins de benefício do INSS. A conclusão acerca da configuração da união estável embasou-se no "módulo de prova, o qual pode ser 'reduzido' em virtude de características peculiares do direito material em litígio ou da dificuldade de prova no caso concreto; ademais, caso o estado de dúvida do juiz não possa ser resolvido com tal técnica – e nem seja adequada a 'inversão do ônus da prova' – a solução para tal dilema será com a utilização da regra do ônus da prova". Citando GEHARD WALTER, afirmou o relator em seu voto que "a criação destes métodos é fruto do entendimento de que o 'módulo da prova' é variável conforme as peculiaridades do caso trazido à apreciação judicial", sendo que "o caso em análise figura como de peculiar dificuldade probatória, tanto para o Demandante (ora Apelante) como para a Demandada (ora Apelada), dado que o ônus da prova que se atribuiria ao autor, segundo a regra tradicional do CPC, art. 333 (de provar a inexistência de

fundamentam-se em juízos de verossimilhança, a partir da aplicação da teoria da redução do módulo da prova[221].

Entende aquele Tribunal Superior ainda pela caracterização de cerceamento de defesa nos casos em que o juiz indefere a prova e fundamenta a sentença na falta de comprovação dos fatos alegados pela parte que havia requerido sua produção[222]. O mesmo entendimento já foi aplicado em casos de indeferimento de quesitos suplementares ou novas provas em caso de perícia inconclusiva[223].

O Supremo Tribunal Federal, no Tema 826 de Repercussão Geral, considerou ser imprescindível "para o reconhecimento da responsabilidade civil do Estado em decorrência da fixação de preços no setor sucroalcooleiro a comprovação de efetivo prejuízo econômico, mediante perícia técnica em cada caso concreto"[224]. Também aí se verifica certo cuidado na definição de prova técnica essencial à demonstração de fato considerado técnico.

Para além dessa questão, é importante reiterar que o próprio Código de Processo Civil de 2015 oferece ao juiz algumas possibilidades objetivas de dispensa da prova pericial para, em seu lugar, munir-se o magistrado de outros elementos técnicos produzidos igualmente por especialistas. Enquadram-se aqui a prova técnica simplificada, prevista no próprio dispositivo ora em comento, e a previsão do art. 472 do CPC, comentado mais adiante, que auto-

---

um relacionamento perene paralelo – revestido dos moldes de uma união estável – ao casamento em que investido, ao menos formalmente, a Apelante), poderia vir a assumir as feições da chamada 'prova impossível'. De outro lado, à defesa é atribuído um ônus probatório bastante peculiar, assumindo a demanda os contornos de uma verdadeira 'ação dúplice'. Todavia, consciente de que o magistrado dirige-se à construção de uma 'convicção da verdade' com certo distanciamento da 'verdade real', dada a existência das limitações da própria possibilidade de buscar a verdade, compreendo que tal obstáculo epistemológico não pode inviabilizar o principal escopo da jurisdição, que é a pacificação social segundo a eliminação de conflitos" (TJAM, Apelação 0368784-24.2007.8.04.0001, 1ª Câmara Cível, rel. Des. FLÁVIO HUMBERTO PASCARELLI LOPES, j. 29-6-2014, *DJ* 5-12-2014).

221 Sobre a teoria, amplamente, WALTER, Gerhard. *Libre apreciación de la prueba*. Santiago: Ediciones OLejnik, 2019.

222 EDcl no AgInt no REsp 1.973.869/SP, 4ª Turma, rel. Min. MARCO BUZZI, j. 4-10-2022, *DJe* 28-10-2022.

223 "Uma vez constatado pelos juízos de primeiro e segundo graus que a perícia não foi conclusiva quanto à efetivação do adiantamento de valores, e que, segundo eles, recaía sobre a recorrente/segurada o ônus probatório correlato, não lhes era dado rejeitar os pedidos de produção de novas provas e de formulação de quesitos complementares ao perito e, no mesmo ato, contraditoriamente, proferir decisão desfavorável a seus interesses" (REsp 1.874.259/SP, 3ª Turma, rela. Mina. NANCY ANDRIGHI, j. 19-10-2021, *DJe* 22-10-2021).

224 ARE 884.325, Tribunal Pleno, rel. Min. LUIS EDSON FACHIN, j. 18-8-2020, *DJe* 4-9-2020.

riza o juiz a embasar-se em pareceres técnicos ou outros documentos elucidativos apresentados pelas partes. Como se vê, o Código de Processo Civil adota como norte a simplificação do procedimento, prevendo possibilidades para que a produção da prova pericial possa ser substituída por outras, desde que igualmente de natureza técnica.

Nada impede, de outro lado, que a prova pericial seja determinada de ofício pelo juiz, a partir do exercício de seus poderes instrutórios, nos termos do art. 370 do CPC[225]. A jurisprudência do Superior Tribunal de Justiça é pacífica nesse sentido, havendo decisões em que se autoriza a determinação da prova de ofício mesmo que a parte tenha manifestado seu desinteresse em sua produção, e ainda que em grau recursal[226].

32. As espécies de prova pericial e suas fontes

Reforçando a natureza técnica da prova pericial, o art. 464 indica o exame, a vistoria e a avaliação como suas possíveis espécies, a depender do objeto e da finalidade da prova.

---

225 Para uma análise das variadas posições doutrinárias acerca da dimensão dos poderes instrutórios do juiz na determinação de provas de ofício, DIDIER JR., Fredie; BRAGA, Paula Sarno; OLIVEIRA, Rafael Alexandria de. *Curso de processo civil*. Salvador: Juspodivm, 2017. v. 2, p. 101-103. Para RICARDO DE CARVALHO APRIGLIANO, o modelo brasileiro concilia a atuação das partes e do juiz na determinação das provas no processo. Nesse sentido, "a investigação possível ao magistrado é limitada ao conjunto de fatos trazido pelas partes. A partir de suas alegações na inicial e na resposta, as partes delimitam a moldura fática sob potencial investigação do magistrado. Dentro dessa moldura é que incide a regra dos poderes instrutórios, os quais, portanto, não são ilimitados, nem permitem que o julgador investigue fatos não alegados" (APRIGLIANO, Ricardo de Carvalho. *Comentários ao Código de Processo Civil*, v. VIII, p. 115). Sobre o tema, defendemos uma posição intermediária, em que os poderes instrutórios do juiz sejam exercidos de forma complementar à atividade probatória das partes: "Cabe-lhe, porém, oportunizar às partes essa produção, possibilitando que exerçam adequadamente seu direito fundamental à prova e se desincumbam dos ônus que lhes cabem, até mesmo porque as partes têm melhores condições de conhecer as fontes de prova aptas à comprovação dos fatos alegados. Havendo inércia da parte, é possível que o juiz, como já se teve a oportunidade de afirmar, alerte-a sobre a necessidade de provar determinado fato alegado. A ausência de iniciativa da parte, porém, não impede que o juiz, entendendo tratar-se de medida necessária à formação de seu convencimento, determine a produção da prova. A aplicação do aspecto objetivo do ônus da prova – ou seja, o julgamento desfavorável à parte que não produziu a prova que lhe cabia – deve ser providência adotada apenas quando, após todas as tentativas possíveis, não for possível formar um nível suficiente de convencimento sobre determinado fato" (PASCHOAL, Thaís Amoroso. *Coletivização da prova*, p. 181-182).

226 Nesse sentido: AgInt no REsp 2.060.114/MT, 2ª Turma, rel. Min. ASSUSETE MAGALHÃES, j. 16-10-2023, *DJe* 19-10-2023.

COMENTÁRIOS AO CÓDIGO DE PROCESSO CIVIL V. VIII

Assim, o exame consiste na inspeção sobre coisas, pessoas ou documentos; a vistoria é a inspeção realizada sobre bens imóveis; e a avaliação ou arbitramento é a apuração de valor, em dinheiro, de coisas, direitos ou obrigações. Como se vê, o que determina a espécie de prova pericial a ser produzida é a fonte de prova, que poderá recair sobre pessoas, coisas ou fenômenos e "tudo quanto seja acessível aos comuns sentidos humanos", como afirma BARBOSA MOREIRA[227].

O exame é muito comum em ações de família[228], principalmente nas situações em que se mostra necessário um estudo multidisciplinar de caráter psicossocial, como nos casos de alienação parental[229]. Em muitas situações, a perícia pode auxiliar na tomada de medidas preventivas que olhem para o futuro da criança, como adverte FERNANDA TARTUCE[230].

A doutrina controverte sobre a diferença entre exame e vistoria. Destacando a impropriedade da diferenciação adotada pelo Código, LUIZ GUILHERME

---

227 "As provas constituem as pontes através das quais os fatos passam para chegar, primeiro, aos sentidos, depois à mente do juiz (*nihil est in intellectu quod prius non fuerit in sensu*). De onde podem partir essas pontes? À evidência, de tudo quanto seja acessível aos comuns sentidos humanos – já que, ainda a admitir-se (como pessoalmente admite o autor destas linhas) a possibilidade de uma revelação sobrenatural, nenhum ordenamento jurídico moderno autorizaria o juiz a pô-la como fundamento da decisão. Logo, os pontos de partida concebíveis são: outras pessoas, coisas e fenômenos naturais (sucessão de dias e noites, precipitações atmosféricas, modificações do solo ou da paisagem devidas a movimentos tectônicos e assim por diante) ou artificialmente provocados (*v.g.*, uma reação química em laboratório). Em terminologia rigorosa, a esses pontos de partida é que se deve aplicar, ao nosso ver, a designação de fontes de prova" (BARBOSA MOREIRA, José Carlos. Anotações sobre o título 'Da Prova' do Novo Código Civil, p. 290-291).
228 "Por força do caráter existencial inerente a demandas que envolvem direitos da personalidade, abordagens psicológicas e psicanalíticas revelam-se essenciais para permitir a compreensão ampliada de diversos elementos relevantes nas disputas familiares" (TARTUCE, Fernanda. *Processo civil no direito de família*, p. 128).
229 A Lei n. 12.318/2010, que dispõe sobre a alienação parental, prevê no art. 5º que, "havendo indício da prática de ato de alienação parental, em ação autônoma ou incidental, o juiz, se necessário, determinará perícia psicológica ou biopsicossocial". A lei prevê expressamente que a perícia será realizada "por profissional ou equipe multidisciplinar habilitados, exigido, em qualquer caso, aptidão comprovada por histórico profissional ou acadêmico para diagnosticar atos de alienação parental" (§ 2º). Segundo o § 1º, "o laudo pericial terá base em ampla avaliação psicológica ou biopsicossocial, conforme o caso, compreendendo, inclusive, entrevista pessoal com as partes, exame de documentos dos autos, histórico do relacionamento do casal e da separação, cronologia de incidentes, avaliação da personalidade dos envolvidos e exame da forma como a criança ou adolescente se manifesta acerca de eventual acusação contra genitor".
230 TARTUCE, Fernanda. *Processo civil no direito de família*, p. 130.

MARINONI e SÉRGIO CRUZ ARENHART afirmam não haver base para essa distinção a partir do objeto da prova, sendo recomendável que o pleito da prova indique tratar-se apenas de prova pericial, com indicação precisa do objeto sobre o qual recairá a prova, bem como sua finalidade[231].

É claro que, entendendo o magistrado que o pedido formulado pela parte indica a modalidade equivocada de prova pericial, nada impede que ainda assim a prova seja determinada, então na modalidade correta. À luz da instrumentalidade das formas, aliada aos poderes instrutórios do juiz, cabe ao magistrado verificar o exato objeto da prova e sua finalidade para, a partir disso, determinar o exame, a vistoria ou a avaliação, ainda que outra tenha sido a espécie indicada pela parte.

Em qualquer dessas espécies, o objeto, como em todos os meios de prova, são os fatos controversos, relevantes[232] e determinados que integrem a causa de pedir da demanda. A perícia, sob essa perspectiva, poderá ter relevante atuação sobre o fato principal ou sobre o fato indiciário – ou seja, sobre os fatos diretos e indiretos[233].

33. Ainda sobre as fontes e espécies da prova pericial: a recusa em se submeter a exame médico

Já se viu que o exame poderá ter por objeto pessoas. O tema conduz a um ponto interessante e polêmico: os casos em que o sujeito se recusa a se submeter ao exame. A questão é prevista no Código Civil, que, em seus arts. 231 e 232, prevê, especificamente no que se refere ao exame médico, respectivamente, que "aquele que se nega a submeter-se a exame médico necessário não poderá aproveitar-se de sua recusa" e "a recusa à perícia médica ordenada pelo juiz poderá suprir a prova que se pretendia obter com o exame".

---

231 MARINONI, Luiz Guilherme; ARENHART, Sérgio Cruz. *Prova e convicção*, p. 889.

232 Como já se afirmou: "A relevância pode ser vista sob dois aspectos: a jurídica, na medida em que apenas os fatos que interessam à solução dos pontos controvertidos necessários à prestação da tutela jurisdicional deverão ser objeto de investigação; e a lógica, ou seja, importa também o acertamento daqueles fatos que, embora não tenham relação direta com a pretensão formulada, são importantes para a investigação acerca da ocorrência ou inocorrência de um fato principal" (PASCHOAL, Thaís Amoroso. *Coletivização da prova*, p. 157).

233 "Os indícios são fatos (daí serem chamados também de fatos indiciários), caracterizando não um meio (= técnica), mas um elemento de prova. São o que, na *common law*, denomina-se *circumstantial evidence*. A presunção, por sua vez, não é meio ou elemento de prova, mas o raciocínio lógico empregado pelo julgador a partir do fato indiciário" (PASCHOAL, Thaís Amoroso. *Coletivização da prova*, p. 161).

COMENTÁRIOS AO CÓDIGO DE PROCESSO CIVIL V. VIII

Regra semelhante[234] já era prevista na Lei n. 8.560/92, alterada pela Lei n. 12.004/2009, que prevê a presunção da paternidade[235] quando o suposto pai se recusa a coletar o material para o exame de DNA[236], atribuindo, assim, valor à conduta processual das partes[237]. Esse dispositivo reproduz o conteúdo da Súmula 301 do STJ[238].

---

234 RICARDO DE CARVALHO APRIGLIANO diferencia as duas previsões, afirmando que, no caso da regra prevista no Código Civil, não há previsão de uma presunção de veracidade do resultado do exame, "mas o juiz pode, observado o conjunto probatório, extrair consequências indiretas daquela recusa". Por isso, para o autor, "nas hipóteses do art. 232 temos mero indício. Já na recusa ao DNA, há presunção legal relativa, que admite prova em contrário" (APRIGLIANO, Ricardo de Carvalho. *Comentários ao Código de Processo Civil*, p. 200-201).

235 Comentando o art. 4 da Ley 23.551 (Lei de Banco de Datos Genéticos) da Província de Neuquen, que, à semelhança do direito brasileiro, estabelece que "la negativa a someterse a los exámenes y análisis necesarios constituirá indicio contrario a la posición sustentada por el renuente", destaca FERNANDO ADRIÁN HEÑIN: "a valoración de la conducta procesal de las partes – en este caso la negativa a someterse a la prueba de histocompatibilidad genética – se aplica cuando no existen pruebas suficientes para fundar una sentencia de mérito o, dicho de otra manera, las existentes no otorgan certeza acerca de los hechos acaecidos, ya que si por el contrario existen suficientes elementos categóricos, la verdad encontrada prevalece ante cualquier otra ficción". A partir da prevalência do direito humano à identidade da pessoa, ressalva que "si bien tenemos una solución legal para el caso de los procesos de filiación en donde el presunto padre se niega a colaborar en la producción de la prueba biogenética, esta solución no deja de ser una ficción, que debe ceder en los casos en que exista la posibilidad de efectivización de tal probanza, en donde gracias a los avances científicos, arribaremos a la verdad a secas (sin aditamentos)" (HEÑIN, Fernando Adrián. Valoración judicial de la conducta procesal. *Revista de Processo*, v. 170, p. 59-93, abr. 2009).

236 Entende o STJ que, nesses casos, há a necessidade "de se apurar indícios mínimos de um relacionamento amoroso, para que se possa declarar a paternidade por presunção" (AgInt no REsp 1.561.249/MG, 3ª Turma, rel. Min. PAULO DE TARSO SANSEVERINO, j. 15-5-2018, *DJ* 18-5-2018). No caso, os fatos indiciários nos quais se embasou o juízo para aferir a paternidade foram "o incontroverso relacionamento 'social' entre o investigado e a genitora do investigante, a iniciativa da genitora de acionar a promotoria de justiça desde o longínquo ano de 1997, somado à recusa insistente do investigado em colaborar com a elucidação dos fatos", sem que houvesse a produção de prova em sentido contrário pelo réu.

237 "O comportamento das partes, revelado através dos atos que praticam e das atividades que omitem no curso do processo, é fato jurídico que pode apresentar relevância probatória" (RIGHI, Ivan. Eficácia probatória do comportamento das partes. *Revista da Faculdade de Direito da Universidade Federal do Paraná*, v. 20, 1981. p. 2-3).

238 "AGRAVO INTERNO NO AGRAVO EM RECURSO ESPECIAL. DIREITO CIVIL. DIREITO DE FAMÍLIA. INVESTIGAÇÃO DE PATERNIDADE. RECUSA REITERADA E DESIDIOSA DO GENITOR NA REALIZAÇÃO DO EXAME DE DNA. ART. 232 DO CÓDIGO CIVIL. SÚMULA 301 DO STJ. PRECEDENTES DO STJ. TRIBUNAL DE ORIGEM COM MESMO

Para o Superior Tribunal de Justiça, trata-se de presunção *juris tantum*, admitindo-se, portanto, prova em contrário[239] e devendo ser analisada em conjunto com os demais elementos probatórios dos autos[240].

Além disso, entende o STJ que a regra se aplica também a familiares do suposto pai[241].

O mesmo STJ, porém, possui entendimento que, no mínimo, chama a atenção quando analisado no contexto da edição da Súmula 301 e de todas as

---

ENTENDIMENTO. SÚMULA 83 DO STJ. AGRAVO INTERNO NÃO PROVIDO. 1. A legislação processual (932 do CPC/15, c/c a Súmula 568 do STJ) permite ao relator julgar monocraticamente recurso inadmissível ou, ainda, aplicar a jurisprudência consolidada deste Tribunal. Ademais, a possibilidade de interposição de recurso ao órgão colegiado afasta qualquer alegação de ofensa ao princípio da colegialidade. 2. 'A recusa à perícia médica ordenada pelo juiz poderá suprir a prova que se pretendia obter com o exame' (art. 232 do Código Civil). 3. O acórdão recorrido está em harmonia com a orientação desta Corte no sentido de que a recusa injustificada da parte de se submeter ao exame de DNA induz presunção relativa de paternidade, nos termos da Súmula 301/STJ. Incidência da Súmula 83 do STJ. 4. Entendeu o Tribunal de origem que a ora agravante adotou comportamento desidioso, com reiteradas recusas em proceder à realização do exame de DNA, o que gerou presunção de paternidade. Derruir tal constatação demandaria reexame de matéria fático-probatória, providência vedada na presente instância recursal, nos termos da Súmula 7/STJ" (STJ, AgInt nos EDcl no AgInt no AREsp 2.158.522/MG, 4ª Turma, rela. Mina. MARIA ISABEL GALLOTTI, j. 25-9-2023, *DJe* 28-9-2023).

239 Nesse sentido: AgInt nos EDcl no AgInt no AREsp 2.158.522/MG, 4ª Turma, rel. Min. MARIA ISABEL GALLOTTI, j. 25-9-2023, *DJe* 28-9-2023.

240 Nesse sentido: REsp 1.272.691/SP, 3ª Turma, rel. Min. NANCY ANDRIGHI, j. 5-11-2013, *DJe* 8-11-2013. O caso é interessante, ainda, pois o Tribunal de origem invocou a aplicação da Súmula 301 em ação negatória de paternidade, entendendo que o não comparecimento da criança para o exame de DNA geraria presunção de não paternidade. O STJ reformou a decisão, considerando que "não se pode negar à criança a maior amplitude possível à sua dignidade, de maneira que a interpretação da Súmula 301/STJ em desfavor de seus interesses, desconstituindo a paternidade reconhecida e maculando seu direito à identidade e ao desenvolvimento de sua personalidade, é medida que atenta contra a diretriz constitucional e contra os preceitos do Código Civil e do Estatuto da Criança e do Adolescente".

241 Já entendeu o STJ que "a presunção de paternidade enunciada pela Súmula n. 301/STJ não está circunscrita à pessoa do investigado, devendo alcançar, quando em conformidade com o contexto probatório dos autos, os réus que opõem injusta recusa à realização do exame". Tratava-se, no caso, de ação em que, diante do falecimento do suposto pai e do avô do autor, determinou-se a coleta de material genético dos supostos irmãos, que se recusaram a fornecê-lo. Na mesma decisão entendeu-se, ainda, que "aquele que se nega a submeter-se a exame médico necessário não poderá aproveitar-se de sua recusa, autorizando o magistrado a suprir a prova que se pretendia obter com o exame" (REsp 1.253.504/MS, 4ª Turma, rel. Min. MARIA ISABEL GALOTTI, j. 12-12-2011, *DJe* 1-2-2012). No mesmo sentido: AgRg no REsp 1.201.311/RJ, 4ª Turma, rel. Min. MARIA ISABEL GALOTTI, j. 16-8-2016, *DJe* 28-9-2016.

previsões legais e entendimentos jurisprudenciais acerca dessa questão. Em recente decisão (2022), aquela Corte entendeu como inclusa nos poderes instrutórios do juiz a determinação para exumação do corpo de falecido suposto pai, para fins de investigação de paternidade, diante da recusa dos dependentes em fornecer material para o exame, mantendo decisão que considerou "imprescindível para a busca da verdade real a realização da perícia pela exumação dos restos mortais do investigado". No caso, o STJ considerou que à "recusa dos herdeiros do falecido em fornecerem material biológico para a realização do exame" não pode ser atribuído valor absoluto, "devendo ser sopesada com as demais provas dos autos", apesar de caracterizar forte indício da alegada paternidade[242].

---

242 "RECURSO ORDINÁRIO EM MANDADO DE SEGURANÇA. DIREITO CIVIL E PROCESSUAL CIVIL. INVESTIGAÇÃO DE PATERNIDADE 'POST MORTEM'. IMPETRAÇÃO CONTRA DECISÃO JUDICIAL QUE DETERMINOU A EXUMAÇÃO DOS RESTOS MORTAIS DO CORPO DO PAI DO IMPETRANTE, EM RAZÃO DA RECUSA DESTE E DE SEUS IRMÃOS EM SE SUBMETEREM AO EXAME INDIRETO DE DNA. 1. Controvérsia acerca da legalidade da ordem judicial de exumação dos restos mortais do investigado, pai do recorrente, a fim de subsidiar exame de DNA para averiguação do alegado vínculo de paternidade com o recorrido. 2. Cumpre determinar se este meio de prova deve ser admitido especialmente diante da recusa dos descendentes do suposto genitor em fornecer material genético para a realização da perícia indireta e da insuficiência do regime de presunções legais para resolver a controvérsia. 3. Decisão impugnada que considerou imprescindível para a busca da verdade real a realização da perícia pela exumação dos restos mortais do investigado, com fundamento no art. 370 do CPC/2015. 4. Completa consonância do 'decisium' com a orientação jurisprudencial desta Corte, que reconhece a possibilidade de determinação de exumação cadavérica para fins de realização de exame de DNA, por ser providência probatória inserida no âmbito das faculdades instrutórias do juiz, nos termos do art. 120, do CPC/1973, atual art. 370, do CPC/2015. Precedentes. 5. Em se tratando de ação de investigação de paternidade – demanda em que estão em discussão direitos personalíssimos indisponíveis, o processo deve pautar-se pela busca da verdade real, possibilitando aos investigantes a maior amplitude probatória possível. 6. Ao pretenso filho é absolutamente lícito perseguir a elucidação da sua parentalidade lançando mão de 'todos os meios legais e moralmente legítimos' para provar a verdade dos fatos, conforme estatuído no caput do art. 2º-A da Lei n. 8.560/92 (Lei da Ação de Investigação de Paternidade). 7. Segundo já decidiu este STJ, 'em ação de investigação de paternidade, impõe-se um papel ativo ao julgador, que não deve medir esforços para determinar a produção de provas na busca da verdade real, porquanto a pretensão fundamenta-se no direito personalíssimo, indisponível e imprescritível de conhecimento do estado biológico de filiação, consubstanciado no princípio constitucional da dignidade da pessoa humana (CF, art. 1º, III)' (EDcl no AgInt nos EDcl no REsp 1.629.844/MT, Rel. Ministro Lázaro Guimarães, Quarta Turma, *DJe* 25/05/2018). 8. Notória relevância, no âmbito da instrução probatória das ações de investigação de paternidade, do exame de DNA, por permitir a determinação biológica com precisão científica em razão da carga genética

CPC/2015, ART. 464

O entendimento chama a atenção por inúmeras razões. Além do equivocado apego à "verdade real", há muito superada no Processo Civil[243], a decisão

---

do indivíduo, de forma simples, rápida e segura (AgInt no REsp 1563150/MG, Ministro Luis Felipe Salomão, Quarta Turma, *DJe* 19/10/2016). 9. Consolidação da orientação jurisprudencial do STJ acerca da presunção 'juris tantum' de paternidade que se pretendia provar quando há recusa injustificada do suposto pai em submeter-se ao exame de DNA, nos termos do enunciado 301 do STJ, que alcança também os familiares do investigado falecido, conforme positivado no § 2º do art. 2º-A, da Lei Lei 8.560/1992. 10. Recusa dos herdeiros do falecido em fornecerem material biológico para a realização do exame a que, apesar de constituir importante indício da filiação alegada, não pode ser atribuído valor absoluto, devendo ser sopbeada com as demais provas dos autos. 11. Insuficiência dos elementos de prova constantes dos autos para aferir com a certeza necessária o vínculo paterno-filial, não se cogitando, contudo, de ausência de elementos mínimos de prova incendiárias, necessárias para o ajuizamento de uma ação investigatória de perfilhação, mas de verdadeira dificuldade probatória, considerando que os fatos remontam ao ano de 1974. 12. 'A preservação da memória dos mortos não pode se sobrepor à tutela dos direitos dos vivos que, ao se depararem com inusitado vácuo no tronco ancestral paterno, vêm, perante o Poder Judiciário, deduzir pleito para que a linha ascendente lacunosa seja devidamente preenchida' (REsp n. 807.849/RJ, relatora Ministra Nancy Andrighi, Segunda Seção, julgado em 24/3/2010, *DJe* de 6/8/2010). 13. Contexto processual do caso, primazia da busca da verdade biológica, tentativas frustradas de realizar-se exame de DNA em parentes vivos do investigado, ante a recusa destes, bem como a completa impossibilidade de esclarecimento e de elucidação dos fatos submetidos a julgamento por intermédio de outros meios de prova, que justificam a perícia exumatória determinada, prevalecendo o direito autônomo do investigando à sua produção. 14. Entrega da prestação jurisdicional que não pode ser mais retardada, notadamente em se tratando de direito subjetivo pretendido por pessoa que se viu privada material e afetivamente de ter um pai, ao longo de 47 anos de vida, na qual enfrentou toda a sorte de dificuldades. 15. Ausência de flagrante ilegalidade, de ato abusivo ou teratologia no comando judicial impugnado. 16. Recurso ordinário a que se nega provimento" (RMS 67.436/DF, 3ª Turma, rel. Min. PAULO DE TARSO SANSEVERINO, j. 4-10-2022, *DJe* 27-10-2022).

243 "É inadequado distinguirem-se três graus de verdade, como fazia uma antiga doutrina: (a) a verdade absoluta; (b) a verdade material (que seria a atingida no processo penal); (c) e a verdade meramente formal (da qual se ocuparia o processo civil). Todo o processo jurisdicional, na medida em que busca atuar a vontade concreta do ordenamento, visa idealmente à verdade. Trabalha, por conta de limitações humanas, com a verossimilhança, mas sempre buscando a verdade. Agora, existem também outros valores e fatores a considerar: – a impossibilidade de a controvérsia permanecer permanentemente não resolvida – quando não se consegue apurar os fatos; – existência de situações urgentes que exigem proteção provisória em vista da sua aparência; – as peculiaridades concretas da situação de direito material que, por vezes, são incompatíveis com uma reconstrução probatória mais intensa; – a necessidade de a produção das provas respeitar valores jurídicos fundamentais (contraditório, intimidade, integridade física...)" (WAMBIER, Luiz Rodrigues; TALAMINI, Eduardo. *Curso avançado de processo civil*, p. 226-227).

Comentários ao Código de Processo Civil v. VIII

determina a produção de prova extremamente complexa e sensível sob o ponto de vista dos direitos fundamentais, em caso no qual o sistema prevê uma solução mais simples exatamente para este caso. Afinal, havendo comprovada recusa na coleta de material genético – era disso que se tratava no caso –, a presunção é pela paternidade, em benefício da criança.

Sob outra perspectiva, pode-se afirmar que, neste caso, o STJ determinou a produção de prova pericial absolutamente desnecessária, contrariando a previsão do art. 464, § 1º, II, do CPC. Embora não se possa afirmar que a presunção é meio de prova[244] (mas sim o raciocínio lógico empregado pelo julgador a partir do fato indiciário)[245], a previsão de uma presunção legal é suficiente para afastar a necessidade de produção de prova pericial tão complexa, em especial neste caso, em que a presunção decorre de conduta processual das partes que impede a produção da prova.

Questão outra foi objeto de análise pelo Superior Tribunal de Justiça no AgInt no REsp 1.686.433/RS, em que igualmente se determinou a exumação do corpo do suposto pai para viabilizar o exame de DNA, mas porque, "não obstante o recolhimento do material genético para realização de exames de DNA em duas oportunidades, não foi possível obter resultado conclusivo da investigação de paternidade". Nesse caso, portanto, não se tratava de situação que ensejaria a aplicação da presunção prevista na Súmula 301 e na Lei n. 8.560/92, mas sim de resultado inconclusivo da prova pericial produzida a partir do material genético dos filhos do suposto pai, a justificar a produção de outra prova, dessa vez com base no material genético do falecido[246].

---

244 "Não é fonte de prova, como o documento e a testemunha; nem meio de prova, no sentido em que o é a perícia. Tampouco seria exato afirmar que nela o juiz recebe a informação pelo exercício de um sentido, como sucede no caso da confissão. Decerto, a presunção ministra ao órgão judicial o conhecimento acerca de um fato; mas ela o faz de maneira absolutamente peculiar: mediante raciocínio feito a partir do indício" (BARBOSA MOREIRA, José Carlos. Anotações sobre o título 'Da Prova' do Novo Código Civil, p. 294).

245 PASCHOAL, Thaís Amoroso. Coletivização da prova, p. 161.

246 "AGRAVO INTERNO NO RECURSO ESPECIAL. INVESTIGAÇÃO DE PATERNIDADE. POST MORTEM. 1. CERCEAMENTO DE DEFESA. JULGAMENTO ANTECIPADO DA LIDE. INDEFERIMENTO DE PRODUÇÃO DE PROVA (EXUMAÇÃO). TRIBUNAL DE ORIGEM QUE ALEGOU SER O EXAME PERICIAL INCONCLUSIVO E DISPENSOU NOVA PRODUÇÃO DE PROVA POR SE MOSTRAR DESNECESSÁRIA. CERCEAMENTO DE DEFESA CONFIGURADO. PECULIARIDADES DO CASO. NECESSIDADE DE RETORNO DOS AUTOS À ORIGEM PARA OPORTUNIZAR A PRODUÇÃO DA PROVA PRETENDIDA. 2. AGRAVO IMPROVIDO. 1. A jurisprudência do Superior Tribunal de Justiça está sedimentada no sentido de que não configura cerceamento de defesa o julgamento da causa sem a produção da prova

CPC/2015, ART. 464

34. A prova técnica simplificada

O § 2º do art. 421 do CPC de 1973 trazia previsão pouco utilizada na prática, mas com potencial de facilitar o esclarecimento de fatos técnicos no processo nos casos de menor complexidade. Segundo aquele dispositivo, na redação que foi dada pela Lei n. 8.455/92: "Quando a natureza do fato o permitir, a perícia poderá consistir apenas na inquirição pelo juiz do perito e dos assistentes, por ocasião da audiência de instrução e julgamento a respeito das coisas que houverem informalmente examinado ou avaliado". Comentado esse dispositivo, FABIO TABOSA afirmava tratar-se de "mera observação informal de certas coisas pelo perito e assistentes e ao comparecimento em audiência para a prestação de esclarecimentos verbais sobre elas"[247].

O Código de Processo Civil de 2015 sofisticou essa ferramenta, prevendo, nos §§ 2º a 4º do art. 464, a possibilidade de o juiz determinar, em lugar da prova pericial, a oitiva de um especialista no tema objeto dos fatos litigiosos, quando se tratar de questão fática de menor complexidade. A determinação poderá ser de ofício ou a pedido das partes. Trata-se da prova técnica simplificada.

A figura se aproxima, de certo modo, da *expert witness*, muito comum na arbitragem, de que já se tratou nos comentários ao art. 440 do CPC.

O Superior Tribunal de Justiça recentemente admitiu a substituição da prova pericial pela prova técnica simplificada, em razão da dificuldade de aceitação do encargo pelos peritos designados e considerando, ainda, o fato de que

---

solicitada pela parte, quando devidamente demonstrado pelas instâncias de origem que o feito se encontrava suficientemente instruído, afirmando-se a presença de dados bastantes à formação do seu convencimento. Os princípios da livre admissibilidade da prova e da persuasão racional, nos termos do art. 130 do CPC/1973 (correspondente ao art. 370 do CPC/2015), autorizam o julgador a determinar as provas que entende necessárias à solução da controvérsia, bem como o indeferimento daquelas que considerar dispensáveis ou meramente protelatórias. 1.1. Na hipótese ora em foco, os agravados alegam que inexiste nos autos laudo capaz de afastar definitivamente a paternidade pretendida, assim, a solução do litígio dependeria da exumação do investigante e da investigada para realização do exame de DNA. 1.2. À vista das premissas apresentadas, entendo caracterizado o cerceamento de defesa, pois, não obstante o recolhimento do material genético para realização de exames de DNA em duas oportunidades, não foi possível obter resultado conclusivo da investigação de paternidade, portanto, deveria o magistrado deferir a produção probatória requerida pelos demandantes, o que não fez. 1.3. Além disso, em se tratando de investigação de paternidade post mortem, deve ser proporcionado aos investigantes todos os meios de prova existentes para a solução da questão pretendida. 2. Agravo interno a que se nega provimento" (AgInt no REsp 1.686.433/RS, 3ª Turma, rel. Min. MARCO AURÉLIO BELLIZZE, j. 20-3-2018, *DJe* 2-4-2018).

247 TABOSA, Fabio. *In*: MARCATO, Antonio Carlos (coord.). *Código de Processo Civil interpretado*. 2. ed. São Paulo: Atlas, 2005. p. 1.345.

a parte era beneficiária da assistência judiciária gratuita. Aliado a isso, considerou a Corte Superior que o ponto controvertido de fato poderia ser solucionado por essa modalidade de prova, sendo desnecessária a produção de laudo pericial[248].

A prova técnica simplificada poderá ser utilizada quando a constatação do fato for simples, satisfazendo-se com a oitiva do especialista em audiência especificamente designada para tanto, ou na audiência de instrução e julgamento. Por coerência, deve ser aplicada à forma de produção dessa prova, no que couber, o regime da prova pericial. Afinal, também aqui o que se busca é a investigação de questões técnicas que podem ser solucionadas de forma menos complexa. Isso não a descaracteriza igualmente como uma prova pericial, mas de menor complexidade.

Sendo assim, a atividade do perito designado para a perícia simplificada deve, por óbvio, ser remunerada, aplicando-se a regra do art. 95 do CPC.

Considerando que a simplificação da prova deve se refletir também no seu custo, espera-se que os honorários fixados pelo perito designado sejam menores do que aqueles arbitrados para a prova pericial comum. O próprio tempo de produção da prova – que, via de regra, vai consistir na análise prévia do caso pelo perito e na participação na audiência para que esclareça as questões fáticas – justifica essa redução.

LUIZ GUILHERME MARINONI, SÉRGIO CRUZ ARENHART e DANIEL MITIDIERO alertam para a impossibilidade de se permitir uma análise superficial sobre o fato. Há, portanto, "grande diferença entre fato facilmente verificável e fato superficialmente verificado". Em outras palavras, e partindo do pressuposto de que "tanto o perito como os assistentes técnicos devem ter formado o devido juízo sobre o fato", a prova técnica poderá ser simplificada, com dispensa da prova pericial, quando o fato "puder ser plena e satisfatoriamente constatado de forma simples"[249].

---

248 "A Corte *a quo* analisou as alegações da parte com os seguintes fundamentos: 'Na espécie, constata-se que, após a verificação da necessidade de perícia, mesmo havendo a designação de inúmeros profissionais e decorridos quase um ano e meio, nenhum aceitou o encargo, razão pela qual o MM. Juiz singular entendeu por bem substituir a prova pericial pela simplificada, notadamente porque a parte é beneficiária da gratuidade de justiça e porque os esclarecimentos dos fatos poderiam ser feitos por meio de oitiva de especialistas. A meu ver, perfeitamente viável a mencionada troca, porquanto o ponto duvidoso consistia em verificar se havia liame de causalidade entre a amputação relatada e a conduta omissiva por parte da equipe médica do réu'" (AgInt no AREsp 1.866.746/DF, 2ª Turma, rel. Min. FRANCISCO FALCÃO, j. 9-5-2022, *DJe* 11-5-2022).

249 MARINONI, Luiz Guilherme; ARENHART, Sérgio Cruz; MITIDIERO, Daniel. *Novo Código de Processo Civil comentado*, p. 469.

CPC/2015, ART. 464

O grau de complexidade da questão deve ser aferido no caso concreto. Essa análise dependerá do exame do fato controvertido diante da causa de pedir e do pedido. Significa dizer que uma questão fática pode ser complexa em determinada demanda, mas, colocada como objeto em demanda diversa, não carregar o mesmo grau de complexidade. É a fundamentação no momento da determinação da prova que indicará se a prova técnica simplificada é suficiente para elucidar o ponto controvertido no processo.

Pense-se, por exemplo, em determinados contratos complexos, como aqueles relativos ao mercado de capitais, como ocorre com os contratos de derivativos. É possível cogitar, por exemplo, a oitiva de técnico especialista em referido contrato, para esclarecer alguns pontos de dúvida necessários à solução dos pontos controvertidos. Isso não exclui a possibilidade de, em outra demanda, com diferente configuração, colocar-se em discussão questão que envolva cálculos complexos relativos a esse mesmo contrato, e que exigirão não mais a simples oitiva de um especialista, mas a elaboração de um laudo pericial.

Não se descarta – muito pelo contrário, se recomenda – a oitiva de mais de um especialista, a depender da existência de posições divergentes sobre o mesmo tema, em especial partindo do pressuposto de que, também aqui, deverão ser levadas em consideração as crenças e premissas adotadas pelo especialista, de que se tratou no item 1.4 deste texto. Aplica-se à prova técnica simplificada, portanto, também a previsão do art. 480 do CPC, que autoriza a determinação de nova perícia.

Embora o dispositivo mencione que a prova técnica simplificada consistirá apenas na inquirição de especialista, é fundamental que haja a prévia fixação dos pontos controvertidos de fato que serão objeto da prova, para que o técnico possa se preparar devidamente para a inquirição. No momento de sua oitiva, poderá valer-se de qualquer recurso tecnológico de transmissão de sons e imagens com o fim de esclarecer os pontos controvertidos da causa.

Uma vez designada a prova técnica simplificada e nomeado o especialista, os honorários deverão ser fixados, manifestando-se as partes a respeito dos valores e, após, decidindo o juiz o valor a ser pago (art. 465, § 3º, do CPC). O técnico designado deverá apresentar seu currículo, de modo a demonstrar que sua especialidade atende às necessidades da prova técnica a ser produzida (art. 465, § 2º, do CPC). Assim como ocorre com o perito, o especialista designado deverá ter formação específica na área de conhecimento pertinente ao fato analisado.

As partes poderão impugnar o especialista nomeado (art. 465, § 1º, do CPC), havendo, ainda, possibilidade de sua substituição (art. 468 do CPC). Aplica-se neste ponto todas as previsões relativas aos motivos de impedimento do perito, de que se tratou linhas atrás.

Também se aplica aqui a previsão do art. 471 do CPC, ou seja, a prova técnica simplificada poderá ser consensual. O negócio jurídico processual a ser realizado neste caso poderá indicar a opção por esse meio de prova, em lugar de prova pericial comum, além da indicação do perito que esclarecerá as questões fáticas. Aplica-se aqui tudo o que mais adiante se falará acerca da perícia negociada.

O ponto levanta uma questão interessante. Afinal, o acordo das partes quanto à realização da prova técnica simplificada impede que o juiz determine a realização de prova pericial? A resposta passa, inevitavelmente, pelos limites dos negócios processuais, de que se discorrerá mais adiante. Por ora, vale antecipar que, de acordo com nosso entendimento, já manifestado em trabalho anterior[250], o negócio jurídico processual relativo à prova não afasta os poderes instrutórios do juiz, que poderá determinar as provas que entender necessárias à formação de seu convencimento[251], salvo se excessivamente custosas e prejudiciais à eficiência[252]. Muitas vezes, a escolha das partes pela realização da prova técnica simplificada poderá decorrer da necessidade de redução do custo e do tempo da prova, o que deverá ser ponderado pelo juiz. O tema será retomado e aprofundado nos comentários ao art. 471 do CPC.

Por fim, vale destacar que a prova técnica simplificada pode ser de interessante aplicação no sistema dos Juizados Especiais Cíveis, em que não se admite a produção de prova pericial em razão de sua complexidade, o que esbarraria no disposto no art. 3º da Lei n. 9.099/95. A própria Lei dos Juizados, no art. 35, autoriza que o juiz faça a inquirição de "técnicos de sua confiança"

---

250 PASCHOAL, Thaís Amoroso. *Coletivização da prova*, p. 294-296.

251 Em sentido contrário: DIDIER JR., Fredie; BRAGA, Paula Sarno; OLIVEIRA, Rafael Alexandria de. *Curso de processo civil*, p. 105; AMARAL, Paulo Osternack. *Provas – atipicidade, liberdade e instrumentalidade*, p. 156-157.

252 "A possibilidade de que o acordo limite os poderes instrutórios do juiz (no aspecto da determinação da prova de ofício) dependerá do alcance da finalidade da Jurisdição (prestação de tutela jurisdicional adequada com isonomia e eficiência). Assim, não se vislumbra possível a realização de todo e qualquer negócio jurídico processual que limite os poderes do juiz sobre as provas, mas, além das limitações já previstas no próprio art. 190 e seu parágrafo, igualmente não se cogita a hipótese de se impor às partes a produção de uma prova quando a medida onerar demasiadamente o processo no que se refere aos custos e ao tempo para o seu desenvolvimento. Se as partes decidem pela não realização de perícia com elevado custo ou que demandará longo tempo para realização, prejudicando a fruição do direito material em discussão, nada obsta que esse negócio possa vincular o juiz, numa perspectiva que beneficie a eficiência. No mais, a pura e simples convenção processual sobre provas não tem o condão de afastar automaticamente os poderes instrutórios do juiz" (PASCHOAL, Thaís Amoroso. *Coletivização da prova*, p. 183).

quando a prova do fato assim exigir[253], caso em que as partes poderão apresentar pareceres técnicos. Não há dúvidas de que esse dispositivo já previa uma forma de prova técnica simplificada, especificamente aplicada nos Juizados Especiais Cíveis[254], produção probatória que, agora, poderá ser orientada também pela regra do art. 464, § 2º, do CPC.

Considerando que no sistema dos Juizados todas as provas deverão ser produzidas em audiência (art. 33 da Lei) e levando-se em conta que a prova técnica simplificada tem por objetivo solucionar questões de fato menos complexas, nada impede que essa modalidade de prova técnica seja produzida nos processos em trâmite perante os Juizados Especiais. Essa possibilidade deverá ser levada em conta pelo juiz no momento da admissão da demanda no Juizado. Dessa forma, mesmo que haja questão técnica, se se constatar que os fatos técnicos poderão ser esclarecidos nos termos do art. 464, §§ 2º a 4º, do CPC, poderá a ação ser admitida.

Não se descarta, muito pelo contrário, se incentiva a produção de prova técnica simplificada de forma antecipada, inclusive no sistema dos Juizados Especiais Cíveis, não havendo qualquer óbice ao cabimento desse procedimento nos Juizados[255].

Ao prever essa ferramenta, portanto, o Código de Processo Civil de 2015 deu uma alternativa à tão dificultosa discussão de questões de fato técnicas no âmbito dos Juizados Especiais Cíveis, potencializando a previsão do art. 33 da Lei dos Juizados Especiais, que já autorizava algo muito parecido no âmbito de suas ações.

Por fim, para a oitiva do especialista deverá ser designada audiência, com a participação das partes, seus advogados e assistentes técnicos. O especialista será arguido pelo juiz e pelas partes e, como já se disse, poderá utilizar qualquer

---

253 Como destaca RENÊ HELLMAN, há gradações na complexidade do fato controvertido. Assim, "quando se tratar de fato com complexidade menor, é possível a realização da chamada prova técnica simplificada no lugar da prova pericial, a fim de preservar a competência do Juizado Especial Cível para julgamento daquele caso específico" (HELLMAN, Renê; CORRÊA, Guilherme Augusto Bittencourt; PINHEIRO, Paulo Fernando. *Comentários à Lei dos Juizados Especiais Cíveis e Criminais*. Curitiba: Juruá, 2021. p. 35-36).

254 Segundo o Enunciado n. 12 do Fórum Nacional de Juizados Especiais – FONAJE: "A perícia informal é admissível na hipótese do art. 35 da Lei 9.099/1995".

255 Sobre as dificuldades da produção antecipada da prova nos Juizados Especiais Cíveis, e a necessidade de produção antecipada da prova em outro juízo estadual e federal, para ser transportada para o processo dos Juizados, SOUZA, Marcia Cristina Xavier de. Ação antecipada de provas nos Juizados Especiais Cíveis. *In*: FUGA, Bruno Augusto Sampaio et al. (org.). *Produção antecipada da prova*: questões relevantes e aspectos polêmicos. Londrinha: Thoth, 2018.

COMENTÁRIOS AO CÓDIGO DE PROCESSO CIVIL V. VIII

recurso tecnológico de transmissão de sons e imagens para auxiliar no esclarecimento dos pontos controvertidos da causa.

> **Art. 465.** O juiz nomeará perito especializado no objeto da perícia e fixará de imediato o prazo para a entrega do laudo.
>
> **§ 1º** Incumbe às partes, dentro de 15 (quinze) dias contados da intimação do despacho de nomeação do perito:
>
> **I** – arguir o impedimento ou a suspeição do perito, se for o caso;
>
> **II** – indicar assistente técnico;
>
> **III** – apresentar quesitos.
>
> **§ 2º** Ciente da nomeação, o perito apresentará em 5 (cinco) dias:
>
> **I** – proposta de honorários;
>
> **II** – currículo, com comprovação de especialização;
>
> **III** – contatos profissionais, em especial o endereço eletrônico, para onde serão dirigidas as intimações pessoais.
>
> **§ 3º** As partes serão intimadas da proposta de honorários para, querendo, manifestar-se no prazo comum de 5 (cinco) dias, após o que o juiz arbitrará o valor, intimando-se as partes para os fins do art. 95.
>
> **§ 4º** O juiz poderá autorizar o pagamento de até cinquenta por cento dos honorários arbitrados a favor do perito no início dos trabalhos, devendo o remanescente ser pago apenas ao final, depois de entregue o laudo e prestados todos os esclarecimentos necessários.
>
> **§ 5º** Quando a perícia for inconclusiva ou deficiente, o juiz poderá reduzir a remuneração inicialmente arbitrada para o trabalho.
>
> **§ 6º** Quando tiver de realizar-se por carta, poder-se-á proceder à nomeação de perito e à indicação de assistentes técnicos no juízo ao qual se requisitar a perícia.
>
> *CPC de 1973 – arts. 421, § 1º, e 428*

35. O perito

Sujeito imparcial e auxiliar eventual do juízo (art. 149 do CPC), o perito é o especialista com o conhecimento técnico ou científico indispensável para fornecer aos sujeitos processuais os subsídios necessários à compreensão dos fatos técnicos da causa. A previsão do art. 156 do CPC reforça a essencialidade do perito, quando a prova do fato depender de conhecimento técnico ou científico.

Partindo da premissa de que o conhecimento técnico "não é formado unicamente por um sistema de proposições teóricas e pelas relações lógicas entre essas, não podendo ser reconstruído sem um sujeito cognoscente", CARMEN VÁZQUEZ destaca que ser *expert* "não é somente possuir informação correta, mas sim ter a capacidade ou disposição para utilizá-la adequadamente quando requerido, para observar, interpretar ou inferir"[256].

Retoma-se aqui tudo o que se afirmou no item 2 deste trabalho. Embora a perícia deva ser orientada por critérios objetivos, e a análise do perito seja circunscrita a, também objetivamente, elucidar os fatos técnicos do processo, não se pode ignorar a carga subjetiva que carrega. Essa constatação conduz à conclusão de que, embora imparcial, o perito carrega consigo suas crenças e premissas pessoais, o que, inevitavelmente, influi nas conclusões técnicas que levará para o processo. É fundamental que essas crenças e premissas, quando não conhecidas de antemão pelo juiz[257], sejam reveladas pelo perito, a fim de orientar a interpretação que se fará dos resultados da prova pericial, possibilitando o adequado controle racional da prova.

Esse ponto é reforçado pelo fato de que mesmo questões técnicas podem ser objeto de controvérsia. Não é incomum a realização de duas ou três perícias num mesmo processo, partindo, cada uma, de premissas técnicas diversas acerca de uma mesma questão. Não se trata, aqui, de considerar equivocado um ou outro entendimento técnico sobre a mesma questão de fato, mas, sim, de admitir que, para determinadas questões, poderá haver mais de uma posição igualmente correta, sendo necessário que a prova pericial seja conduzida de forma a viabilizar que todos esses entendimentos venham para o processo, para que se possa escolher aquele que melhor atenda o ponto controvertido em discussão.

É essencial também que os sujeitos processuais fiquem atentos a equívocos técnicos que venham a ser cometidos pelo perito. Nesse caso, não se está falando de posições técnicas justificáveis e distintas, mas dos casos em que os peritos partem de premissas equivocadas e, com isso, chegam a resultados igualmente equivocados.

O perito também deve estar atento a eventuais preconcepções que orientem sua leitura dos fatos para certos vieses que podem prejudicar a compreensão adequada dos fatos. Assim como o juiz, também o perito e todos os demais auxiliares estão sujeitos a *bias* que podem enviesar a análise e resultar em desigualdades estruturais no processo. O protocolo para julgamento na perspec-

---

256 VÁSQUEZ, Carmen. *Prova pericial*, p. 72.
257 CARMEN VÁZQUEZ destaca a utilidade de se buscar maiores informações sobre os peritos, conhecendo-se as técnicas ou métodos utilizados em outros processos "para, em um processo concreto, exercer o princípio do contraditório como ferramenta cognoscitiva, por comparação com suas atuações anteriores" (VÁSQUEZ, Carmen. *Prova pericial*, p. 483).

tiva de gênero do CNJ, como já se disse, apresenta orientação exatamente nesse sentido[258].

O cuidado com a escolha da especialidade do perito é fundamental para reduzir a chance de que esses equívocos técnicos sejam cometidos. Um exemplo ocorre nos casos em que se mostra necessária perícia atuarial[259], geralmente em processos que envolvem discussões previdenciárias. Não é incomum que nessas demandas seja nomeado perito contador[260]. Há, inclusive, decisões na jurisprudência entendendo que a perícia contábil seria suficiente nesses casos[261], o que gera muitos equívocos, em geral na fase de liquidação.

Para evitar esse tipo de situação, a nomeação do perito deve ser orientada pelo cuidado necessário na análise de sua especialidade, bem como nas regu-

---

258 "(...) provas periciais devem ser produzidas com atenção a desigualdades estruturais que possam ter um papel na demanda. É imprescindível que peritos(as) e outros atores (assistentes sociais, policiais) sejam capacitados(as) para perceber essa situação e tentar neutralizá-la. Isso significa dizer que, para além de conhecimentos específicos, o gênero deve ser utilizado como lente para a leitura dos acontecimentos, em todas as etapas da instrução" (CONSELHO NACIONAL DE JUSTIÇA. *Protocolo para julgamento com perspectiva de gênero*, p. 47).

259 Decreto n. 66.408/70: "Art. 1º Entende-se por atuário o técnico especializado em matemática superior que atua, de modo geral, no mercado econômico-financeiro, promovendo pesquisas e estabelecendo planos e políticas de investimentos e amortizações e, em seguro privado e social, calculando probabilidades de eventos, avaliando riscos e fixando prêmios, indenizações, benefícios e reservas matemáticas".

260 A questão é tão comum que o Instituto Brasileiro de Atuária (IBA) enviou carta a 59 tribunais e a 28 conselhos de contabilidade, tendo por objetivo alertar os magistrados e os representantes dos órgãos de classe dos contadores que perícias de cunho atuarial devem ser realizadas pelo atuário, único profissional habilitado para tanto. A notícia e as repostas dos Tribunais e Conselhos podem ser vistas no seguinte endereço eletrônico: https://www.editoraroncarati.com.br/v2/Artigos-e--Noticias/Artigos-e-Noticias/IBA-faz-balanco-sobre-cartas-enviadas.html. Acesso em: 1º nov. 2023.

261 "AGRAVO DE INSTRUMENTO. PROCESSUAL CIVIL. CUMPRIMENTO DE SENTENÇA. EXPURGOS INFLACIONÁRIOS. PREVIDÊNCIA PRIVADA. PERÍCIA ATUARIAL. DESNECESSIDADE. HONORÁRIOS PERICIAIS. ÔNUS DO EXECUTADO. RECURSO CONHECIDO E PROVIDO. O cálculo de expurgos inflacionários, afeto às importâncias restituídas de plano de previdência privada, prescinde, em regra, de atuação de perito atuarial, de maneira que se revela suficiente o processamento de perícia contábil, mediante cálculos aritméticos" (TJDFT, Agravo de Instrumento 07140384320198070000, 2ª Turma, rela. Desa. SANDRA REVES, j. 27-11-2019, *DJe* 21-1-2020). No sentido da necessidade de perícia atuarial: STJ, REsp 1.345.326/RS, 2ª Seção, rel. Min. LUIS FELIPE SALOMÃO, j. 9-4-2014, *DJe* 8-5-2014. De outro lado, entendendo que a perícia atuarial somente é necessária na fase de conhecimento, mas não na fase de cumprimento de sentença: STJ, AgInt no AREsp 1.845.117/DF, 4ª Turma, rel. Min. RAUL ARAÚJO, j. 6-3-2023, *DJe* 14-3-2023.

lamentações afetas a cada profissão[262]. Esse controle deve ser feito pelo juiz ao nomear o perito, mas também pelos sujeitos processuais, que têm a prerrogativa de impugnar o perito nomeado, sempre que verificarem que sua especialidade desrespeita as previsões legais atinentes a cada categoria, ou não é suficiente ao objeto da perícia. Quando o objeto do processo envolver mais de uma especialidade, será necessária a nomeação de mais de um perito, deixando claros os fatos técnicos sobre os quais cada um deverá atuar.

Tratando-se de auxiliar do juízo, será escolhido pelo juiz, o que não exclui a possibilidade de escolha pelas partes, caso celebrem o negócio jurídico processual previsto no art. 472 do CPC, que será comentado mais adiante.

É muito defensável também que a escolha do perito leve em conta critérios de representatividade. A medida é necessária para garantir a distributividade do acesso à justiça e a dignidade da pessoa humana, em especial no que toca à dimensão do reconhecimento. Ver, a esse respeito, a nota 9, no início deste trabalho. A Lei Federal n. 13.505/2017 acrescenta dispositivos à Lei n. 11.340/2006 (Lei Maria da Penha), prevendo o direito de a mulher em situação de violência doméstica e familiar ter atendimento policial e pericial especializado, ininterrupto e prestado, preferencialmente, por servidores do sexo feminino. Essa cautela também tem orientado, por exemplo, a edição de leis estaduais que impõem que, em casos de violência sexual contra a mulher, a perícia seja realizada por peritas[263].

Os parágrafos do art. 156 do CPC fornecem importantes orientações para a garantia da qualidade técnica da prova pericial, a começar pela nomeação dos peritos, que deverão ser escolhidos entre os profissionais legalmente habilitados

---

262 Retomando-se o exemplo da perícia atuarial, o Decreto n. 806/69 dispõe sobre a profissão do Atuário, indicando expressamente as competências privativas dessa categoria, incluindo a "peritagem e a emissão de pareceres sobre assuntos envolvendo problemas de competência exclusivamente do atuário".

263 Por exemplo, a Lei n. 17.995/2020, do Estado de Santa Catarina, que institui o Programa de Atenção às Vítimas de Estupro, com objetivo de dar apoio e identificar provas periciais. O § 3º do art. 1º, com a redação dada pela Lei estadual n. 18.648/2023, prevê que "a vítima do sexo feminino será examinada por perito legista mulher, sobretudo em caso de menor de idade, desde que não importe retardamento ou prejuízo da diligência". Ainda, a Lei n. 8.008/2018, do Rio de Janeiro, impõe a obrigatoriedade de que as crianças e adolescentes do sexo feminino vítimas de estupro sejam examinadas por perito legista mulher. O STF já reconheceu a constitucionalidade dessa lei, considerando a competência do Estado para legislar sobre a matéria (art. 24, V, da CF), bem como "o direito fundamental à igualdade material (art. 5º, I, da CRFB), que impõe especial proteção à mulher e o atendimento empático entre iguais, evitando-se a revitimização da criança ou adolescente, mulher, vítima de violência" (ADI 6.039 MC, Tribunal Pleno, rel. Min. Luiz Edson Fachin, j. 13-3-2019, *DJe* 1-8-2019).

e os órgãos técnicos ou científicos devidamente inscritos em cadastro mantido pelo tribunal ao qual o juiz está vinculado (§ 1º). Esse cadastro deverá ser formado a partir de consulta pública, com divulgação na rede mundial de computadores ou em jornais de grande circulação, bem como de consulta direta a universidades, a conselhos de classe, ao Ministério Público, à Defensoria Pública e à Ordem dos Advogados do Brasil, para a indicação de profissionais ou de órgãos técnicos interessados (§ 2º). A manutenção do cadastro dependerá de avaliações e reavaliações periódicas, considerando a formação profissional, a atualização do conhecimento e a experiência dos peritos interessados (§ 3º). Caso na localidade não haja inscritos no cadastro do tribunal, o juiz poderá escolher livremente o perito, desde que comprovada a especialidade necessária para o esclarecimento dos fatos técnicos da causa (§ 5º).

Além disso, o § 2º do art. 157 do CPC prevê que as varas ou secretarias organizarão lista de peritos, com disponibilização dos documentos exigidos para habilitação à consulta de interessados, para que a nomeação seja distribuída de modo equitativo, observadas a capacidade técnica e a área de conhecimento.

É claro que essa distribuição equitativa não poderá deixar de levar em conta a especialidade e consequente adequação dos peritos para a realização dos trabalhos periciais[264]. Assim, caso a necessidade de perito especializado em determinada área justifique, será possível que as nomeações não levem em conta o critério equitativo, dando-se preferência, nesse caso, à capacidade técnica e, consequentemente, ao perito que possa melhor auxiliar no esclarecimento dos fatos da causa.

Uma vez aceita a nomeação, o perito assume o dever de cumprir o encargo no prazo designado pelo juiz. Deverá, no prazo de cinco dias, apresentar proposta de honorários, currículo com comprovação de sua especialização, e seus contatos profissionais, em especial o endereço eletrônico, no qual receberá as intimações pessoais.

36. O controle da (im)parcialidade do perito

Enquanto auxiliar do juízo, o perito é sujeito imparcial, a ele sendo aplicados os mesmos motivos de impedimento e suspeição previstos para o juiz (arts. 144, 145, 148 e 465, § 1º, I, do CPC). As hipóteses costumam ser

---

264 "Nos casos em que determinados peritos detenham maior habilidade ou tenham uma produtividade mais adequada, não parece adequado simplesmente distribuir numericamente a quantidade de nomeações, por isto deve se entender por equitativo e capacidade técnica não somente o conhecimento do perito, como também sua produtividade a justificar um maior número de nomeações" (FERREIRA, William Santos. A prova pericial no novo Código de Processo Civil, p. 206).

interpretadas restritivamente, de modo a preservar a atuação do perito no processo. O Superior Tribunal de Justiça já considerou que o fato de o perito ter se posicionado inúmeras vezes, em casos anteriores, em sentido contrário à tese da parte não resulta em sua parcialidade e consequente suspeição para atuar no caso[265].

Caso o perito não reconheça seu impedimento ou suspeição (art. 467 do CPC), caberá às partes realizar a necessária impugnação (art. 465, § 1º, I, do CPC), no prazo de 15 dias contados da sua nomeação, sob pena de preclusão, que, segundo o entendimento da jurisprudência, se operará mesmo em caso de impedimento. A regra é reforçada pela previsão do § 1º do art. 148 do CPC, segundo o qual "a parte interessada deverá arguir o impedimento ou a suspeição, em petição fundamentada e devidamente instruída, na primeira oportunidade em que lhe couber falar nos autos".

De fato, diferentemente do que ocorre com o impedimento do magistrado, no caso de perito e demais auxiliares da justiça, o impedimento não poderá ser arguido a qualquer tempo[266].

Esse entendimento nos parece equivocado. Afinal, diferentemente do que ocorre com a suspeição, o impedimento é matéria de ordem pública, podendo ser arguido a qualquer tempo e grau de jurisdição, pelas sérias implicações que acarreta para o devido processo legal e a igualdade no processo. O art. 148, III, do CPC, como já se viu, estende aos auxiliares da justiça os motivos de impedimento e suspeição aplicáveis ao juiz e previstos nos arts. 144 e 145 do CPC. Não há motivo para que a eles não se estenda também a possibilidade de alegação desse vício a qualquer tempo, até mesmo após o trânsito em julgado, pela via da ação rescisória, como se demonstrará em seguida, desde que se verifique que o resultado da prova foi fundamento para a decisão de mérito.

---

265 "As hipóteses previstas no art. 135 da Lei Instrumental Civil, para configuração da suspeição, são taxativas, não contemplado, como tal, o fato de o perito já haver se manifestado repetidas vezes em contrário à tese da parte, em pareceres exarados em feitos assemelhados" (AgRg no REsp 583.081/PR, rel. eminente Min. ALDIR PASSARINHO JUNIOR, *DJ* 8-11-2004).

266 É esse o entendimento do Superior Tribunal de Justiça: "A regra do impedimento, quando dirigida ao magistrado, conforme previsão dos arts. 134 e 136 do CPC/73, atuais 144 e 147 do CPC/2015, trata de matéria de ordem pública, gerando nulidade absoluta que pode ser alegada mesmo após o trânsito em julgado, em ação rescisória. II – Embora se apliquem os mesmos motivos de impedimento e de suspeição do juiz ao membro do *parquet*, ao serventuário da justiça, ao perito, aos assistentes técnicos e ao intérprete, a alegação de impedimento, para esses sujeitos do processo, deve ser realizada na primeira oportunidade em que couber à parte falar nos autos, sob pena de preclusão, em conformidade com a previsão contida nos arts. 138, § 1º, e 245 do CPC/1973" (AREsp 1.010.211/MG, 2ª Turma, rel. Min. FRANCISCO FALCÃO, j. 6-6-2017, *DJe* 13-6-2017).

COMENTÁRIOS AO CÓDIGO DE PROCESSO CIVIL V. VIII

No caso do perito, constatado que o laudo pericial foi fundamental para a decisão a que se chegou no processo e sendo verificado, ainda que posteriormente, seu impedimento, deverá ser reconhecida a nulidade do processo e da sentença, com reabertura da fase instrutória e nova produção de prova pericial, dessa vez com atuação de perito imparcial[267].

Independentemente dessa questão, o fato é que a imparcialidade do perito deve ser aferida pelo juiz durante toda a produção da prova. Constatando-se eventual parcialidade, deverá o magistrado substituir o perito imediatamente, evitando, desse modo, a nulidade da prova[268].

É possível, inclusive, defender-se o cabimento de ação rescisória, tendo por objeto decisão que tenha utilizado como fundamento substancial laudo pericial produzido por perito impedido. Muito embora o art. 966, II, do CPC somente preveja o cabimento de ação rescisória em caso de impedimento do juiz, não se pode descartar a possibilidade de fundamentação da ação em violação à norma jurídica. Afinal, a adoção de laudo pericial produzido por perito impedido viola inúmeros dispositivos do Código de Processo Civil (pelo menos, o art. 144 c/c o art. 148, II, e o art. 466), além de previsões específicas de normas infralegais editadas pelos Conselhos Profissionais[269].

---

267 Nesse sentido: "PREVIDENCIÁRIO. PROCESSUAL CIVIL. BENEFÍCIO POR INCAPACIDADE. NULIDADE DA PERÍCIA JUDICIAL. ATUAÇÃO ANTERIOR COMO MÉDICO PARTICULAR. IMPEDIMENTO DO PERITO. NULIDADE DA INSTRUÇÃO. 1. Mostra-se impedido de atuar como perito o médico particular da parte, pois ausente a imparcialidade necessária à realização do laudo pericial. 2. As hipóteses de impedimento previstas no art. 134 do Código de Processo Civil possuem natureza objetiva e tratam de matéria de ordem pública, sendo insuscetíveis de preclusão. 3. Reconhecido o impedimento do perito, cabe anular o feito a partir da prova técnica, determinando-se a reabertura da instrução processual" (TRF4, Apelação Cível 5008677-57.2020.4.04.9999, 10ª Turma, rel. Des. FERNANDO QUADROS DA SILVA, j. 20-4-2021).

268 "O trabalho dos auxiliares da Justiça, principalmente o dos oficiais de justiça e dos peritos, deveria merecer maior atenção dos juízes. Algumas causas, como é sabido, são praticamente definidas pelo trabalho do perito. O juiz, portanto, ao nomear um perito, deve realmente estar preocupado com o seu conhecimento técnico e, principalmente, com a sua conduta ética e moral (...) O juiz, assim, não pode simplesmente nomear o perito e esperar o laudo, como se não fosse de sua responsabilidade a idoneidade do laudo pericial e a realização da justiça. Julgar com justiça não é simplesmente julgar com base no laudo do perito, mas julgar com base em um laudo íntegro, firmado por um profissional competente e de moral ilibada. O cidadão, que tem direito ao juiz natural, não pode ficar ao sabor de qualquer perito, como se esse fosse insubstituível. Ao menor sinal de parcialidade, o juiz deve ordenar a realização de nova perícia" (MARINONI, Luiz Guilherme. *Novas linhas do processo civil*. 4. ed. São Paulo: Malheiros, 2000. p. 85).

269 Nesse sentido, o TRF da 1ª região, em Remessa Necessária, anulou sentença que teve como fundamento laudo pericial produzido por perito que havia sido médico

CPC/2015, ART. 465

O controle da parcialidade do perito a partir desses critérios objetivos previstos no Código não pode obnubilar possíveis vieses, inconscientes ou não, que possam influenciar o resultado da perícia, em especial relativos aos marcadores de gênero, raça e classe social. Remete-se, neste ponto, a tudo o que já se afirmou acerca da prova na perspectiva da distributividade do acesso à justiça, em especial nos itens 1.2, 35, 38 e 50.

Embora, a princípio, isso não possa ser causa de impedimento do perito, deve orientar a possível determinação de segunda perícia, ou ao menos ser levado em consideração pelo juiz no momento da valoração do laudo e da decisão sobre os fatos, para, se for o caso, afastar o laudo pericial e decidir fundamentadamente a partir de outros elementos que integrem o conjunto probatório dos autos. Ou, ao menos, para orientar a interpretação que se faz das conclusões periciais. Isso se inclui na dimensão de seus poderes instrutórios amplos, e do critério da persuasão racional, coadunando-se com a busca da igualdade no processo (art. 7º do CPC) e o sempre necessário caráter distributivo do acesso à justiça e a tutela de grupos minoritários.

37. O procedimento da perícia: atos iniciais e organização da prova

A prova pericial será pleiteada pelas partes ou determinada de ofício pelo juiz. Remete-se aqui a tudo o que se afirmou no item 31 deste trabalho, acerca da admissibilidade da prova pericial. As partes devem manifestar o interes-

---

de uma das partes, com base em previsão do Conselho Federal de Medicina: "1. Dispõe o artigo 138 inciso III, do Código de Processo Civil, que se aplicam aos peritos os motivos de suspeição e impedimento previstos no referido diploma legal. 2. A Resolução CFM 1246/88 – Código de Ética Médica – estabelece, em seu art. 120, que é vedado ao médico 'ser perito em paciente seu, de pessoa de sua família ou de qualquer outra pessoa com a qual tenha relações capazes de influir em seu trabalho'. 3. Há nos autos Declaração e atestado médico certificando a incapacidade definitiva da requerente, assinados pelo mesmo médico que funcionou como perito responsável pela perícia. Resta, assim demonstrado, ter sido a parte autora paciente do perito designado para a realização da prova pericial. 4. Remessa oficial provida para anular a sentença e determinar o retorno dos autos à Vara de Origem para a realização de nova perícia. Julgou prejudicada a apelação do INSS" (Processo 0034145-82.2011.4.01.9199, 2ª Turma, rel. Juiz Murilo Fernandes de Almeida, j. 3-4-2013; e-DJF1 2-5-2013). Por hipótese, caso a sentença deste caso viesse a transitar em julgado, seria cabível a propositura de ação rescisória, tendo como fundamento, além dos dispositivos do CPC, também a previsão do CFM, já que "norma jurídica" inclui também normas infralegais ou, como afirma Rodrigo Barioni, "qualquer enunciado normativo presente no ordenamento jurídico" (Barioni, Rodrigo. Capítulo VII. Da ação rescisória. In: Arruda Alvim, Teresa et al. (coord.). *Breves comentários ao Novo Código de Processo Civil*. São Paulo: Revista dos Tribunais, 2015. p. 2.153).

se pela prova já na inicial e na contestação, mas é na fase de saneamento que deverá ser definida sua produção, preferencialmente de forma colaborativa. Como lembra PAULA SARNO BRAGA, é possível que o pleito pela perícia ocorra em momento posterior, quando houver fato novo ou algum incidente processual, como a arguição de falsidade documental. Nesse caso, a decisão deverá adotar as mesmas providências previstas no dispositivo ora em comento[270].

A atuação atenta do magistrado é fundamental desde os atos iniciais de organização da prova no processo, exigindo-se um olhar cuidadoso sobre a correções de desigualdades que possam comprometer o manejo apropriado da técnica para uma adequada prestação jurisdicional. Retoma-se, aqui, tudo o que se disse no item 2 deste trabalho. A própria nomeação do perito deve levar em conta critérios que orientem uma produção probatória que seja despida de vieses que possam resultar em qualquer atitude ou análise desigual. Ver, a esse respeito, tudo o que se afirmou no item 35, linhas atrás.

Na sistemática do Código de Processo Civil de 2015, o perito poderá ser escolhido pelo juiz (art. 465) ou pelas partes (art. 471). Neste último caso, será necessária a realização de um negócio jurídico processual. O tema será objeto de análise mais adiante. Em qualquer caso, a escolha deve observar a especialidade necessária, a depender da área do conhecimento objeto da perícia.

Assim, uma vez deferida a realização da prova pericial ou determinada sua produção de ofício, deverá o juiz nomear o perito e fixar prazo para a entrega do laudo, que deverá ser de, pelo menos, vinte dias antes da audiência de instrução e julgamento (art. 477 do CPC). A regra tem um fundamento importante: deve viabilizar tempo suficiente para que sejam formulados os pedidos de esclarecimento que, preferencialmente, deverão ser respondidos pelo perito na audiência.

O prazo fixado poderá ser prorrogado por metade do prazo inicialmente concedido, caso o perito, por motivo justificado, não possa apresentar o laudo no prazo estipulado (art. 476 do CPC).

As partes deverão ser intimadas sobre a nomeação do perito, devendo, no prazo de quinze dias, arguir seu eventual impedimento ou suspeição, apresentar quesitos e indicar assistentes técnicos. Segundo a jurisprudência do STJ, esse prazo não é preclusivo, sendo possível que os quesitos sejam apresentados até o início da perícia[271]. Já houve decisão do Tribunal de Justiça de São Paulo que admitiu a juntada de novos quesitos pela parte antes de iniciada a perí-

---

270 BRAGA, Paula Sarno. Da prova pericial, p. 1.176.
271 Nesse sentido: AgInt no REsp 1.555.958/AL, 4ª Turma, rel. Min. MARCO BUZZI, j. 9-3-2020, *DJe* 19-3-2020; AgInt no AREsp 885.444/RS, 2ª Turma, rel. Min. MAURO CAMPBELL MARQUES, j. 2-8-2016, *DJe* 12-8-2016.

cia, tendo em vista a substituição de seu assistente técnico, caso em que não se verificaria a preclusão consumativa[272].

Concordamos, neste ponto, com LUIZ GUILHERME MARINONI e SÉRGIO CRUZ ARENHART, que consideram tratar-se de prazo preclusivo, mas que não exclui a possibilidade de apresentação de quesitos suplementares e participação direta durante a produção da prova[273]. Importante lembrar, apenas, que os quesitos suplementares não podem caracterizar quesitos novos, mas devem, como o próprio nome diz, ser complementares aos quesitos que orientaram a produção do laudo pericial, como se fossem desdobramentos daqueles.

A defesa do prazo preclusivo tem uma razão de ser: ela garante a previsibilidade da atividade que será desenvolvida pelo perito. A partir da análise dos quesitos é que o perito pode ter uma primeira dimensão da perícia que será realizada, além de viabilizar a formulação de proposta de honorários que remunere adequadamente o trabalho que será realizado. É por isso que, como se verá a seguir, o prazo para que o perito formule sua proposta de honorários deve começar necessariamente após a apresentação dos quesitos, como ocorre na prática.

O juiz também deverá formular os quesitos que pretende sejam respondidos pelo perito, além de indeferir os quesitos das partes que considere impertinentes (art. 470 do CPC). O perito, então, poderá formular sua proposta de honorários, no prazo de cinco dias.

Embora o dispositivo faça parecer tratar-se de atividades concomitantes, é somente com os quesitos nos autos que o perito, se aceitar o encargo, terá condições de apresentar sua proposta de honorários. Assim, uma vez intimado, o perito deverá informar se aceita o encargo. Caso não aceite, outro perito deverá ser nomeado em seu lugar. Aceito o encargo, deverá apresentar seu currículo, de modo a comprovar a especialidade necessária à realização da perícia, e seus contatos profissionais. Enquanto isso, as partes deverão apresentar os quesitos. Vindos os quesitos aos autos, o perito terá, então, cinco dias para formular sua proposta de honorários.

Após manifestação das partes sobre a proposta, no prazo de cinco dias, o juiz fixará o valor dos honorários periciais, intimando-se as partes para o pagamento (§ 3º), que poderá ser realizado nos termos do § 4º: até cinquenta por

---

272 TJSP, Agravo de Instrumento 2056337-53.2015.8.26.0000, 11ª Câmara de Direito Privado, rel. MARINO NETO, j. 8-7-2015.

273 MARINONI, Luiz Guilherme; ARENHART, Sérgio Cruz. *Prova e convicção*, p. 892. Para ANISSARA TOSCAN, "a preclusão temporal opera quando não apresentados quesitos e assistentes técnicos antes do início dos trabalhos do perito" (TOSCAN, Anissara. *Preclusão processual civil*. São Paulo: Revista dos Tribunais, 2015. p. 115).

COMENTÁRIOS AO CÓDIGO DE PROCESSO CIVIL V. VIII

cento no início dos trabalhos, e o restante no final, depois de entregue o laudo e prestados todos os esclarecimentos necessários.

38. Os quesitos

A perícia é orientada pelas questões técnicas postas pelos sujeitos processuais, relativamente aos fatos controversos. Tanto as partes quanto o juiz, como
não poderia deixar de ser, participam dessa etapa.

A atuação do juiz neste momento é fundamental no sentido de: a) formular, com fundamento nos seus poderes de direção e instrução do processo,
quesitos que possam orientar a correta solução dos pontos controvertidos de
fato, e viabilizar a observância de eventuais vieses inconscientes na análise
pericial, em especial no que toca às questões afetas a raça, gênero e classe social[274]; b) controlar os quesitos apresentados pelas partes, não só na perspectiva
de sua pertinência à luz do objeto da prova, mas também para afastar questões
que possam reforçar desigualdades estruturais ou enviesar a análise pericial[275].

Assim, uma vez deferida a realização da perícia e nomeado o perito, os
quesitos devem ser apresentados para que o perito possa ter uma dimensão da
análise técnica a ser realizada e formular sua proposta de honorários a partir
dos quesitos formulados.

---

274 "O papel de juízes(as), nesse contexto, é o de circunscrever quesitos que tracem as
motivações decorrentes dos processos interseccionais de opressão, como raça e
orientação sexual" (CONSELHO NACIONAL DE JUSTIÇA. *Protocolo para julgamento com
perspectiva de gênero*, p. 47).

275 Na perspectiva de gênero, o protocolo do CNJ, já citado, apresenta alguns exemplos
de questões que devem orientar essa análise judicial: "Perguntas estão reproduzin-
do estereótipos de gênero? (ex.: questionam qualidade da maternidade ou o comportamento da mulher a partir de papéis socialmente atribuídos? Perguntas estão
desqualificando a palavra da depoente de alguma maneira? (ex.: questionam os
sentimentos da depoente com relação à atual esposa de seu ex-marido ou qualquer
ressentimento que possa existir entre as partes?). Perguntas podem estar causando
algum tipo de re-vitimização? (ex.: perguntas que exponham a intimidade da vítima, perguntas que façam a mulher revisitar situações traumáticas). O ambiente
proporciona algum impedimento para que a depoente se manifeste sem constran-
gimentos e em situação de conforto? (ex.: a depoente encontra-se cercada por homens? O acusado encontra-se na sala?). A depoente está sofrendo algum tipo de
interrupção ou pressão que a impeça de desenvolver seu raciocínio? Laudos de caráter técnico-científico ou social podem estar impregnados de estereótipos, dando
excessiva importância para pontos que só importam por conta de desigualdades
estruturais ou então deixando de fora questões que só são percebidas quando há
atenção a dinâmicas de desigualdades estruturais?" (CONSELHO NACIONAL DE JUSTI-
ÇA. *Protocolo para julgamento com perspectiva de gênero*, p. 47-48).

Tratando-se de perguntas técnicas relativas aos pontos fáticos controvertidos, os quesitos devem ser formulados de forma objetiva, de modo a viabilizar a compreensão das questões técnicas necessárias. Devem ser pertinentes, ou seja, versar sobre os pontos controvertidos fixados na fase de saneamento[276], e possibilitar a adequada análise técnica dessas questões, cabendo ao juiz indeferir aqueles que considere impertinentes (art. 470, I, do CPC).

Luiz Guilherme Marinoni e Sérgio Cruz Arenhart consideram impertinente o quesito que, mesmo relativo a fato controverso, tem por objeto matéria que não é da especialidade do perito[277]. De fato, nesse caso, o quesito poderá ser considerado impertinente e não precisará ser respondido pelo perito. Porém, tratando-se de questão relevante para a solução da causa, é fundamental que o juiz verifique a necessidade de nomeação de um segundo perito de outra especialidade para solucionar as questões afetas a esta específica matéria.

Já se deparou, por exemplo, com caso[278] em que a perícia versava sobre questões de contabilidade e tecnologia da informação, em processo que tinha por objeto o cumprimento de contrato de instalação de sistema de redes, celebrado entre determinada empresa e uma empresa de telefonia. A autora alegava o total descumprimento do contrato. A alegação da ré era a de que a instalação foi iniciada, mas teve de ser interrompida em razão de embaraços criados pela própria autora, que não teria fornecido acesso às estruturas necessárias e não teria adquirido os materiais imprescindíveis à instalação. Os principais pontos controvertidos da lide, portanto, versavam sobre o início da instalação do sistema de redes e a aquisição dos equipamentos necessários para tanto. Daí por que se determinou a realização de perícia contábil e, também, em tecnologia da informação.

O juiz nomeou apenas perito contábil. Alertado pelas partes sobre a necessidade da outra especialidade, intimou o perito, que afirmou ter condições de responder a todos os quesitos, inclusive os de TI, nem que, para isso, fosse necessário contar com o "auxílio de colegas especializados na área". Na entrega do laudo, todos os quesitos relativos a tecnologia da informação permaneceram sem resposta adequada, dada a falta de especialidade do perito para tanto, o que provocou a nomeação de um segundo perito, dessa vez especializado na matéria.

---

276 "Impertinente é o quesito que não visa obter resposta que possa ajudar a esclarecer fato controverso. Se o fato é incontroverso, ou não diz sequer respeito à causa de pedir, nenhum quesito deve recair sobre ele" (Marinoni, Luiz Guilherme; Arenhart, Sérgio Cruz. *Prova e convicção*, p. 901).

277 Marinoni, Luiz Guilherme; Arenhart, Sérgio Cruz. *Prova e convicção*, p. 901.

278 Autos 001/1.06.0020204-0, da 10ª Vara Cível de Porto Alegre/RS.

Aplica-se aqui tudo o que se disse acerca do indeferimento da prova pericial. O indeferimento de quesitos apresentados pelas partes deve fundamentar-se em critérios objetivos, que evidenciem que as perguntas formuladas não têm relação com o objeto da prova, que apresentam ao perito questões já postas em outros quesitos, ou que carregam vieses que podem comprometer a correta e idônea análise da questão. O mesmo vale para os quesitos suplementares, que podem ser apresentados pelas partes após a entrega do laudo pericial (art. 469 do CPC) e devem, como o próprio nome diz, ser complementares e ter pertinência com o objeto da prova.

Por fim, vale ressaltar que a prova pericial não se limita aos quesitos apresentados pelos sujeitos processuais. Para além das respostas aos quesitos, é fundamental que o perito analise no laudo todas as questões técnicas que entenda adequadas para auxiliar o juiz na solução dos pontos controvertidos no processo (aqueles que digam respeito a fatos técnicos, é claro).

39. Os honorários periciais

O perito desenvolve atividade remunerada. Como se viu no item anterior, uma vez designado, e a partir dos quesitos apresentados pelas partes (art. 465, § 1º, III, do CPC) e pelo juiz, deve formular sua proposta de honorários (art. 465, I, § 2º, do CPC), em valor condizente com a complexidade da perícia a ser realizada. Em geral, para essa fixação os peritos costumam se embasar em tabelas de honorários fixadas pelos respectivos conselhos de classe.

A regra do ônus do pagamento dos honorários periciais teve importante e necessária alteração no Código de 2015, sendo orientado pela responsabilidade pelo pagamento daquele que formula o pedido de produção da prova. Assim, segundo o art. 95 do CPC, a parte que requerer a prova pericial deverá adiantar os honorários periciais. Quando ambas as partes pleitearem a prova, ou o juiz determinar sua realização de ofício, o valor dos honorários será dividido equanimemente entre as partes[279].

Veja-se que o dispositivo prevê que a perícia será "rateada" quando pleiteada por ambas as partes, o que pressupõe a divisão proporcional do valor dos honorários. Nada mais correto. Afinal, muitas vezes é a atividade de uma das

---

279 Lembrando que, na lógica do Código anterior, o ônus do pagamento recaía demasiadamente sobre o autor, que era responsável pelo pagamento dos honorários periciais em praticamente todos os casos, salvo quando somente o réu pleiteasse a produção da prova. Segundo o art. 33 daquele Código, "Cada parte pagará a remuneração do assistente técnico que houver indicado; a do perito será paga pela parte que houver requerido o exame, ou pelo autor, quando requerido por ambas as partes ou determinado de ofício pelo juiz".

CPC/2015, ART. 465

partes que acaba por elevar o valor dos honorários periciais, já que sua fixação comumente leva em conta o número e a complexidade dos quesitos formulados. Nesse caso, sendo possível identificar o impacto disso no valor dos honorários, o juiz deverá levar esse fator em conta para distribuir de maneira mais adequada o pagamento dos honorários periciais[280]. O mesmo se diz em caso de quesitos suplementares: caso acabem por justificar a majoração dos honorários periciais – o que somente pode ocorrer em hipóteses muito excepcionais, como se verá no item relativo a essa temática –, a parte que os formulou deverá arcar com o valor dos honorários.

Não se ignora que a prova pericial não tem como destinatário apenas o sujeito que a pleiteou. Da mesma forma, os quesitos não devem ser vistos de forma estanque, como destinados a esta ou aquela parte no processo. Uma vez vindo aos autos, os quesitos e suas respostas passam a integrar o conjunto probatório dos autos, tendo como destinatários todos os sujeitos processuais. Não há, de outro lado, como desconsiderar que, na prática, os quesitos apresentados pelas partes são carregados de inevitável parcialidade, buscando conduzir o perito às respostas que mais atendam aos interesses de cada uma. Para esses casos, em que se observa um número elevado de quesitos que podem favorecer uma das partes e geram uma majoração considerável do valor dos honorários, é que se defende uma divisão mais adequada dos custos da perícia.

Solução interessante para esse impasse foi dada pelo Tribunal de Justiça de São Paulo, que, diante da apresentação de novos quesitos e da necessidade de análise de 24.000 documentos apresentados pela outra parte, intimou a parte contrária para manifestar sua concordância com a atividade, devendo, em caso positivo, arcar com a metade dos custos extras que isso poderia gerar. Caso não houvesse concordância da parte contrária, os documentos apresentados não poderiam ser objeto de análise pelo perito[281].

Não há previsão a respeito do pagamento dos honorários periciais na fase de liquidação de sentença. Coube à jurisprudência firmar o entendimento de que, neste caso, o ônus do pagamento é do devedor[282].

---

280 Nesse sentido: FERREIRA, William Santos. A prova pericial no novo Código de Processo Civil, p. 206. O autor ressalta que na compreensão de "rateio" deve ser levado em conta o princípio constitucional da isonomia, "a parametrizar a aplicação da regra de que, em cada caso concreto, caberá a determinação judicial fundamentada de uma 'distribuição específica de custos', 'rateio', considerando as peculiaridades e atribuindo percentuais específicos para cada parte".

281 TJSP, Agravo de Instrumento 2056337-53.2015.8.26.0000, 11ª Câmara de Direito Privado, rel. MARINO NETO, j. 8-7-2015.

282 "RECURSO ESPECIAL REPRESENTATIVO DA CONTROVÉRSIA. PROCESSUAL CIVIL. TELEFONIA. CONTRATO DE PARTICIPAÇÃO FINAN-

COMENTÁRIOS AO CÓDIGO DE PROCESSO CIVIL V. VIII

A jurisprudência entende que o prazo para pagamento dos honorários periciais não é peremptório, mas dilatório, sendo possível sua prorrogação[283]. Porém, o não pagamento dos honorários periciais pela parte que pleiteou a prova implicará presunção de que desistiu da sua produção[284], não podendo, posteriormente, alegar cerceamento de defesa em razão de sua não realização[285].

Caso se esteja diante de situação em que a prova foi pleiteada por ambas as partes ou determinada de ofício pelo juiz, o não pagamento por uma das partes resultará em imposição, a ela, das consequências decorrentes da não desincumbência desse ônus, aplicando-se neste caso as regras do ônus da prova, em seu aspecto objetivo (enquanto regra de julgamento, portanto). Embora já tenha havido casos em que se determinou o sequestro do valor devido nesses casos, a jurisprudência tende a resolver a questão pela aplicação das regras do ônus da prova[286], o que nos parece mais acertado.

CEIRA. COMPLEMENTAÇÃO DE AÇÕES. LIQUIDAÇÃO DE SENTENÇA. HONORÁRIOS PERICIAIS. ENCARGO DO VENCIDO. 1. Para fins do art. 543-C do CPC: (1.1) 'Na liquidação por cálculos do credor, descabe transferir do exequente para o executado o ônus do pagamento de honorários devidos ao perito que elabora a memória de cálculos'. (1.2) 'Se o credor for beneficiário da gratuidade da justiça, pode-se determinar a elaboração dos cálculos pela contadoria judicial'. (1.3) 'Na fase autônoma de liquidação de sentença (por arbitramento ou por artigos), incumbe ao devedor a antecipação dos honorários periciais'. 2. Aplicação da tese 1.3 ao caso concreto" (REsp 1.274.466/SC, 2ª Seção, rel. Min. PAULO DE TARSO SANSEVERINO, j. 14-5-2014, DJe 21-5-2014).

283 "Agravo de instrumento. Decisão que considerou preclusa a prova pericial, pois o comprovante de depósito dos honorários foi apresentado aos autos intempestivamente. Hipótese em que os honorários periciais foram depositados no prazo. Consideração de que o prazo para depósito dos honorários periciais é dilatório e não peremptório. Preclusão afastada. Recurso provido" (TJSP, Agravo 2253659-71.2021.8.26.0000, 20ª Câmara de Direito Privado, rel. Des. LUIZ CARLOS DE BARROS, j. 23-2-2022, DJe 23-2-2022). Ainda: TJSP, Agravo de Instrumento 2026771-20.2019.8.26.0000, 23ª Câmara de Direio Privado, rel. Des. JOSÉ MARCOS MARRONE, j. 24-9-2019, DJe 24-9-2019.

284 Nesse sentido, ANISSARA TOSCAN, que destaca tratar-se, no caso, de preclusão lógica, e não de preclusão temporal ou consumativa (TOSCAN, Anissara. Preclusão processual civil, p. 118).

285 "Ocorre a preclusão consumativa quando a parte não apresenta prova para a qual foi intimada a produzir, sendo incabível a alegação posterior de cerceamento de defesa" (STJ, AgRg no AREsp 296.808/RS, 4ª Turma, rel. Min. ANTONIO CARLOS FERREIRA, j. 20-11-2014, DJe 28-11-2014).

286 "AGRAVO DE INSTRUMENTO. DETERMINAÇÃO JUDICIAL PARA DEPÓSITO DOS HONORÁRIOS PERICIAIS, SOB PENA DE SEQUESTRO DA VERBA. APLICAÇÃO DA TAXATIVIDADE MITIGADA. AUSÊNCIA DE PREVISÃO LEGAL PARA CONSTRIÇÃO DA VERBA. Conforme a fundamentação do recurso, o agravante está recorrendo de provimento jurisdicional que determinou que o ora agravante depositasse 50% dos honorários periciais, sob

CPC/2015, ART. 465

O Código também corrige relevante questão relativa ao pagamento dos honorários periciais em caso de gratuidade da justiça. Vale lembrar que, no Código de 1973, essa era uma situação que comumente gerava problemas na prática. Determinava-se que o pagamento dos honorários seria realizado ao final pela parte vencida. O problema é que, se o vencido fosse a parte beneficiada pela gratuidade, o pagamento não seria realizado, o que poderia gerar dois tipos de problemas: muitos peritos acabavam por recusar o encargo, pela incerteza no recebimento de seus honorários; e essa situação poderia resultar em certa parcialidade do perito, que somente receberia seus honorários se a parte vencedora fosse o beneficiário da gratuidade.

No Código de 2015, a perícia realizada em caso de gratuidade, quando pleiteada pelo beneficiário, poderá ser custeada com recursos alocados no orçamento do ente público e realizada por servidor do Poder Judiciário ou por órgão público conveniado, ou paga com recursos alocados no orçamento da União, do Estado ou do Distrito Federal, no caso de ser realizada por particular, hipótese em que o valor será fixado conforme tabela do tribunal respectivo ou, em caso de sua omissão, do Conselho Nacional de Justiça (art. 95, § 3º, do CPC). Em outras palavras, e com acerto, o Código de Processo Civil prevê que a responsabilidade pela perícia a ser realizada em caso de gratuidade, quando o ônus do pagamento cabe ao beneficiário, é do Estado[287].

---

pena de sequestro da verba. REsp n. 1.696.396/PA e n. 1.704.520/MT. Taxatividade mitigada. Em que pese o agravante não ter interesse na realização da prova técnica, tal fato não o desonera de arcar com o pagamento do perito quando a perícia for determinada de ofício, conforme o *caput* do art. 95 do CPC. Por outro lado, a determinação do sequestro da verba para o pagamento dos honorários periciais, na atual fase de conhecimento, é medida desproporcional para atender o comando judicial, sendo que a inviabilidade da realização da perícia poderá acarretar outras consequências que não a constrição da verba. Em razão de eventual não realização da perícia por falta de pagamento, poder-se-ia entender como incontroversos os fatos narrados na inicial pela parte autora, uma vez que se trata de relação de consumo e esta última é presumidamente vulnerável em comparação ao banco ora agravante, motivo pelo qual o CDC dispõe acerca da inversão do ônus da prova. Ademais, no caso de a parte agravante criar embaraços ou até inviabilizar a realização da perícia devido à falta de pagamento tal conduta poderia ser enquadrada como ato atentatório à dignidade da justiça, cabível, sem prejuízo das sanções criminais, civis e processuais, aplicar ao responsável multa de até vinte por cento do valor da causa, conforme o art. 77, § 2º, do CPC. Reforma parcial da decisão a fim de revogar apenas a parte referente ao sequestro da verba. Parcial provimento do recurso" (TJRJ, Agravo de Instrumento 0020354-12.2021.8.19.0000, 21ª Câmara Cível, rel. Des. ANDRE EMILIO RIBEIRO VON MELENTOVYTCH, j. 20-7-2021, *DJe* 26-7-2021).

287 Em julgamento realizado sob a sistemática dos recursos especiais repetitivos, o STJ pacificou o entendimento de que, "nas ações de acidente do trabalho, os honorários

Quanto aos valores a serem arbitrados neste caso, o Conselho Nacional de Justiça editou a Resolução n. 232/2016, que "fixa os valores dos honorários a serem pagos aos peritos, no âmbito da Justiça de primeiro e segundo graus", quando o pagamento for de responsabilidade do beneficiário da gratuidade da justiça. A norma estabelece uma tabela que deve orientar a fixação dos honorários periciais nestes casos. O § 2º do art. 2º, inserido pela Resolução n. 326/2020, estabelece que, "quando o valor dos honorários for fixado em montante superior aos definidos em tabela oficial, seu pagamento, a ser realizado pelos cofres públicos, estará limitado àqueles valores estabelecidos pelo Tribunal ou, na sua falta, pelo CNJ", conforme tabela anexa à resolução. Segundo o § 3º do mesmo artigo, "em sendo o beneficiário da justiça gratuita vencedor na demanda, a parte contrária, caso não seja beneficiária da assistência judiciária, deverá arcar com o pagamento integral dos honorários periciais arbitrados". Já o § 4º autoriza que o juiz, "ao fixar os honorários, poderá ultrapassar o limite fixado na tabela em até 5 (cinco) vezes, desde que de forma fundamentada".

Nesses casos, uma vez transitada em julgado a decisão final, o juiz oficiará a Fazenda Pública para que promova a execução dos valores contra quem tiver sido condenado ao pagamento das despesas processuais (§ 4º). Tratando-se de beneficiário da gratuidade da justiça, é importante lembrar que não há afastamento da responsabilidade pelo pagamento das despesas processuais e dos honorários advocatícios sucumbenciais (art. 98, § 2º, do CPC), mas sim suspensão de sua exigibilidade, somente podendo ser executadas se, nos cinco anos subsequentes ao trânsito em julgado da decisão que as certificou, o credor demonstrar que deixou de existir a situação de insuficiência de recursos que justificou a concessão de gratuidade, extinguindo-se, passado esse prazo, tais obrigações do beneficiário (art. 98, § 3º, do CPC). É vedada, em qualquer caso, a utilização de recursos do fundo de custeio da Defensoria Pública (art. 98, § 5º, do CPC).

O dispositivo aplica-se igualmente às ações coletivas propostas pelo Ministério Público. O Superior Tribunal de Justiça, a esse respeito, no julgamento de Recurso Especial sob a sistemática repetitiva, firmou o entendimento no sentido de não ser possível exigir-se do Ministério Público o adiantamento de honorários periciais em ações civis públicas, tampouco imputar-se ao réu esse encargo. A solução é a aplicação da Súmula 232 do STJ, para que a Fazenda

---

periciais, adiantados pelo INSS, constituirão despesa a cargo do Estado, nos casos em que sucumbente a parte autora, beneficiária da isenção de ônus sucumbenciais, prevista no parágrafo único do art. 129 da Lei 8.213/91" (REsp 1.823.402/PR, 1ª Seção, rela. Mina. Assusete Magalhães, j. 21-10-2021, *DJe* 25-10-2021).

Pública à qual esteja vinculado o Ministério Público arque com as despesas[288], entendimento mantido após a edição do CPC de 2015[289].

O mesmo entendimento é aplicado pelo Superior Tribunal de Justiça às ações civis públicas propostas por associações, em razão da "semelhança dos interesses que defendem os legitimados constantes do artigo 5º da Lei 7.347/1985"[290].

Outra questão interessante relativa ao ônus do pagamento dos honorários periciais diz respeito à hipótese de modificação do ônus da prova. Afinal, segundo o art. 343, § 2º, do CPC, o juiz poderá distribuir de forma diversa o ônus da prova, quando verificar que a prova pode ser mais facilmente produzida por uma das partes. Tanto nesse caso como na hipótese prevista no art. 6º, VIII, do CDC, a modificação do ônus da prova não implica necessariamente modificação do ônus do pagamento dos honorários periciais, como há muito entende a jurisprudência[291]. Independentemente da forma como o ônus da prova será distribuído, esse pagamento continua seguindo a regra do art. 95 do CPC.

O que poderá ocorrer – e na prática comumente ocorre – é que a parte que não tem mais o ônus da prova desista de sua produção, o que resultará na liberação do encargo de pagamento dos honorários do perito. Isso não significa, porém, que a inversão do ônus da prova gera automática inversão do ônus do pagamento dos honorários periciais. Em outras palavras, "aquele contra quem houve a inversão do ônus não é obrigado a custear honorários de perícia devendo, contudo, arcar com as consequências da não produção da prova"[292].

Por fim, em caso de perícia incompleta, o juiz poderá reduzir o valor dos honorários fixados (art. 465, § 5º, do CPC)[293]. Na mesma linha, prevê o § 2º

---

288 REsp 1.253.844/SC, 1ª Seção, rel. Min. Mauro Campbell Marques, j. 13-3-2013, *DJe* 17-10-2013.

289 AgInt no RMS 68.892/RJ, 2ª Turma, rel. Min. Francisco Falcão, j. 9-10-2023, *DJe* 11-10-2023.

290 REsp 1.478.173/RS, 2ª Turma, rel. Min. Hermann Benjamin, j. 5-11-2019, *DJe* 11-9-2020.

291 Nesse sentido: REsp 1.313.866/MG, 4ª Turma, rel. Min. Marco Buzzi, j. 15-6-2021, *DJe* 22-6-2021; AgInt no REsp 1.473.670/SP, 4ª Turma, rel. Min. Luis Felipe Salomão, j. 11-6-2019, *DJe* 18-6-2019.

292 STJ, AgInt no AREsp 1.953.714/SP, 4ª Turma, rela. Mina. Maria Isabell Galotti, j. 3-10-2022, *DJe* 7-10-2022.

293 "PROCESSUAL CIVIL. ADMINISTRATIVO. RECURSO ORDINÁRIO EM MANDADO DE SEGURANÇA. *WRIT* MANEJADO POR PERITO CONTRA ATO JUDICIAL. AÇÃO CIVIL PÚBLICA. PERÍCIA CONSIDERADA DEFICIENTE PELO JUÍZO IMPETRADO. REDUÇÃO DOS HONORÁRIOS PERICIAIS. POSSIBILIDADE. EXEGESE DO ART. 465, § 5º, DO CPC. PRE-

do art. 468 do CPC que, em caso de substituição do perito, os valores recebidos pelo trabalho não realizado deverão ser devolvidos. Afinal, os honorários representam a remuneração do perito pela análise técnica fundamental que deve realizar nos autos. Não sendo essa análise realizada, ou não sendo realizada a contento, é correto que se exija a devolução, parcial ou total, dos valores pagos.

40. Prova pericial e cooperação jurisdicional: a perícia por carta, o auxílio direto e a concertação de atos para a produção de prova pericial

O § 6º do art. 465 do CPC estabelece regra aplicável à perícia realizada "por carta". O dispositivo refere-se à previsão do art. 237 do CPC e à realização de atos processuais por meio de cartas precatórias, rogatórias ou de ordem. Tratando-se da perícia, o dispositivo autoriza que a nomeação de perito e a indicação de assistentes técnicos ocorram no juízo ao qual a perícia for requisitada.

Tem-se aí os casos em que a perícia deverá ser realizada em comarca diversa daquela em que tramita o processo, o que ocorre, em geral, pela necessidade de acesso mais facilitado à fonte de prova, seja porque se encontra em outra comarca (carta precatória), seja porque está em outro país (carta rogatória).

Já se falou, no item 18, que a produção de prova em outra comarca por carta é medida defasada, e que não se coaduna com as ferramentas atuais pos-

---

CLUSÃO PRO JUDICATO. INOCORRÊNCIA. ILEGALIDADE OU TERA-TOLOGIA INEXISTENTES. 1. Cuida-se, na origem, de mandado de segurança impetrado contra r. sentença proferida pelo Juízo de Direito da 1ª Vara Cível da Comarca de Itapevi/SP, que, em ação civil pública ajuizada pelo Ministério Público do Estado de São Paulo, homologou parcialmente o laudo pericial produzido nos autos, determinando o levantamento de apenas 81% do valor total da perícia e a devolução de eventuais valores excedentes às partes que realizaram o desembolso, ante a constatação de que a perícia não teria sido realizada em sua integralidade, porquanto quesitos deixaram de ser respondidos, ou foram respondidos apenas parcialmente pelo engenheiro *expert* (impetrante/recorrente). (...) 3. Nos termos do art. 465, § 5º, do CPC, 'Quando a perícia for inconclusiva ou deficiente, o juiz poderá reduzir a remuneração inicialmente arbitrada para o trabalho'. 4. Ao exame do conteúdo da decisão impetrada, verifica-se que seu magistrado prolator, de forma justificada, concluiu que o laudo pericial careceria de respostas, ou conteria respostas apenas parciais, relativamente a diversos quesitos apresentados ao perito, ora recorrente, que deixou de expressar fundamentação clara, precisa e congruente, não havendo, frente a esse contexto, identificar ilegalidade ou teratologia no deci-sum. 5. O § 5º do art. 465 do CPC, acima transcrito, é claro ao prescrever que a decisão do magistrado sobre eventual redução da remuneração do perito, em virtude de trabalho pericial inconcluso ou deficiente, ocorrerá em momento posterior àquele em que os honorários periciais foram inicialmente arbitrados, o que afasta, no ponto, a possibilidade de se falar em preclusão pro judicato" (RMS 65.037/SP, 1ª Turma, rel. Min. Sérgio Kukina, j. 27-4-2021, *DJe* 30-4-2021).

tas no Código para facilitar a prática de atos processuais por juízos diversos. A crítica, que lá evidenciou a possibilidade de utilização das ferramentas de cooperação previstas nos arts. 67 a 69 do CPC para viabilizar a oitiva de testemunha em outra comarca, igualmente se aplica aqui, de modo a orientar uma produção de prova pericial mais adequada na perspectiva da eficiência e da efetividade do processo. Retoma-se aqui tudo o que se discorreu naquele item sobre a teoria da cooperação judiciária, inclusive interinstitucional.

No caso da perícia, seria possível pensar na utilização dessa ferramenta para viabilizar a produção da prova em outra comarca ou outro país, sem a necessidade de expedição de carta precatória ou rogatória. A forma é livre. Qualquer meio pode ser utilizado, desde que efetivo para a obtenção do resultado que, no caso, será a produção da prova pericial. A este caso se aplica, justamente, o que prevê o § 6º do art. 465 do CPC: o juízo que solicita a produção da prova pede um auxílio direto ao juízo do local onde a prova deverá ser produzida, possibilitando que o perito e os assistentes sejam nomeados nessa comarca, mas sem que seja necessária a expedição de carta.

Na mesma linha, é muito recomendável que se aplique à prova pericial a ferramenta da concertação de atos, quando se estiver diante de fato técnico que se repita em inúmeras ações, em trâmite perante juízos diversos.

Passados alguns anos da edição do Código, uma das mais comuns aplicações dessas ferramentas tem sido, justamente, para a produção única de provas periciais, em especial em casos afetos a questões envolvendo unidades imobiliárias. A ferramenta aplicável a esses casos é a da concertação de atos que, diversamente do que ocorre no caso de auxílio direto, não delega a competência para a prática do ato a outro juízo (caso em que se aplicaria a previsão legal ora em comento), mas permite um compartilhamento de competências, para que seja possível a produção de uma única prova pericial relativa a fato que se repete em inúmeros casos semelhantes[294].

Por exemplo, os Juízos da 1ª, 2ª e 4ª Varas Cíveis da Comarca de Campos dos Goytacazes/RJ realizaram ato cooperativo no Processo Piloto 0024167-05.2021.8.19.0014 e todos os demais com mesma causa de pedir e pedidos que tramitam nos juízos cooperantes, para disciplinar a cooperação judiciária envolvendo os atos necessários para a produção de prova pericial única em todos os processos relativos às ações ajuizadas pelos moradores de determinado conjunto residencial, em que se discute má qualidade da água fornecida às unidades imobiliárias, que não seria potável e ostentaria forte cheiro de cloro, além de cor amarelada.

---

294 Sobre esta aplicação específica da concertação: PASCHOAL, Thaís Amoroso. *Coletivização da prova*, p. 204.

Também se tem notícia de ato cooperativo tendo por objetivo reunir processos relativos a vícios construtivos em imóveis de um mesmo empreendimento do Programa "Minha Casa Minha Vida", viabilizar a produção de provas e julgar conjunto das ações em trâmite na Subseção Judiciária de Feira de Santana. O caso foi analisado no XII FPPC, resultando na aprovação do caso como exemplo de boa prática relativa ao tema da cooperação judiciária nacional. No ato conjunto realizado, foi estipulada também a padronização de quesitos para perícias de engenharia a serem realizadas nas unidades[295].

A produção única de prova pericial por meio de ferramentas cooperativas foi objeto da Recomendação n. 16/2023 do Conselho da Justiça Federal. A orientação previu a adoção de fluxo processual único e padronização de quesitos para a realização de prova pericial nas ações judiciais em que se discutem vícios construtivos em imóveis do Programa Minha Casa Minha Vida[296].

Para muito além da realização de perícia por carta, as ferramentas cooperativas permitem, de um lado, a facilitação e, de outro, a potencialização da produção dessa prova, em pelo menos duas situações: a) quando a fonte de prova estiver em outra comarca ou país, caso em que será possível lançar mão do auxílio direto, seja para a cooperação nacional (art. 69, I, do CPC), seja para a cooperação internacional (art. 30, II, do CPC); b) quando for necessária a produção de prova pericial tendo por objeto fato que se repete em inúmeras ações, mesmo que em trâmite perante juízos de competência material diversa, caso em que será aplicável a ferramenta da concertação de atos (art. 69, IV e § 2º, do CPC).

Art. 466. O perito cumprirá escrupulosamente o encargo que lhe foi cometido, independentemente de termo de compromisso.

---

295 "(Grupo: Cooperação judiciária nacional; XII FPPC-Brasília) Descrição: O Ato Conjunto n. 002/2021 – SSJ/FSA disciplina a cooperação judiciária envolvendo processos individuais relacionadas a vícios construtivos em imóveis do Programa Minha Casa Minha Vida – Faixa 1 (PMCMV) em curso perante as unidades jurisdicionais da Subseção Judiciária de Feira de Santana. Por meio dele, se estabelece que os juízes cooperantes promoverão a redistribuição dos processos em curso, a fim de que as ações relativas a um mesmo empreendimento passem a tramitar perante um mesmo juízo. A atribuição dos empreendimentos a cada vara foi feita por sorteio, observada, na medida do possível, a redistribuição equânime de processos, com o saldo de processos redistribuídos compensado com novas ações na distribuição. Prevê ainda a padronização de quesitos para perícias de engenharia e o controle para evitar designações concomitantes de peritos" (DIDIER JR., Fredie et al. *Rol de enunciados e repertório de boas práticas processuais do Fórum Permanente de Processualistas*, p. 99).

296 Para acesso à íntegra do documento: https://www10.trf2.jus.br/portal/wp-content/uploads/sites/28/2023/05/recomendacao-n-16.pdf.

§ 1º Os assistentes técnicos são de confiança da parte e não estão sujeitos a impedimento ou suspeição.

§ 2º O perito deve assegurar aos assistentes das partes o acesso e o acompanhamento das diligências e dos exames que realizar, com prévia comunicação, comprovada nos autos, com antecedência mínima de 5 (cinco) dias.

CPC de 1973 – art. 422

41. O perito e a produção cuidadosa da prova pericial

Já se disse que a prova pericial é necessária sempre que a causa de pedir versar sobre questões técnicas que exijam conhecimentos especializados. O perito é o auxiliar da justiça nomeado especialmente para aclarar os pontos controvertidos relativos a essas questões. Para tanto, o Código prevê, no *caput* do art. 466, o cumprimento *escrupuloso* do encargo, devendo o perito esmerar--se em responder de forma zelosa e idônea todos os quesitos apresentados, além de aclarar outras questões técnicas que, para além dos quesitos, possam mostrar--se necessárias.

Caso entenda que sua parcialidade está comprometida, o que pode prejudicar o cumprimento escrupuloso do encargo, o perito tem o dever de declarar-se impedido e recusar o trabalho (art. 467 do CPC). As partes também poderão impugnar o perito, caso encontrem fundamento que indique sua suspeição ou impedimento (arts 465, § 1º, I; 144, 145 e 148, II, do CPC). Remete-se aqui a tudo o que se afirmou no item 36 deste livro.

Da mesma forma, o perito deve estar atento a quaisquer *bias* que possam distorcer sua percepção dos fatos e orientar de forma indevida as conclusões periciais, em especial quando se tratar de sujeitos processuais que façam parte de grupos minoritários. Questões como gênero, raça e classe social deverão ser levadas em conta para evitar que certos vieses possam prejudicar indevidamente uma parte vulnerável.

O perito responderá pelos prejuízos que causar à parte caso, por dolo ou culpa, preste informações inverídicas nos autos, ficando, ainda, inabilitado para atuar em outras perícias no prazo de dois a cinco anos, independentemente das demais sanções previstas em lei. Nesse caso, o juiz deverá comunicar o fato ao respectivo órgão de classe, para adoção das medidas que entender cabíveis (art. 158 do CPC).

O dispositivo isenta o perito da assinatura de termo de compromisso, de modo que a simples aceitação do encargo constitui o compromisso assumido perante o Judiciário para elaboração escrupulosa do laudo pericial e a prática de todos os demais atos necessários ao bom cumprimento do dever assumido. Afinal, a correção e o zelo que devem orientar a condução da prova pericial são ínsitos à qualidade do perito, enquanto auxiliar da Justiça. Para esses sujeitos, é de fato desnecessária a exigência de termo de compromisso.

42. Os assistentes técnicos

Ao contrário do perito, sujeito imparcial, os assistentes técnicos auxiliam as partes na análise e compreensão das questões técnicas. São o olhar técnico das partes no processo, munindo-as do conhecimento técnico necessário para o correto acompanhamento da prova pericial produzida, em todas as suas etapas, e orientando-as quanto a todas as questões técnicas do processo. Sendo assim, e ao contrário do perito, não são a eles aplicáveis as causas de impedimento ou suspeição, considerando sua natural parcialidade.

Os assistentes técnicos devem ser indicados tão logo sejam as partes intimadas do deferimento da perícia e nomeação do perito, no prazo de 15 dias, conforme previsto no art. 465 do CPC, e poderão acompanhar toda a produção da prova, desde a elaboração dos quesitos até a manifestação sobre o laudo, incluindo a apresentação de parecer técnico e eventual oitiva do perito em audiência (art. 361, I, do CPC).

Em caso de perícia complexa, ou seja, aquela em que se mostra necessária a nomeação de mais de um perito de especialidades diversas, as partes também terão o direito de nomear mais de um assistente técnico, de acordo com a especialidade necessária à compreensão dos pontos controvertidos (art. 475 do CPC).

Segundo o art. 95 do CPC, a parte deverá adiantar as despesas de seu assistente técnico. Isso não impede, porém, sua inclusão nos ônus de sucumbência, para que sejam pagos ao final, pela parte vencida. A jurisprudência entende que os honorários do assistente técnico integram o conceito de despesas processuais, razão pela qual podem ser incluídos na sucumbência, sendo pagos pela parte vencida. O Tribunal de Justiça do Rio de Janeiro já manifestou esse entendimento reiteradas vezes[297], inclusive em caso no qual a parte era

---

297 Agravo de Instrumento 0063075-08.2023.8.19.0000, 6ª Câmara de Direito Público, rela. Desa. RENATA SILVARES FRANÇA FADEL, j. 10-10-2023, *DJe* 17-10-2023; Agravo de Instrumento 0071647-84.2022.8.19.0000, 11ª Câmara Cível, rel. Des. JEAN ALBERT DE SOUZA SAADI, j. 4-5-2023, *DJe* 9-5-2023. Também o STJ: "AGRAVO INTERNO EM RECURSO ESPECIAL. CUMPRIMENTO DE SENTENÇA. REMUNERAÇÃO DO ASSISTENTE TÉCNICO CONTRATADO PELO VENCEDOR DA DEMANDA. 1. Em cumprimento de sentença, é admitida a inclusão de honorários do assistente técnico e do perito na conta de liquidação quando o dispositivo da sentença transitado em julgado condena o vencido, genericamente, ao pagamento de custas processuais (AgInt no REsp 1.750.562/RJ, Rel. Ministro Marco Aurélio Bellizze, Terceira Turma, julgado em 18.03.2019, *DJe* 22.03.2019). 2. Agravo interno não provido" (AgInt no REsp 1.568.825/SC, 4ª Turma, rel. Min. LUIS FELIPE SALOMÃO, j. 18-2-2020, *DJe* 3-3-2020).

beneficiada da assistência judiciária gratuita, não tendo desembolsado o valor, mas tendo apresentado nos autos declaração de seu assistente técnico afirmando que aceitou realizar o trabalho e receber seus honorários apenas na fase de cumprimento da sentença[298].

43. A perícia e a interação colaborativa entre os sujeitos envolvidos na produção da prova: a participação dos assistentes técnicos

A prova pericial, como todas as provas no processo, deverá ser produzida com ampla participação dos sujeitos processuais. Reitera-se, na linha do que já se afirmou no item 1.3, a relevância do contraditório durante todo o procedimento probatório, da determinação da prova até sua valoração e decisão sobre os fatos.

Além das partes e do juiz – que participam diretamente da prova na formulação de quesitos principais e suplementares (arts. 465, § 1º, III, e 469 do CPC), acompanhamento da prática de todos os atos, manifestação sobre o laudo (art. 477, § 1º, do CPC), formulação de dúvidas (art. 477, § 2º, do CPC) e arguição do perito em audiência (art. 477, § 3º, do CPC) –, a participação dos assistentes técnicos é fundamental para o desenrolar adequado da prova. Não por outra razão, o art. 474 do CPC garante às partes a ciência da data e local de início dos trabalhos periciais, de modo a viabilizar que os assistentes técnicos acompanhem as diligências desde o início. Esses dispositivos devem ser lidos em conjunto, evidenciando a necessidade de que se permita a ampla participação das partes e seus assistentes técnicos durante toda a produção da prova. Afinal, se o perito garante o olhar técnico sobre os fatos, na impossibilidade de uma análise técnica pelo juiz, os assistentes técnicos cumprem papel

---

298 De acordo com o art. 82, § 2º, do CPC, "Salvo as disposições concernentes à gratuidade da justiça, incumbe às partes prover as despesas dos atos que realizarem ou requererem no processo, antecipando-lhes o pagamento, desde o início até a sentença final ou, na execução, até a plena satisfação do direito reconhecido no título. Os honorários devidos ao assistente técnico estão inseridos no conceito de despesa, por força de expressa previsão legal. Confira-se: Art. 84. 'As despesas abrangem as custas dos atos do processo, a indenização de viagem, a remuneração do assistente técnico e a diária de testemunha'. Assim como ocorre com as custas, na hipótese em que é deferida a justiça gratuita, o autor fica desobrigado de adiantar a despesa, sob pena de dificultar o exercício do direito de ação (...) Essa é justamente a hipótese dos autos, pois o agravado é beneficiário da gratuidade de justiça e, de fato, não adiantou os honorários, contudo, apresentou declaração do assistente técnico anuindo com o pagamento da verba na fase de cumprimento de sentença. Ademais, o valor dos honorários sequer foi impugnado pela parte contrária no momento oportuno" (TJRJ, Agravo de Instrumento 0045679-18.2023.8.19.0000, 5ª Câmara de Direito Privado, rel. Des. Agostinho Teixeira de Almeida Filho, j. 29-11-2023, *DJe* 1-12-2023).

semelhante, mas na perspectiva das partes, constituindo seus olhares técnicos no processo.

A atuação desses sujeitos deve ser colaborativa, em atenção ao art. 6º do CPC. Não é demais lembrar que o princípio da cooperação atende à concepção de que o processo deve revestir-se dos instrumentos e garantias necessárias à concretização do direito material, refletindo as bases do regime democrático[299]. É nessa concepção atual de processo que se funda o modelo cooperativo, que vê na colaboração[300] a prestação de uma tutela jurisdicional que atenda adequadamente os direitos fundamentais.

Em especial, o princípio da cooperação, em sua vertente dialógica, impõe a concretização no processo do princípio do contraditório, compreendido em seu sentido substancial, enquanto exercício efetivo do direito de influenciar a formação do convencimento, mas, notadamente, dever imposto ao órgão julgador de agir de forma a suscitar e possibilitar o constante debate no processo.

No que se refere aos sujeitos processuais (partes e juiz) e sua participação na prova pericial, isso significa uma atuação dialógica[301] desde a definição da necessidade da prova pericial até a produção da prova, em todas as etapas que a envolvem. Havendo dúvidas postas pelas partes ou pelo assistente técnico, caberá ao perito prestar os devidos esclarecimentos (art. 477, § 2º, do CPC).

No que toca ao perito e aos assistentes técnicos, essa interação deve ser igualmente orientada por um diálogo adequado, que viabilize a correta condução dos atos necessários à solução das questões técnicas[302]. Cabe aos assisten-

---

299 DINAMARCO, Cândido Rangel. *A instrumentalidade do processo*, p. 25.

300 "Não se trata, portanto, de uma concretização episódica e restrita: a colaboração conforma todo o novo processo civil brasileiro", permeando "a estruturação de todo o procedimento comum: da formação do mérito da causa ao escoamento das vias recursais, a colaboração determina o novo equilíbrio de forças no processo civil brasileiro" (MITIDIERO, Daniel. *Colaboração no processo civil*, p. 108). Para FREDIE DIDIER JR., a colaboração "é fonte direta de situações jurídicas ativas e passivas, típicas e atípicas, para todos os sujeitos processuais, inclusive para o órgão jurisdicional" (DIDIER JR., Fredie. *Fundamentos do princípio da cooperação no direito processual civil português*. Coimbra: Coimbra Editora, 2010. p. 109).

301 "O contraditório, atualmente, tem uma dimensão maior, passando a ostentar uma noção mais ampla de contraditoriedade. Tal noção deve ser entendida como garantia de efetiva participação das partes no desenvolvimento de todo o litígio, mediante a possibilidade de influírem, em igualdade de condições, no convencimento do magistrado, contribuindo na descrição dos fatos, na produção de provas e no debate das questões de direito" (CUNHA, Leonardo Carneiro da. O princípio do contraditório e a cooperação no processo. *Revista Brasileira de Direito Processual – RBDPro*, Belo Horizonte, jul.-set. 2012, p. 148).

302 GISELE CÂMARA GROENINGA, discorrendo sobre casos de direito de família, destaca que "a relação entre o Assistente Técnico e o Perito deve ser de colaboração, pau-

tes acompanhar a produção da prova e dialogar com o perito durante todo o fluxo probatório, sendo imprescindível que o perito informe os assistentes técnicos, com antecedência mínima de cinco dias, de todas as diligências e exames que realizar, com prévia comunicação comprovada nos autos, com antecedência mínima de cinco dias, garantindo-lhes o devido acesso a todas as informações que permearem a elaboração do laudo pericial.

Essa previsão é fundamental para que se respeite o contraditório durante a produção da prova, em especial a respeito de eventuais documentos ou informações que não constem nos autos, mas sejam utilizadas para a confecção do laudo. Ver, a esse respeito, os comentários ao art. 473 do CPC.

Veja-se que, além da comunicação sobre o início dos trabalhos periciais, prevista no art. 474 do CPC, o dispositivo ora comentado prevê que os assistentes técnicos das partes devem ser comunicados de cada diligência realizada durante a produção da prova. Significa dizer que todo e qualquer ato praticado pelo perito para viabilizar a elaboração do laudo, desde a coleta de documentos até a realização de visitas técnicas, deve ser comunicado aos assistentes.

Sobre o ponto, o Superior Tribunal de Justiça já considerou nula perícia que tinha por objeto o exame da alteração de área expropriada que exigiu a realização de novo laudo definitivo pelo perito judicial, com a realização de novas diligências. Embora o perito houvesse informado os assistentes técnicos sobre as diligências realizadas anteriormente, deixou de cientificá-los acerca dessa nova diligência, o que resultou no reconhecimento da nulidade da prova[303].

O perito pode, igualmente, reunir-se com as partes e/ou seus assistentes técnicos para obter esclarecimentos ou informações necessárias à solução dos pontos controvertidos de fato. A esse respeito, o STJ já decidiu que a previsão do art. 466, § 2º, do CPC "não impede que o perito ouça uma das partes

---

tada na ética e no conhecimento técnico, o que não quer dizer que eles devam necessariamente concordar". Considerando que se trata de "questões altamente subjetivas, em que vários olhares devem somar à compreensão da dinâmica familiar", a posição privilegiada do assistente técnico em termos de carga de trabalho e acesso às partes pode incentivar o aporte de dados a que o perito não tenha acesso, podendo, ainda, "contribuir com uma interpretação que some àquela do perito". Conclui a autora ser "fundamental que se imprima uma dinâmica de colaboração entre os profissionais da Psicologia" (GROENINGA, Gisele Câmara. O papel profissional do assistente técnico na relação cliente/perito/juiz. *Cadernos Temáticos do CRP/SP*, São Paulo: CRP, v. 10 – Psicólogo Judiciário nas Questões de Família. A ética própria da Psicologia: mudanças na relação assistente técnico e perito. p. 23).

303 AgInt no AREsp 1.465.818/SP, 2ª Turma, rel. Min. ASSUSETE MAGALHÃES, j. 23-8-2019.

COMENTÁRIOS AO CÓDIGO DE PROCESSO CIVIL V. VIII

isoladamente, desde que à outra seja dada oportunidade de com ele se comunicar o que, conforme afirma o aresto recorrido, foi garantido"[304].

O constante diálogo entre todos os sujeitos interessados na produção da prova é fundamental para sofisticar sua produção e viabilizar sua utilização, no processo ou mesmo para além dele. É que a produção da prova com garantia do efetivo contraditório pode autorizar o empréstimo da prova contra aquele que participou de sua produção, mesmo em hipóteses em que se defende a produção e o aproveitamento coletivo de uma prova[305].

> **Art. 467.** O perito pode escusar-se ou ser recusado por impedimento ou suspeição.
>
> **Parágrafo único.** O juiz, ao aceitar a escusa ou ao julgar procedente a impugnação, nomeará novo perito.

CPC de 1973 – art. 423

44. Escusa do perito

O perito poderá, no prazo de 15 dias de sua intimação, ou da ocorrência do fato que venha a gerar sua suspeição ou impedimento supervenientes, escusar-se do encargo. Embora esse dispositivo sugira que a escusa somente poderia fundamentar-se em causa de impedimento ou suspeição, é fundamental que seja interpretado de forma sistemática com a previsão do art. 157 do CPC, que fala em "motivo legítimo" para a escusa. Sendo assim, qualquer motivo que o perito considere legítimo poderá justificar sua escusa para o trabalho ao qual foi nomeado, ainda que o § 1º do mesmo art. 157 do CPC, ao tratar do prazo para a escusa, considere apenas os motivos de impedimento ou suspeição.

O mesmo art. 157 do CPC prevê que o prazo seria preclusivo, indicando que, caso a escusa não seja realizada no prazo, haverá renúncia ao direito a alegá-la. Essa regra, porém, não impede que o perito reconheça seu impedimento ou suspeição posteriormente, ou mesmo que se retire dos trabalhos alegando outro motivo legítimo. Nesse caso, porém, serão a ele aplicadas todas as penalidades para o descumprimento do encargo, previstas nos arts. 465, § 5º, e 468, §§ 1º a 3º, salvo, é claro, se demonstrar que o motivo que fundamenta sua escusa é superveniente.

Embora caiba ao juiz analisar a escusa apresentada pelo perito, é muito recomendável que, sempre que o perito a manifeste, haja sua substituição. É

---

304 REsp 1.931.969/SP, 3ª Turma, rel. Min. RICARDO VILLAS BOAS CUEVAS, j. 8-2-2022, *DJe* 11-2-2022.

305 Sobre o tema: PASCHOAL, Thaís Amoroso. *Coletivização da prova*, p. 316-327.

isso, aliás, o que costuma ocorrer na prática. Luiz Guilherme Marinoni e Sérgio Cruz Arenhart assim se posicionam, ressaltando, porém, que o juiz poderá entender que o motivo apresentado pelo perito não é legítimo, caso em que poderá obrigá-lo a realizar a prova, sob pena das sanções do art. 77, §§ 1º e 2º, do CPC[306].

No mais, o perito também poderá ser recusado pelas partes em razão de seu impedimento ou suspeição, no prazo de 15 dias de sua intimação sobre a nomeação do perito (art. 465, § 1º, I, do CPC). Remete-se aqui a tudo o que foi dito no item 36 deste trabalho. Segundo a previsão do art. 156, § 4º, do CPC, a verificação de eventual impedimento ou motivo de suspeição do perito poderá contar com informações sobre os nomes e dados de qualificação dos profissionais, fornecidas pelo respectivo órgão técnico ou científico.

Caso isso ocorra, o procedimento a ser seguido é aquele previsto no art. 148 do CPC para a arguição de motivos de impedimento ou suspeição. Sendo assim, a parte interessada deverá arguir o impedimento ou a suspeição em petição fundamentada e devidamente instruída com as provas do motivo alegado, na primeira oportunidade em que lhe couber falar nos autos (§ 1º). O incidente, que não gera a suspensão do processo, será processado em separado, intimando-se o perito para, no prazo de 15 dias, manifestar-se e produzir as provas necessárias (§ 2º). Caso decida pelo acolhimento da alegação, o juiz determinará a substituição do perito. Caso a rejeite, será dado seguimento ao procedimento para produção da prova. A decisão não é agravável (art. 1.015 do CPC), podendo ser impugnada apenas nas razões ou contrarrazões de apelação (art. 1.009, § 1º, do CPC), muito embora seja defensável a aplicação do entendimento firmado pelo STJ no Recurso Especial 1.704.520/MT (tema 988 dos recursos repetitivos), dada a "urgência decorrente da inutilidade do julgamento da questão no recurso de apelação"[307], considerando-se os prejuízos que a produção de prova pericial por perito impedido ou suspeito pode acarretar ao processo.

> **Art. 468.** O perito pode ser substituído quando:
>
> **I** – faltar-lhe conhecimento técnico ou científico;
>
> **II** – sem motivo legítimo, deixar de cumprir o encargo no prazo que lhe foi assinado.
>
> **§ 1º** No caso previsto no inciso II, o juiz comunicará a ocorrência à corporação profissional respectiva, podendo, ainda, impor multa ao perito, fixada tendo em vista o valor da causa e o possível prejuízo decorrente do atraso no processo.

---

306 Arenhart, Sérgio Cruz; Marinoni, Luiz Guilherme. *Comentários ao Código de Processo Civil*, p. 499.

307 REsp 1.704.520/MT, Corte Especial, rel. Min. Nancy Andrighi, j. 5-12-2018, *DJe* 19-12-2018.

COMENTÁRIOS AO CÓDIGO DE PROCESSO CIVIL V. VIII

§ 2º O perito substituído restituirá, no prazo de 15 (quinze) dias, os valores recebidos pelo trabalho não realizado, sob pena de ficar impedido de atuar como perito judicial pelo prazo de 5 (cinco) anos.

§ 3º Não ocorrendo a restituição voluntária de que trata o § 2º, a parte que tiver realizado o adiantamento dos honorários poderá promover execução contra o perito, na forma dos arts. 513 e seguintes deste Código, com fundamento na decisão que determinar a devolução do numerário.

CPC de 1973 – art. 424

45. A substituição do perito

Algumas situações justificam a substituição do perito nomeado pelo juiz. Cabe às partes, diante de qualquer uma delas, impugnar o perito nomeado, apresentando pedido fundamentado. Também poderá o juiz determinar a substituição de ofício.

Assim, segundo o art. 468 do CPC, o perito poderá ser substituído quando se constatar que não possui conhecimento técnico ou científico, ou quando, sem motivo legítimo, deixar de cumprir o encargo no prazo que lhe foi assinado. Em ambos os casos, se tratará de motivo aferido a partir da atuação do perito, que poderá revelar a falta de conhecimentos técnicos necessários à perícia. Em geral, isso se revela a partir da ausência de resposta a determinados quesitos, evidenciando que a análise técnica não foi adequadamente realizada porque o perito não tinha os conhecimentos técnicos necessários para tanto. Para tentar evitar esse tipo de situação é que se mostra necessária uma acurada análise da especialidade do perito, no momento de sua nomeação (art. 465 do CPC). Quanto antes se aferir que o perito nomeado não tem a especialidade necessária para a realização da perícia, menos se comprometerá a razoável duração do processo. É fato, porém, que muitas vezes é somente no momento da realização da prova que essa incapacidade técnica poderá ser verificada[308].

---

308 "(...) a norma do art. 424, I, do CPC estabelece hipótese abrangente de substituição do perito quando 'carecer de conhecimento técnico ou científico', o que significa que a substituição poderá se dar não só por discussão quanto à qualificação técnica, formal, do perito, como acima já referido, mas também por deficiente desempenho constatado nos trabalhos periciais que apresenta ao julgador. Nessa última hipótese, que diz respeito à dinâmica dos trabalhos periciais, somente após o exercício do mister pelo técnico nomeado é que poderá a parte prejudicada apresentar impugnação, na primeira oportunidade que falar nos autos. Trata-se de impugnação da qualidade técnica ou científica dos trabalhos apresentados pelo perito, e não da qualificação formal desse profissional. Por isso mesmo, somente no decorrer da colheita da prova pericial é que pode ser arguida a questão" (REsp 1.175.317/RJ, 4ª Turma, rel. Min. RAUL ARAÚJO, j. 7-5-2013, *DJe* 26-3-2014).

CPC/2015, ART. **468**

A outra hipótese de substituição do perito diz respeito à ausência de entrega do laudo no prazo fixado no momento da organização da prova (art. 465 do CPC), desde que sem justificativa. Lembrando que é possível que o perito pleiteie a prorrogação do prazo para entrega do laudo uma única vez, o que poderá ser concedido, desde que o novo prazo não exceda metade do prazo originalmente concedido (art. 476 do CPC). Caso isso não ocorra, ou, mesmo diante da prorrogação, o trabalho não seja finalizado, poderá ser determinada sua substituição.

O não cumprimento do encargo, neste caso, poderá ser parcial, caso em que o trabalho já realizado poderá ser considerado, e apenas uma parte dos honorários recebidos seja devolvida. A jurisprudência do STJ já decidiu ser possível, para a lisura da prova e do processo, a substituição dos peritos no curso de perícia, mesmo que apenas para esclarecimentos suplementares, caso em que os trabalhos inicialmente elaborados, ainda que incompletos, poderão ser considerados válidos. Nesse caso, o novo profissional nomeado terá apenas que complementar o trabalho já realizado[309].

Embora o dispositivo não preveja, a jurisprudência entende que o perito poderá ser substituído também em caso de quebra de confiança do juízo que o nomeou[310]. O mesmo entendimento deve ser aplicado ao perito escolhido pelas partes (art. 471 do CPC)[311].

Nesse caso, o juiz comunicará o fato à corporação profissional respectiva, podendo impor multa ao perito, fixada com base no valor da causa e no possível prejuízo decorrente do atraso no processo.

Caso venha a ser substituído, o perito deverá restituir os valores recebidos pelo trabalho não realizado no prazo de quinze dias, sob pena de ficar impedido de atuar como perito judicial pelo prazo de cinco anos e poder sofrer a execução dos valores pela parte que tiver realizado o adiantamento dos honorários, seguindo o procedimento dos arts. 513 e seguintes do CPC. Como já se disse, a restituição levará em conta a total ou parcial não realização do trabalho.

Embora o dispositivo não preveja, a substituição do perito poderá ter como motivação também seu impedimento ou sua suspeição, nos casos previstos nos arts. 144 e 145 do CPC, caso reconhecidos após o início dos trabalhos periciais. Nesse caso, constatando-se que o motivo de impedimento ou suspeição não é

---

309 AgInt no AREsp 629.939/RJ, 3ª Turma, rel. Min. RICARDO VILLAS BÔAS CUEVA, j. 12-6-2018, *DJe* 19-6-2018.

310 AgInt no AREsp 629.939/RJ, 3ª Turma, rel. Min. RICARDO VILLAS BÔAS CUEVA, j. 12-6-2018, *DJe* 19-6-2018.

311 BRAGA, Paula Sarno. Da prova pericial, p. 1.184.

superveniente, já existindo à época da nomeação e aceita do encargo, todas as penalidades previstas nesse dispositivo poderão ser aplicadas ao perito.

Não há que se confundir a substituição do perito nessas hipóteses com eventual designação de nova perícia (art. 480 do CPC), nos casos em que a perícia realizada for insuficiente à solução dos pontos controvertidos. Nesse caso, como se verá mais adiante, o laudo pericial realizado pelo primeiro perito designado permanecerá nos autos, sendo que a nova perícia auxiliará na compreensão das questões fáticas, a partir da análise de ambos os laudos. O que poderá ocorrer nesta situação é a redução do valor da remuneração do perito, se a nova perícia for determinada por se constatar que a primeira perícia foi inconclusiva ou deficiente (§ 5º).

> **Art. 469.** As partes poderão apresentar quesitos suplementares durante a diligência, que poderão ser respondidos pelo perito previamente ou na audiência de instrução e julgamento.
>
> **Parágrafo único.** O escrivão dará à parte contrária ciência da juntada dos quesitos aos autos.

CPC de 1973 – art. 425

46. Os quesitos suplementares

Como já se destacou, em atenção ao contraditório e à previsão do art. 466, § 2º, do CPC, as partes serão intimadas, por seus assistentes técnicos, para acompanhamento das diligências e exames realizados pelo perito. Durante a diligência, poderão ser apresentados quesitos suplementares, ou seja, questões técnicas que se mostrem necessárias para complementar a análise pericial, a depender da evolução dos trabalhos realizados. Obviamente, também ao juiz é autorizada essa apresentação.

São, portanto, uma ferramenta essencial para viabilizar o amplo diálogo durante a produção da prova. É fundamental que o acompanhamento da perícia seja realizado pelas partes e/ou seus assistentes técnicos, e que durante as atividades realizadas sejam formulados quesitos que possam auxiliar na elucidação de pontos duvidosos que surgirem no decorrer da produção da prova. Também podem servir como forma de controlar a atividade pericial, desviando o perito de condutas enviesadas ou orientando a adoção de premissas técnicas adequadas para se chegar às conclusões periciais. A solução desses pontos no curso da produção da prova poderá ser muito mais efetiva do que se apontados apenas após a apresentação do laudo, quando todas as conclusões já foram obtidas a partir das premissas adotadas pelo perito. A reversão dessas conclusões, eventualmente tomadas a partir de vieses ou premissas técnicas equivocadas, pode se revelar muito mais difícil nesse contexto.

Os quesitos suplementares não se confundem com quesitos de esclarecimento. Enquanto aqueles são apresentados durante a realização da perícia e antes, portanto, da apresentação do laudo pericial em juízo, os quesitos de esclarecimento são formulados pelas partes no prazo de quinze dias para manifestação sobre o laudo (art. 477, § 2º, do CPC), após o laudo ser protocolado aos autos, portanto[312]. Caso não solicitados, opera-se a preclusão[313].

Substancialmente, a principal diferença entre eles reside no fato de que, mais do que apenas aclarar pontos obscuros, os quesitos suplementares têm caráter complementar aos quesitos inicialmente apresentados, enquanto os quesitos de esclarecimento são meras dúvidas apresentadas pelas partes. É por isso que a jurisprudência considera legal o indeferimento de quesitos suplementares apresentados somente após a juntada do laudo aos autos[314].

Na medida em que não representam quesitos novos, os quesitos suplementares não podem, em regra, resultar em aumento do valor dos honorários periciais. Afinal, terão por objetivo apenas complementar a análise já realizada pelo perito. Caso, porém, acabem por elevar consideravelmente o volume do trabalho pericial, poderá ser ponderado, caso a caso, um possível aumento proporcional no valor dos honorários. Como já se demonstrou (item 39), há decisões que entendem que, nesses casos, os honorários complementares devem ser arcados pela parte que formulou os quesitos suplementares. Há, de todo modo, entendimento no sentido de que, manifestando a parte contrária interesse nos quesitos suplementares, deverão ser rateadas eventuais despesas deles decorrentes.

---

312 LUIZ GUILHERME MARINONI e SÉRGIO CRUZ ARENHART lembram que os quesitos suplementares podem ser apresentados até a conclusão da perícia (até a apresentação do laudo pericial). Excepcionalmente, podem ser apresentados após, mas então na forma de quesitos de esclarecimento, caso em que serão respondidos em quinze dias ou na audiência de instrução e julgamento (MARINONI, Luiz Guilherme; ARENHART, Sérgio Cruz. *Prova e convicção*, p. 900). Embora não os diferenciando conceitualmente, PAULA SARNO BRAGA afirma que o momento e a forma de resposta aos quesitos suplementares variarão, a depender do momento em que apresentados. Assim, se apresentados durante a elaboração do laudo, deverão ser respondidos no seu bojo. Se, porém, forem apresentados após, serão respondidos em uma espécie de laudo complementar, ou na audiência de instrução e julgamento (BRAGA, Paula Sarno. Da prova pericial, p. 1.185).

313 "A decisão de indeferimento de outros esclarecimentos do perito quando a própria parte não pugna por eles a tempo está em consonância com o ordenamento vigente, pela própria aplicabilidade da preclusão de fases no processo" (AgInt no AREsp 2.185.522/SC, 4ª Turma, rel. Min. MARIA ISABEL GALLOTTI, j. 2-10-2023, *DJe* 5-10-2023).

314 Nesse sentido: AREsp 2.406.264, rel. Min. MOURA RIBEIRO, *DJe* 17-10-2023; AgInt no AREsp 1.057.631/RJ, 4ª Turma, rela. Mina. MARIA ISABEL GALLOTTI, j. 15-3-2018, *DJe* 20-3-2018.

COMENTÁRIOS AO CÓDIGO DE PROCESSO CIVIL v. VIII

Mesmo a parte que não tenha apresentado quesitos anteriormente ao início da perícia poderá apresentar quesitos suplementares, desde que sejam, de fato, complementares, e não tenham o condão de suprir a falta dos quesitos principais que deixaram de ser apresentados.

Assim como ocorre com os quesitos inicialmente apresentados (art. 470, I, do CPC), também os quesitos suplementares são passíveis de controle pelo juiz, em especial quando evidenciarem intenção protelatória da parte[315] ou quando tiverem por objeto questões novas que possam ampliar indevidamente o objeto da perícia. Nessa linha, o STJ já manteve decisão que indeferiu quesitos suplementares que visavam à exploração de "novos temas"[316]. Basicamente, assim como ocorre com as decisões sobre a admissibilidade da prova pericial, a jurisprudência entende que cabe ao juiz, de forma discricionária, analisar a pertinência desses quesitos[317].

Com efeito, os quesitos suplementares não são propriamente quesitos novos. Significa dizer que sua apresentação não pode servir de fundamento para a apresentação de quesitos que poderiam ter sido apresentados no momento oportuno (art. 465, § 1º, III, do CPC) e não o foram. Muito diferente disso, trata-se de quesitos que se mostram necessários conforme a evolução dos trabalhos periciais, para sanar dúvidas eventualmente surgidas durante a elaboração do laudo e a resposta aos quesitos formulados inicialmente.

A parte contrária deve ter acesso aos quesitos suplementares apresentados, sendo intimada tão logo venham aos autos. O Superior Tribunal de Justiça, porém, já afastou alegação de nulidade em razão da ausência de intimação da parte contrária neste caso, pela falta de demonstração de prejuízo[318].

Tratando-se de dúvidas formuladas durante a elaboração do laudo, que poderão complementar as respostas aos quesitos inicialmente formulados, o

---

315 "I. Conquanto seja assegurado à parte apresentar quesitos suplementares, essa faculdade deve ser apreciada com atenção, a fim de se evitar ações procrastinatórias, que retardem a marcha processual. II. Caso em que, tendo sido elaborado um primeiro laudo pericial e, em seguida, apresentados novos quesitos suplementares, cuja resposta estava sendo elaborada pelo perito, veio a parte a requerer, uma vez mais, outros esclarecimentos, desta feita indeferidos pelo juízo singular e com razão, pois então já tardios e ensejadores de tumulto processual" (REsp 36.471/SP, rel. Min. ALDIR PASSARINHO JUNIOR, DJ 2-5-2000).

316 AgRg no REsp 1.329.159/SP, 3ª Turma, rel. Min. RICARDO VILLAS BÔAS CUEVA, j. 15-12-2015, DJe 2-2-2016.

317 "A produção de nova prova pericial ou a determinação de novos esclarecimentos pelo perito está na discricionariedade de o magistrado entender por sua necessidade, não sendo o mero inconformismo com as conclusões da prova pericial representativo de cerceamento de defesa" (AgInt no AREsp 2.185.522/SC, 4ª Turma, rela. Mina. MARIA ISABEL GALLOTTI, j. 2-10-2023, DJe 5-10-2023).

318 REsp 1.096.906/PR, 2ª Turma, rel. Min. CASTRO MEIRA, j. 4-6-2013, DJe 27-9-2013.

perito deverá responder os quesitos suplementares durante a realização das diligências para elaboração do laudo pericial. O dispositivo em comento, porém, autoriza que sejam também respondidos durante sua oitiva na audiência de instrução e julgamento. À luz das características e finalidade desses quesitos, essa previsão não nos parece fazer sentido. Afinal, os quesitos suplementares têm o importante papel de melhor orientar as atividades periciais, possibilitando a complementação de questões técnicas tão logo abordadas. Nada impede, é claro, que na audiência de instrução e julgamento sejam prestados esclarecimentos pelo perito, a fim de melhor elucidar pontos duvidosos do laudo. Mas, até para isso, é muito recomendável que as respostas aos quesitos suplementares já constem do laudo pericial, justamente por terem sido elaboradas durante a sua confecção.

> **Art. 470.** Incumbe ao juiz:
>
> **I** – indeferir quesitos impertinentes;
>
> **II** – formular os quesitos que entender necessários ao esclarecimento da causa.

CPC de 1973 – art. 426

47. A perícia e os poderes instrutórios do juiz

Os poderes instrutórios do juiz orientam a sua participação durante toda a produção probatória no processo. Não é diferente com relação à perícia. O tema já foi abordado no item 31 destes *Comentários*, em que se tratou do tema da admissibilidade da prova pericial.

Assim, com fundamento no art. 370 do CPC, além de indeferir a prova pericial (com todas as ressalvas já feitas anteriormente neste trabalho), o juiz poderá indeferir quesitos que considere inúteis ou protelatórios, sejam eles principais, suplementares ou de esclarecimento.

Além disso, e dada a necessidade de que participe ativamente de todas as provas produzidas no processo, poderá também formular quesitos que entenda necessários para o esclarecimento dos pontos controvertidos. Essa atuação é fundamental para viabilizar um adequado diálogo entre todos os sujeitos processuais e a construção dos pontos controvertidos necessários à solução do objeto do processo.

Remete-se, além dos comentários já formulados no item 31, também àqueles relativos aos quesitos e aos quesitos suplementares (itens 38 e 46). Em linhas gerais, e como já se afirmou naqueles itens, o juiz deverá indeferir quesitos que não tenham relação com o objeto da prova, ou que se refiram a especialidade diversa daquela do perito. Especificamente no que toca aos quesitos suplementares, deverá indeferir também aqueles que não tenham o condão de complementar os quesitos já apresentados, mas que caracterizem quesitos novos, ou que acabem por desviar a análise pericial de seu objeto.

> **Art. 471.** As partes podem, de comum acordo, escolher o perito, indicando-o mediante requerimento, desde que:
>
> I – sejam plenamente capazes;
>
> II – a causa possa ser resolvida por autocomposição.
>
> **§ 1º** As partes, ao escolher o perito, já devem indicar os respectivos assistentes técnicos para acompanhar a realização da perícia, que se realizará em data e local previamente anunciados.
>
> **§ 2º** O perito e os assistentes técnicos devem entregar, respectivamente, laudo e pareceres em prazo fixado pelo juiz.
>
> **§ 3º** A perícia consensual substitui, para todos os efeitos, a que seria realizada por perito nomeado pelo juiz.

CPC de 1973 – sem correspondência

48. A perícia consensual

Os negócios jurídicos processuais[319] não são propriamente uma novidade trazida pelo CPC de 2015. A figura de acordos que envolvam atos processuais, ou as faculdades, os ônus e os poderes das partes no processo, já estava presente no CPC de 1973, em previsões como a da modificação consensual do ônus da prova (art. 333, parágrafo único, do CPC de 1973), o foro de eleição (art. 111 do CPC de 1973) e a suspensão consensual do processo (art. 265, II, do CPC de 1973).

O que faz o Código de 2015 é ampliar significativamente o alcance dos negócios jurídicos processuais para, além de admitir os acordos atípicos (art. 190 do CPC), prever outros negócios processuais típicos[320]. O dispositivo em comento é uma dessas novidades.

---

319 Segundo FREDIE DIDIER JR., o negócio processual é o "fato jurídico voluntário, em cujo suporte fático se confere ao sujeito o poder de regular, dentro dos limites fixados no próprio ordenamento jurídico, certas situações jurídicas processuais ou alterar o procedimento" (DIDIER JR., Fredie. Negócios jurídicos processuais atípicos no Código de Processo Civil de 2015. *Revista Brasileira da Advocacia*, v. 1, p. 59-84, abr.-jun. 2016).

320 Sobre negócios jurídicos processuais: CABRAL, Antonio do Passo. *Convenções processuais*. 2. ed. Salvador: Juspodivm, 2018; DIDIER JR., Fredie. *Curso de direito processual civil*. Especificamente sobre negócios jurídicos processuais probatórios: MAFFESSONI, Behlua. *Convenções processuais probatórias e poderes instrutórios do juiz*. Salvador: Juspodivm, 2021.

Assim, segundo o art. 471 do CPC, as partes poderão realizar um acordo processual para escolha do perito. Ao contrário do que ocorre com o perito judicial (art. 156, § 1º, do CPC), o perito escolhido pelas partes não precisa constar do cadastro do Tribunal[321].

Essa escolha poderá ocorrer pré-processualmente, mediante a inserção de cláusula em contrato celebrado entre as partes, que deverá ser trazida aos autos por ocasião da demanda judicial. E poderá também ser realizada durante o processo, desde que em tempo suficiente para orientar a escolha do perito. Em geral, isso deverá ocorrer até o final da fase de saneamento, no momento em que as providências relativas à fase instrutória estão sendo tomadas. Nada impede que a escolha recaia sobre o perito que deverá realizar eventual segunda perícia, o que poderá ser definido posteriormente.

Os requisitos para tanto são os mesmos que orientam a celebração de qualquer acordo processual: partes capazes e possibilidade de autocomposição. Veja-se que, neste caso, não se exige a disponibilidade do direito objeto da ação, mas que se trate de direito que admita autocomposição. Afinal, os direitos indisponíveis admitem negociação[322], quando isso não resultar em renúncia ao direito material. Como já afirmamos em outra oportunidade[323], por serem escolhidos como merecedores de uma maior proteção, alguns direitos são dotados de indisponibilidade, na medida em que não poderão ser renunciados, o que, porém, não impede que sejam objeto de negociação. Inegociabilidade, portanto, não resulta em intransigibilidade[324].

---

321 Nesse sentido, DIDIER JR., Fredie. Da interdição, p. 1.187. O autor compara esse negócio com a escolha do conciliador ou mediador, que, igualmente, em se tratando de auxiliar escolhido pelas partes, não precisará constar do cadastro do Tribunal.

322 "No universo de direitos indisponíveis haverá, em muitas situações, componentes que se revelam disponíveis, e tal disponibilidade está, no mais das vezes, atrelada à sua expressão econômica, de forma que o modo de fruição destes direitos admite composição, transação e até renúncia, em cada caso e individualmente considerados. Entretanto, isto não significa dizer que tais direitos possam ser a priori suprimidos, justamente porque possuem esta natureza de ordem pública" (APRIGLIANO, Ricardo de Carvalho. *Ordem pública e processo* – o tratamento das questões de ordem pública no direito processual civil. São Paulo: Atlas, 2011. p. 18).

323 PASCHOAL, Thaís Amoroso. *Coletivização da prova*, p. 284-285.

324 "É preciso compreender que muito embora os direitos indisponíveis, em regra, não comportem alienação (e, portanto, transação), não se pode afastar aprioristicamente a possibilidade de, por via de um juízo de ponderação a respeito de proporcionalidade e de razoabilidade, admitir processos de negociação nos conflitos a seu respeito, na medida em que isto se revele, concretamente, mais vantajoso à sua própria proteção ou concretização" (VENTURI, Elton. Transação de direitos indisponíveis? *Revista de Processo*, v. 251, 2016, p. 410). Como explica JORGE REIS NOVAIS, "uma coisa é ter a titularidade de uma posição jurídica de direito fundamental e outra, perfeitamente distinta, é ter a capacidade, fáctica ou jurídica, de concreta-

COMENTÁRIOS AO CÓDIGO DE PROCESSO CIVIL V. VIII

Ao indicar o perito, as partes devem indicar seus assistentes técnicos. Embora o artigo seja omisso neste ponto, a indicação de quesitos também deverá ocorrer neste momento. Os atos seguinte seguem o procedimento previsto no Código para a produção da prova: intimação do perito para proposta de honorários e fixação de prazo para entrega do laudo.

Embora o § 2º do art. 471 do CPC preveja que a entrega do laudo pelo perito e dos pareceres pelos assistentes ocorra em prazo a ser fixado pelo juiz, nada obsta que o acordo processual já preveja todos esses pontos. Assim, ao informar o perito indicado nos autos, as partes podem também apresentar seus quesitos, bem como o prazo para entrega do laudo. Não nos parece possível que as partes decidam o valor dos honorários periciais, já que essa questão deverá ser posta pelo perito indicado, que formulará sua proposta nos autos. É possível, de outro lado, que as partes negociem a forma de pagamento dos honorários periciais, estipulando regra diversa daquela prevista no art. 95 do CPC, desde que não se trate de beneficiário da gratuidade da justiça. Também não se descarta alguma modificação no prazo para apresentação do laudo, caso se constate que aquele estipulado pelas partes é insuficiente para a realização dos trabalhos, em especial após ouvir o perito a respeito.

Seja como for, todo o procedimento da perícia poderá ser disciplinado no negócio, incluindo o calendário para sua realização. Uma vez realizado o acordo processual, não poderão as partes questionar eventual impedimento ou suspeição do perito, salvo se com base em motivo superveniente[325], incluindo-se nesse conceito tanto o fato ocorrido posteriormente ao negócio como aquele ocorrido antes, mas conhecido apenas depois, desde que o desconhecimento à época do acordo seja comprovado pela parte prejudicada. Ao mesmo tempo, a escolha consensual do perito não afasta a possibilidade de impugnação ao laudo.

A perícia consensual substitui a perícia que seria realizada por perito nomeado pelo juiz. Significa dizer que, uma vez atendidos os requisitos exigidos

---

mente invocar essa posição no exercício concreto das faculdades ou poderes que a integram" (NOVAIS, Jorge Reis. Renúncia a direitos fundamentais. *In*: MIRANDA, Jorge (org.). *Perspectivas constitucionais nos 20 anos da Constituição de 1976*. Coimbra: Coimbra, 1996. v. I, p. 282). Acerca da diferença entre indisponibilidade e intransigibilidade para fins de autocomposição coletiva, RODRIGUES, Marcelo Abelha. *Fundamentos da tutela coletiva*. Brasília: Gazeta Jurídica, 2017. p. 143.

325 Nesse sentido, o Enunciado n. 637 do Fórum Permanente de Processualistas Civis: "A escolha consensual do perito não impede as partes de alegarem o seu impedimento ou suspeição em razão de fato superveniente à escolha" (DIDIER JR., Fredie et al. *Rol de enunciados e repertório de boas práticas processuais do Fórum Permanente de Processualistas*, p. 78).

para o negócio, o juiz não poderá recusar o perito indicado pelas partes para em seu lugar nomear um perito de sua confiança. Isso não exclui, porém: a) eventual impedimento ou suspeição do perito, que deverão ser reconhecidos pelo juiz mesmo em se tratando de perito consensual; b) a determinação, pelo juiz, de segunda perícia (art. 480 do CPC), caso a perícia consensual realizada seja inconclusiva; c) o indeferimento do acordo processual caso não estejam presentes os requisitos gerais, ou se esteja diante de prejuízo a parte considerada vulnerável.

O item "c" indicado acima merece maiores considerações. Afinal, uma das questões mais relevantes quando se trata dos acordos processuais reside justamente nos limites dos negócios.

Em primeiro lugar, o dispositivo em comento deve ser interpretado em conjunto com o art. 190 do CPC. Esse dispositivo prevê, em seu parágrafo único, uma limitação para os negócios jurídicos processuais atípicos, que poderão ser objeto de controle pelo juiz "somente nos casos de nulidade ou de inserção abusiva em contrato de adesão ou em que alguma parte se encontre em manifesta situação de vulnerabilidade"[326]. Trata-se de limite que deve igualmente ser aplicado a todos os negócios típicos previstos no Código de Processo Civil[327].

Desse modo, a validade da escolha do perito poderá ser controlada pelo juiz, que deverá indeferi-la quando verificar abusividade em contrato de adesão ou prejuízo à parte que se encontre em situação de manifesta vulnerabilidade. A vulnerabilidade, como se vê, deverá ser verificada no caso concreto, não sendo presumida sequer nos casos que envolvam direito do consumidor[328]. Em outras palavras, não é vedada a celebração de negócios jurídicos processuais por consumidores, devendo eventual abusividade ser verificada no caso, desde que resultando em prejuízo ao consumidor. Mesmo para partes consideradas vulneráveis, não está vedada a celebração do negócio. Afinal, é possível vis-

---

326 Como destaca ANTONIO DO PASSO CABRAL, "a isonomia entre os convenentes deve ser um limite genérico para a validade dos acordos processuais" (CABRAL, Antonio do Passo. *Convenções processuais*, p. 365). O autor destaca que vulnerabilidade não pode ser interpretada unicamente como pobreza ou hipossuficiência econômica, podendo decorrer de "diversos fatores de natureza social, cultura, técnica (inclusive jurídica), tecnológica, econômica, o que se coloca também nas negociações dos acordos processuais" (CABRAL, Antonio do Passo. *Convenções processuais*, p. 366-367).

327 Nesse sentido, considerando que todos os negócios jurídicos processuais estão sempre sujeitos ao controle de validade judicial, MARINONI, Luiz Guilherme; ARENHART, Sérgio Cruz; MITIDIERO, Daniel. *Novo Código de Processo Civil comentado*, p. 474.

328 Nesse sentido, considerando que a avaliação da vulnerabilidade depende da análise de circunstâncias concretas, CABRAL, Antonio do Passo. *Convenções processuais*, p. 369.

COMENTÁRIOS AO CÓDIGO DE PROCESSO CIVIL V. VIII

lumbrar inúmeras situações em que o acordo processual poderá favorecer a parte vulnerável[329].

Afora essas hipóteses, não nos parece possível defender a possibilidade de rejeição do perito pelo juiz[330]. O mesmo não se pode dizer dos casos em que o juiz, não satisfeito com o laudo pericial apresentado, determine a realização de segunda perícia, dessa vez com perito por ele nomeado. Aplica-se aqui tudo o que se afirmará nos comentários relativos ao art. 480 do CPC. Para WILLIAM SANTOS FERREIRA, se o juiz não se sentir confortável com a perícia consensual, terá o poder-dever de nomear "perito-consultor"[331].

De fato, o acordo processual a que se refere o dispositivo ora em comento deve ser analisado no contexto dos negócios jurídicos processuais probatórios[332], o que, inevitavelmente, acaba por esbarrar no polêmico tema da limitação dos poderes do juiz via negócios jurídicos processuais[333].

Parte da doutrina admite amplamente a possibilidade de realização de negócios processuais, inclusive atípicos, que vinculem o juiz, alcançando os aspectos relativos à produção de provas no processo[334]. Em se tratando de ne-

---

329 Raciocínio semelhante se aplica aos casos de ações coletivas, como já tivemos a oportunidade de afirmar: PASCHOAL, Thaís Amoroso. *Coletivização da prova*, p. 284-303.

330 Em sentido contrário, considerando que o juiz sempre poderá rejeitar o perito indicado, para em seu lugar nomear outro de sua confiança, MARINONI, Luiz Guilherme; ARENHART, Sérgio Cruz; MITIDIERO, Daniel. *Novo Código de Processo Civil comentado*, p. 474.

331 FERREIRA, William Santos. A prova pericial no novo Código de Processo Civil, p. 207.

332 A respeito do tema, em especial com um olhar sobre os poderes instrutórios, MAFFESSONI, Behlua. *Convenções processuais probatórias e poderes instrutórios do juiz*.

333 Como já tivemos a oportunidade de afirmar em outro trabalho: "(...) a possibilidade de que o acordo limite os poderes instrutórios do juiz (no aspecto da determinação da prova de ofício) dependerá do alcance da finalidade da Jurisdição (prestação de tutela jurisdicional adequada com eficiência). Significa dizer que não se vislumbra possível a realização de todo e qualquer negócio jurídico processual que limite os poderes do juiz sobre as provas, mas igualmente não se cogita a hipótese de se impor às partes a produção de uma prova quando a medida onerar demasiadamente o processo no que se refere aos custos e ao tempo para o seu desenvolvimento. Se as partes decidem pela não realização de perícia com elevado custo ou que demandará longo tempo para realização, prejudicando a fruição do direito material em discussão, nada obsta que esse negócio possa vincular o juiz, na medida em que garantirá, em última análise, a prestação eficiente da tutela jurisdicional. No mais, a pura e simples convenção processual sobre provas não tem o condão de afastar automaticamente, em qualquer caso, os poderes instrutórios do juiz" (PASCHOAL, Thaís Amoroso. *Coletivização da prova*, p. 295-296).

334 PAULO OSTERNACK AMARAL considera possível a celebração dos seguintes negócios: "(i) somente será admissível a produção de prova documental; (ii) caberá todos os meios de prova, exceto a prova pericial; (iii) não caberá audiência, de modo que os depoimentos deverão ser documentados extrajudicialmente e então ser trazidos aos autos" (AMARAL, Paulo Osternack. *Provas – atipicidade, liberdade e instrumentalidade*, p. 143).

gócios que resultem na limitação dos meios de prova, Eduardo Talamini considera que somente podem ser admitidos quando se tratar de direitos disponíveis, já que deixar de produzir determinado meio de prova pode resultar em certa disponibilidade do próprio direito material[335].

Respeitadas as inúmeras posições em sentido contrário, pensamos que um acordo processual não poderá limitar o poder de o juiz determinar uma segunda perícia, naqueles casos em que entender pela sua necessidade, salvo se essa determinação causar uma excessiva onerosidade às partes. Como sempre, o critério para isso é a razoabilidade. O ponto já foi desenvolvido anteriormente: afora os casos em que a produção da prova poderá causar transtornos no processo, dificultando sobremaneira a produção da prova, não há motivos para impedir o juiz de determinar a produção de segunda perícia, com perito por ele nomeado, ainda que haja negócio processual em que as partes tenham escolhido o perito principal do processo.

Situação diversa ocorre nos casos em que o acordo processual tenha por objeto também a escolha do perito da segunda perícia. Nesse caso, o juiz deverá respeitar o acordo e designar o perito escolhido para a prática do ato, mas nada impede que, caso ainda remanesça alguma dúvida técnica, seja determinada outra perícia com perito nomeado pelo juiz.

---

335 "Um ajuste a esse respeito pode ter a natureza de ato de verdade. As partes indicam que apenas se produzirá prova oral porque reputam que isso basta para a reconstituição histórica dos fatos. Se o juiz concorda com essa apreciação das partes, defere apenas tal prova. Ou seja, ele toma para si essa deliberação. Nesse caso, o pressuposto para que ele defira a definição consensual das partes é a correção dos meios de prova por elas predefinidos. Mas um ajuste probatório pode retratar também um ato de vontade das partes. Elas restringem a instrução à prova documental, por exemplo, não porque achem isso suficiente, mas porque assim o querem (porque desejam um procedimento célere e simplificado etc.). Nessa hipótese, a mera consideração de documentos pode não ser suficiente para reconstituir o passado – e pode, consequentemente, interferir no resultado final do processo (por via documental pode ser impossível provar um fato que efetivamente ocorreu e que ensejaria a incidência de outras normas, cuja não consideração conduz a solução jurídica diversa da que se teria com a plenitude probatória). Portanto, o pacto probatório como ato de vontade apenas pode ser admitido quando se estiver diante de direitos materiais disponíveis – hipótese em que, declarada e conscientemente, a parte opta por uma solução mais simples, mas que pode, todavia suprimir-lhe direito material" (TALAMINI, Eduardo. *Um processo pra chamar de seu: nota sobre os negócios jurídicos processuais*. Disponível em: https://www.academia.edu/17136701/Um_processo_pra_chamar_de_seu_nota_sobre_os_neg%C3%B3cios_jur%C3%ADdicos_processuais_2015, p. 18). No mesmo sentido: TALAMINI, Eduardo. Do julgamento conforme o estado do processo. *In*: BUENO, Cassio Scarpinella (coord.). *Comentários ao Código de Processo Civil*. São Paulo: Saraiva, 2017. p. 200.

COMENTÁRIOS AO CÓDIGO DE PROCESSO CIVIL V. VIII

Por fim, importante frisar que não se deve confundir a perícia consensual, prevista no art. 471 do CPC, com a possibilidade de perícia extrajudicial[336]. Embora o Código não preveja expressamente essa figura (o mais próximo disso é a previsão do art. 472 do CPC, a seguir comentada), é perfeitamente cabível a celebração de negócio jurídico processual, com fundamento no art. 190 do CPC, por meio do qual as partes estipulem a realização de perícia extrajudicial, prévia ou concomitantemente ao processo. Nesse caso, o acordo deverá estipular todos os detalhes necessários à produção da prova, incluindo o profissional que a realizará, o calendário e o local para sua produção, a participação das partes, com ou sem a atuação de assistentes técnicos e qualquer outra questão necessária à produção extrajudicial. Mais uma vez, a produção dessa prova não impedirá que o juiz determine a produção de prova pericial, caso ainda haja dúvidas sobre os fatos técnicos que integram a causa de pedir. Poderá, porém, dispensar a produção da prova pericial caso se depare com laudo extrajudicial produzido pelas partes, aplicando-se a este caso a previsão do art. 472 do CPC.

> **Art. 472.** O juiz poderá dispensar prova pericial quando as partes, na inicial e na contestação, apresentarem, sobre as questões de fato, pareceres técnicos ou documentos elucidativos que considerar suficientes.
>
> *CPC de 1973 – art. 427*

49. A substituição da prova pericial por prova documental de caráter técnico

O item anterior foi encerrado com importante ressalva sobre a possibilidade de produção extrajudicial da prova. Produzido o laudo extrajudicialmente, poderá ser trazido ao processo para integrar o conjunto probatório, caso em que o juiz poderá dispensar a realização de perícia, nos termos do art. 472 do CPC.

Veja-se que o dispositivo não trata exatamente dessa hipótese. O que prevê é a possibilidade de as partes, na inicial e na contestação – não, portanto, por meio de acordo processual –, apresentarem pareceres técnicos ou outros documentos suficientes ao esclarecimento das questões fáticas. Nada impede, contudo, que a hipótese também seja aplicada em caso de laudo técnico produzido conjuntamente pelas partes fora do processo, por meio de acordo processual, aplicando-se tudo o que se afirmou no item anterior.

---

336 Sobre o tema: MÜLLER, Julio Guilherme. *Negócios processuais e desjudicialização da produção da prova* – análise econômica e jurídica. São Paulo: Revista dos Tribunais, 2017.

Especificamente no que toca à literalidade do dispositivo ora em comento, trata-se da hipótese em que as partes apresentam prova documental suficiente a esclarecer os fatos técnicos do processo. Há, portanto, uma fundamental diferença entre a perícia extrajudicial e a previsão desse dispositivo: enquanto naquela se está diante de prova pericial realizada de forma consensual e extrajudicial, nesta se estará diante de prova documental apta a afastar a necessidade da perícia, na linha do que já prevê o art. 464, § 1º, II, do CPC. Como lembra PAULA SARNO BRAGA, a hipótese ora em comento se aproxima daquela já prevista, por exemplo, na Lei de Locações (Lei n. 8.245/91), que, em seu art. 68, dispensa a realização de perícia para avaliação do imóvel em caso de ação revisional de aluguel, quando as partes apresentarem pareceres técnicos e pesquisas de mercado consideradas suficientes pelo juiz[337].

A medida é interessante pois possibilita a exposição do julgador ao confronto de conclusões técnicas acerca dos fatos, com potencial para qualificar a decisão.

Não é demais lembrar que a prova pericial será sempre admissível quando a causa de pedir for composta de questões fáticas de ordem técnica necessárias ao julgamento do mérito. Nem sempre, porém, ela será necessária, podendo ser substituída por pareceres técnicos ou documentos apresentados pelas partes, desde que submetidos ao contraditório e considerados suficientes para o esclarecimento dos fatos. Veja-se que, embora se trate de prova documental, os pareceres carregam uma análise técnica das questões de fato, daí por que permitem a dispensa da prova pericial, já que haverá outra prova técnica que poderá ser igualmente apta para a solução das questões de fato técnicas do processo.

A decisão, nesse caso, deverá ser orientada pelo critério da persuasão racional: deverá o juiz apresentar os fundamentos que justificam a suficiência das provas apresentadas, inclusive seu exame à luz dos demais elementos que integram o conjunto probatório dos autos. Nada obsta que, mesmo com os pareceres nos autos, o julgador, não se sentindo devidamente esclarecido acerca das questões técnicas, determine a realização da prova pericial ou da prova técnica simplificada[338]. Essa situação, aliás, pode vir a ser comum, considerando que os pareceres serão produzidos por técnicos parciais, com o objetivo de convencer o

---

337   BRAGA, Paula Sarno. Da prova pericial, p. 1.189.

338   "O artigo 472 do CPC/2015 (artigo 427 do CPC/1973) dispõe que 'o juiz poderá dispensar prova pericial quando as partes, na inicial e na contestação, apresentarem, sobre as questões de fato, pareceres técnicos ou documentos elucidativos que considerar suficientes'. Tendo o julgador entendido pela insuficiência da prova produzida, não se pode dispensar a produção de perícia judicial, no caso" (REsp 1.804.146/SE, 2ª Turma, rel. Min. HERMAN BENJAMIN, j. 9-5-2019, *DJe* 29-5-2019).

julgador sobre a tese apresentada pela parte. A análise de um técnico imparcial pode, diante disso, ser muito interessante para melhor esclarecer os fatos, ainda que apenas para indicar qual dos pareceres apresentados é mais adequado para a solução da questão. Sob esse aspecto, a prova técnica simplificada pode cumprir de forma muito interessante esse papel complementar.

É possível, ainda, que as partes celebrem acordo processual, por meio do qual estipulam que apenas os pareceres técnicos apresentados por ambas serão suficientes para a formação do material probatório dos autos, afastada a possibilidade de produção de outras provas, caso em que o magistrado deverá julgar apenas com base nesses documentos. Nessa situação, e na esteira do que já se demonstrou no item 48, duas correntes podem ser adotadas: a daqueles que defendem que esse negócio processual não tem o potencial de vincular o juiz, que poderá, ainda assim, determinar a realização de prova pericial ou prova técnica simplificada, nomeando perito ou especialista de sua confiança, ou daqueles que entendem que, observados os requisitos dos negócios jurídicos processuais, esse acordo impedirá que o juiz determine a produção de qualquer outro meio de prova.

Art. 473. O laudo pericial deverá conter:

I – a exposição do objeto da perícia;

II – a análise técnica ou científica realizada pelo perito;

III – a indicação do método utilizado, esclarecendo-o e demonstrando ser predominantemente aceito pelos especialistas da área do conhecimento da qual se originou;

IV – resposta conclusiva a todos os quesitos apresentados pelo juiz, pelas partes e pelo órgão do Ministério Público.

§ 1º No laudo, o perito deve apresentar sua fundamentação em linguagem simples e com coerência lógica, indicando como alcançou suas conclusões.

§ 2º É vedado ao perito ultrapassar os limites de sua designação, bem como emitir opiniões pessoais que excedam o exame técnico ou científico do objeto da perícia.

§ 3º Para o desempenho de sua função, o perito e os assistentes técnicos podem valer-se de todos os meios necessários, ouvindo testemunhas, obtendo informações, solicitando documentos que estejam em poder da parte, de terceiros ou em repartições públicas, bem como instruir o laudo com planilhas, mapas, plantas, desenhos, fotografias ou outros elementos necessários ao esclarecimento do objeto da perícia.

CPC de 1973 – art. 429

50. O laudo pericial

O laudo pericial é o documento que apresenta as conclusões técnicas do perito, obtidas a partir dos quesitos formulados pelos sujeitos processuais e do conjunto de elementos analisados durante a condução da prova. Deverá conter, como prevê o dispositivo aqui comentado, a descrição do objeto da perícia, a análise técnica ou científica realizada pelo perito, a indicação e explicação do método utilizado[339], demonstrando tratar-se de método predominantemente aceito pelos especialistas da área do conhecimento da perícia[340].

Além disso, o laudo deverá conter a resposta conclusiva a todos os quesitos apresentados pelo juiz, pelas partes e pelo órgão do Ministério Público.

A regra nada mais faz do que garantir a devida fundamentação do laudo pericial, de modo a possibilitar não só a compreensão das questões técnicas, mas também o controle racional da prova. A preocupação com o detalhamento do que deve conter minimamente o laudo pericial é novidade no Código, já que seu correspondente no CPC de 1973 limitava-se a prever apenas o que consta no § 3º do atual dispositivo. A mudança não foi à toa: para o devido acompanhamento e controle racional da prova, é fundamental que o laudo pericial apresente em detalhes todos os elementos de que parte o perito para chegar às suas conclusões, incluindo as premissas técnicas adotadas e o método utilizado.

Na medida em que tem por objetivo possibilitar a compreensão das questões técnicas do caso, o laudo pericial, mesmo que de natureza técnica, deve ser produzido com linguagem clara e simples, de modo a esmiuçar as questões técnicas que integram o objeto do processo, podendo ser compreendido por todos aqueles que não sejam especialistas no tema objeto da prova. Caso não seja possível compreender a linguagem adotada pelo perito, nos casos em que for incapaz de traduzir as questões técnicas para uma ampla compreensão dos sujeitos processuais, o perito deverá ser intimado para esclarecer suas respostas, simplificando a linguagem utilizada.

---

339 DANILO KNIJNIK destaca ser "dever do perito indicar o método e empregado, entre os disponíveis, e do juiz valorar a adequação e a consistência desse mesmo método, enquanto requisitos narrativos dos respectivos ofícios" (KNIJNIK, Danilo. *Prova pericial e seu controle no direito processual brasileiro*, p. 132).

340 "O objetivo de se estabelecer parâmetros para o controle da perícia é garantir que seja trazido ao processo conhecimento confiável. Confiável no sentido de representar de maneira fidedigna aquilo que é aceito pelos especialistas da área. Para que goze dessa aceitação, a teoria ou o método deve ter sido previamente divulgado e avaliado. Da mesma forma, é necessário que tenha sido objeto de teste, cujos resultados devem ser disponibilizados no processo, a fim de que se saiba eventual probabilidade de erro ou de obtenção de resultado não conclusivo" (ALMEIDA, Diogo Assumpção Rezende de. *A prova pericial no processo civil*: o controle da ciência e a escolha do perito. Rio de Janeiro-São Paulo-Recife: Renovar, 2011. p. 134-135).

COMENTÁRIOS AO CÓDIGO DE PROCESSO CIVIL V. VIII

Além disso, as respostas devem guardar coerência lógica, cabendo ao perito indicar o caminho que o conduziu às conclusões a que chegou. Deve, também, ser integrado pelas respostas aos quesitos suplementares que eventualmente tenham sido formulados durante sua elaboração.

Retoma-se aqui tudo o que se afirmou no início destes *Comentários*, relativamente às premissas, inclusive ideológicas, de que parte o perito. É fundamental que o laudo esclareça essas premissas, a fim de viabilizar o adequado controle dos resultados apresentados pelo perito, orientando a eventual necessidade de uma segunda ou terceira opinião técnica a respeito das questões fáticas controvertidas. Partindo-se do pressuposto de que haverá certa carga de subjetividade na análise pericial, é fundamental que o laudo seja dotado de franqueza no que se refere a todos os fundamentos de que parte o perito para as conclusões obtidas. Isso permitirá também que eventuais *bias* sejam identificados, de modo a orientar a interpretação que se faz do laudo.

Ao mesmo tempo, é fundamental que na condução da produção da prova pericial o perito esteja atento a desigualdades estruturais que possam influenciar na compreensão do conflito[341]. Isso implica não só um olhar sobre os fatos levando em conta marcadores como gênero, raça e classe social, mas também uma condução da prova de modo a observar essas desigualdades e corrigi-las, permitindo uma igual participação das partes em todas as etapas da produção.

Para a elaboração do laudo poderá ser necessária a coleta de informações relativas aos fatos técnicos controversos. Essas informações poderão ser colhidas por meio de quaisquer meios idôneos, incluindo testemunhas e documentos que estejam em poder da parte, de terceiros ou em repartições públicas. O laudo poderá ser instruído ainda com planilhas, mapas, plantas, desenhos, fotografias ou outros elementos necessários ao esclarecimento dos fatos.

---

341 O ponto não passou despercebido no Protocolo para julgamento na perspectiva de gênero do CNJ: "Assim como no caso das audiências, provas periciais devem ser produzidas com atenção a desigualdades estruturais que possam ter um papel na demanda. É imprescindível que peritos(as) e outros atores (assistentes sociais, policiais) sejam capacitados(as) para perceber essa situação e tentar neutralizá-la. Isso significa dizer que, para além de conhecimentos específicos, o gênero deve ser utilizado como lente para a leitura dos acontecimentos, em todas as etapas da instrução". O documento apresenta alguns exemplos de questão que devem ser postas para evitar um enviesamento da análise pericial: "Laudos de caráter técnico-científico ou social podem estar impregnados de estereótipos, dando excessiva importância para pontos que só importam por conta de desigualdades estruturais ou então deixando de fora questões que só são percebidas quando há atenção a dinâmicas de desigualdades estruturais?" (CONSELHO NACIONAL DE JUSTIÇA. *Protocolo para julgamento com perspectiva de gênero*, p. 47-48).

Todas essas diligências deverão ser informadas devidamente às partes, a quem deverá ser dada a oportunidade de exercer o contraditório sobre quaisquer elementos utilizados pelo perito para fundamentar seu laudo (art. 466, § 2º, do CPC).

Não há óbice à juntada de documentos novos nesse momento, ainda que não tenham sido apresentados pelas partes na ocasião adequada (art. 434 do CPC)[342], desde que a seu respeito tenham as partes oportunidade de manifestação.

Embora esse nos pareça ser o entendimento mais adequado, a questão não é tranquila, havendo entendimentos que vedam a juntada de documentos posteriores, apenas no momento da perícia, salvo nos casos em que o Código permite a juntada de prova documental posterior, notadamente em se tratando de fatos novos, assim considerados aqueles "ocorridos depois dos articulados ou para contrapô-los aos que foram produzidos nos autos" (art. 435 do CPC), ou no caso de documentos formados ou que se tornaram conhecidos, acessíveis ou disponíveis após a petição inicial ou a contestação, desde que a parte comprove o motivo que impediu sua apresentação no momento oportuno (art. 435, parágrafo único, do CPC)[343]. Assim, somente seria admissível a juntada de

---

342 Como destaca FRECHIANI LARA LEITE, "Conquanto não se trate de conclusão pacífica em doutrina e jurisprudência, é preciso ter em mente que a prova documental constitui apenas um dos meios de fazer aportar ao processo informações e elementos relevantes para o julgamento da causa. Assim, estando em curso a instrução probatória para integrar ao processo informações e elementos de convicção – inclusive perícia, na qual o perito e os assistentes podem examinar e apresentar documentos (CPC, art. 473, § 3º) –, não seria lógico obstar justamente a produção da prova mais simples e confiável, que é a prova documental". Especificamente sobre a hipótese de revelia, a autora complementa: "(...) caso não tenha ocorrido a extinção do processo após a fase de saneamento, com base no material de cognição até então disponível, o prosseguimento do contraditório com a instrução probatória faz com que permaneça admissível a juntada de outros documentos úteis e pertinentes, se evidenciada a boa-fé da parte" (LEITE, Frechiani Lara. *Comentários ao Código de Processo Civil*, p. 241-242).

343 Sobre as inúmeras hipóteses abrangidas pelo art. 435 do CPC, que autorizam a juntada posterior de documentos, LEITE, Clarice Frechiani Lara. *Comentários ao Código de Processo Civil*, p. 234-246). Acerca do tema, ainda, afirma ANISSARA TOSCAN que, "consubstanciando as preclusões normas de imputação de responsabilidade às partes, é de se admitir amplamente a produção de provas extemporâneas, inclusive documentais, quando a omissão não lhes seja imputável". A autora ressalta, porém, ser imprescindível "a investigação quanto à existência de justificativa legítima para a apresentação tardia de documentos", para que não se prejudique a celeridade, efetividade, segurança etc., "em que estão inspiradas as normas preclusivas a esse respeito estabelecidas" (TOSCAN, Anissara. *Preclusão processual civil*, p. 174).

COMENTÁRIOS AO CÓDIGO DE PROCESSO CIVIL V. VIII

documentos durante a perícia se verificadas as hipóteses do art. 435 do CPC, operando-se, no mais, o fenômeno da preclusão[344].

Consideramos, porém, plenamente possível a juntada de documentos durante a produção da prova pericial[345], para além das hipóteses do art. 435 do CPC, desde que respeitado o contraditório[346]. Nesse caso, à parte contrária deverá ser dada a oportunidade de impugnar os documentos e, com isso, contribuir igualmente com a produção de elementos probatórios que possam nortear a atividade pericial. É impensável, nesta situação, que o perito leve em conta documentos ou informações produzidas por uma das partes sem que sobre eles tenha a outra oportunidade de prévia manifestação, o que deverá ser oportunizado pelo próprio perito durante as diligências para elaboração do laudo. E é fundamental, também, que esses documentos acompanhem o laudo pericial que será juntado aos autos.

---

344 O Superior Tribunal de Justiça já analisou essa questão. Não obstante se tratasse de documentos apresentados durante perícia realizada na fase de liquidação, a decisão traz interessantes elementos a respeito do ponto em discussão, notadamente: a) "A produção de prova documental durante a perícia, autorizada pelo art. 429, deve ser harmonizada com os demais dispositivos do CPC, notadamente dos seus arts. 467 e 473, realizando-se uma exegese sistemática da regra, a partir do que é razoável concluir que a liberdade de produção da prova documental durante a instrução pericial deve respeitar a existência de atos fulminados pela preclusão e a imutabilidade decorrente da coisa julgada"; b) O art. 429 do CPC/73 (atual art. 473, § 3º, do CPC) mitiga a regra do art. 396 do CPC de 1973 (atual art. 434 do CPC); c) "A juntada posterior de documentos não destinados à prova de fatos novos jamais poderá se dar na fase de liquidação da sentença, após a conclusão da fase de conhecimento, como meio transverso de contornar preclusão derivada da inércia da parte ou de promover a revisão de decisão transitada em julgado" (REsp 1.297.877/GO, 3ª Turma, rel. Min. NANCY ANDRIGHI, j. 23-6-2016, *DJe* 8-8-2016).

345 "PERÍCIA. JUNTADA DE DOCUMENTOS. PRECLUSÃO. AGRAVO DE INSTRUMENTO. Irresignação com relação à decisão que concedeu o prazo de mais cinco dias para que o réu apresente os documentos requeridos para a elaboração do laudo. Alegação de preclusão. Decisão que deve ser mantida porque os documentos são necessários para o trabalho do perito e, consequentemente, para conceder maiores elementos ao julgador, além de convergir aos interesses das próprias agravantes. Recurso não provido" (TJSP, Agravo de Instrumento 2056337-53.2015.8.26.0000, 11ª Câmara de Direito Privado, rel. MARINO NETO, j. 8-7-2015).

346 Em caso pontual, já citado anteriormente, no qual uma das partes requereu a juntada de volume muito elevado de documentos (24 mil páginas), o Tribunal de Justiça de São Paulo considerou necessária, para que fossem admitidos, a concordância da outra parte, "que pode estar interessada no teor probatório dos documentos a ponto de incluí-la na análise pericial, por óbvio que arcando com metade dos custos extras que isso pode importar, nos termos da decisão que deferiu a produção de prova pericial" (TJSP, Agravo de Instrumento 2056337-53.2015.8.26.0000, 11ª Câmara de Direito Privado, rel. MARINO NETO, j. 8-7-2015).

Dada essa possibilidade, nada impede que a esses documentos sejam aplicadas todas as disposições relativas à prova documental, inclusive a arguição de falsidade (arts. 430 a 433 do CPC), quando for o caso.

> **Art. 474.** As partes terão ciência da data e do local designados pelo juiz ou indicados pelo perito para ter início a produção da prova.

> *CPC de 1973 – art. 431-A*

51. A prova pericial e o contraditório

O contraditório, como já se disse, deve ser observado durante toda a produção da prova, oferecendo-se às partes a ampla participação em todo o *iter* probatório. No que se refere à perícia, isso implica, entre outras coisas, a oportunidade de acompanhar os trabalhos do perito, que tem o dever de informá-las sobre a data e o local em que a perícia será realizada.

A falta dessa comunicação resulta em nulidade, na medida em que impede o adequado exercício do contraditório durante a produção da prova.

Esse dispositivo deve ser analisado em conjunto com o art. 466, § 2º, do CPC, supracomentado, que garante aos assistentes técnicos das partes o acesso e o acompanhamento das diligências e dos exames que realizar, devendo o perito comunicá-los com antecedência mínima de cinco dias, comprovando essa comunicação nos autos. Tanto naquele quanto neste dispositivo, o objetivo é a garantia do contraditório durante a produção da prova pericial.

Não obstante a relevância dessa previsão, a jurisprudência do Superior Tribunal de Justiça entende que a ausência de intimação das partes sobre o início da perícia caracteriza nulidade relativa, devendo a parte demonstrar eventual prejuízo processual sofrido em razão dessa omissão[347]. A maioria dessas decisões, porém, deixa de observar o relevante papel das partes durante a produção da prova, entendendo que a manifestação posterior sobre o laudo, de certo modo, supriria a falta de intimação[348].

---

347 AgInt no REsp 1.532.715/PE, 1ª Turma, rel. Min. Sérgio Kukina, j. 14-9-2021, *DJe* 17-9-2021.

348 Essa equivocada compreensão do contraditório no procedimento probatório é comum no âmbito do Superior Tribunal de Justiça. O mesmo equívoco orienta o entendimento daquele Tribunal acerca da produção da prova emprestada, que poderia ser utilizada em qualquer processo, ainda que as partes não tenham participado do processo no qual a prova foi formada. Em todos esses casos, o entendimento se fundamenta no fato de que as partes poderão se manifestar sobre a prova objeto do empréstimo quando aportada no processo, o que supriria qualquer problema relativo ao contraditório. Nesse sentido: STJ, EREsp 617.428/SP, Corte Especial, rel. Min. Nancy Andrighi, j. 4-6-2014, *DJe* 17-6-2014. Nos casos relativos ao

Em especial, e por tudo o que já se disse no decorrer destes *Comentários*, a participação das partes durante toda a produção da prova é fundamental para que as premissas das quais parte o perito possam ser objeto de análise e discussão, a fim de se ponderar o impacto que exercem sobre as conclusões do laudo. O mesmo se afirma quanto ao método adotado: havendo mais de um método possível, é o contraditório prévio e efetivo envolvendo todos os sujeitos processuais que permitirá, juntamente com o perito e os assistentes técnicos, a ponderação sobre o melhor método a ser utilizado, ou mesmo a necessidade de mais de uma perícia a partir de métodos distintos, que possam subsidiar o julgamento das questões de fato[349].

Daí por que nos parece que a falta dessa intimação sempre resultará em nulidade, pois o prejuízo, nesse caso, é presumido, dado o impacto negativo que a falta de contraditório acarreta para a produção probatória.

> **Art. 475.** Tratando-se de perícia complexa que abranja mais de uma área de conhecimento especializado, o juiz poderá nomear mais de um perito, e a parte, indicar mais de um assistente técnico.

CPC de 1973 – art. 431-B

52. A perícia complexa e a especialidade do(s) perito(s)

Para que a perícia cumpra adequadamente sua função de possibilitar o conhecimento adequado das questões técnicas do processo, o respeito à espe-

---

art. 474 do CPC, a premissa adotada é a mesma: inexistiria prejuízo na medida em que a parte teve a oportunidade de se manifestar sobre o laudo, entendimento que ignora o impacto da participação das partes durante a produção da prova. É o que ocorre com a seguinte decisão: "Na hipótese, o prejuízo alegado pelos executados foi expressamente afastado pelo Tribunal de origem, sendo que, consoante se extrai dos autos, os quesitos elaborados pelo assistente técnico da agravante foram devidamente respondidos no laudo pericial, bem como foi apresentada, tempestivamente, impugnação ao laudo pericial, inclusive com parecer elaborado pelo assistente técnico, de modo que, de fato, não se observa a existência de prejuízo ao direito de defesa" (AgInt no AREsp 982.112/BA, 4ª Turma, rel. Min. Raul Araújo, j. 17-10-2022, *DJe* 21-10-2022).

349 Como bem pondera William Santos Ferreira, o domínio do conhecimento técnico que fundamenta a necessidade da prova pericial pode gerar um enorme risco de monopolização, prejudicando a análise técnica das questões de fato. É o contraditório efetivo que possibilitará o controle de possíveis erros, involuntários ou não. Esse contraditório inclui a ampla participação das partes, "apresentando posicionamentos críticos em relação ao que foi apresentado pelo perito judicial e que sejam efetivamente considerados pelo juiz no momento da valoração da prova" (Ferreira, William Santos. A prova pericial no novo Código de Processo Civil, p. 206).

cialidade do perito é fundamental. Não raras vezes, essa especialidade é flexibilizada, para que se permita que peritos de áreas afins, mas não específicas ao objeto da perícia, realizem os trabalhos. Esse procedimento pode prejudicar a análise das questões fáticas do processo.

É claro que não se descarta a possibilidade de o perito nomeado contar com o auxílio de especialistas na área da perícia ou em outras áreas afins, quando isso for necessário para esclarecer pequenas dúvidas que perpassem a prova pericial a ser realizada. Isso, porém, não pode permitir que o perito se imiscua na análise de questões técnicas que não dizem respeito à sua área de atuação. Também não é admissível que o perito nomeado acabe por contar com o auxílio direto de peritos de outras áreas para a elaboração do laudo, permitindo, por via transversa, a atuação de profissionais que não foram nomeados pelo juízo ou pelas partes e submetidos ao devido contraditório. Haverá, nesse caso, clara violação ao art. 465 do CPC.

Se a causa de pedir envolve fatos relativos a mais de uma área do conhecimento, a perícia necessariamente deverá abranger todas essas áreas, para o que é fundamental a atuação de peritos especializados que tenham passado pelo crivo do contraditório, o que inclui a observância do procedimento previsto para a designação do perito (art. 465 do CPC).

Assim, quando o processo tem por objeto questões que envolvam mais de uma área do conhecimento, é fundamental a nomeação de tantos peritos especializados quantos forem necessários, para que a perícia chegue a um bom termo. A depender do caso, isso ensejará a produção de prova pericial realizada por uma equipe multidisciplinar. Nesse caso, apenas um laudo será produzido, confeccionado conjuntamente por todos os peritos nomeados, cada qual atuando na sua área de especialização. Em outros casos, a depender da autonomia entre as questões fáticas que integram a causa de pedir, será necessária a realização de mais de uma prova pericial, com produção de laudos diversos, cada qual elaborado por um dos peritos designados em sua área de atuação.

Retome-se, por exemplo, o caso citado no item 38 destes *Comentários*, envolvendo questões de contabilidade e tecnologia da informação[350]. Tratava-se de processo que tinha por objeto o descumprimento de contrato de instalação de sistema de redes, celebrado entre determinada empresa e uma empresa de telefonia. O principal ponto controvertido residia no início, ou não, da instalação, que teria sido interrompida por conta de embaraços criados pela própria autora na aquisição dos materiais necessários e acesso às estruturas necessárias para a instalação. Designado um perito contador, as partes pleitearam a indicação de especialista em tecnologia da informação. Foram realizadas duas

---

350   Autos 001/1.06.0020204-0, da 10ª Vara Cível de Porto Alegre/RS.

provas periciais no caso. A perícia em contabilidade teve por objetivo verificar, em especial nos livros contábeis e outros registros da empresa, a existência de elementos que indicassem o fornecimento de todas as condições materiais para instalação do sistema de redes. A perícia em tecnologia de informação debruçou-se por investigar se a instalação foi de fato iniciada. Lembrando que, nesse caso, a perícia em tecnologia da informação somente foi determinada após verificar-se a insuficiência das respostas fornecidas pelo perito contador.

As partes, igualmente, podem indicar assistentes técnicos especializados em cada uma das áreas, que atuarão de acordo com o ritmo estabelecido para a produção da prova pericial – produção de um único laudo multidisciplinar ou produção de diversos laudos periciais, cada um em sua área de especialidade.

Essa atuação inter ou até multidisciplinar – em especial com amplo diálogo entre todos os sujeitos processuais – viabiliza o conhecimento adequado das questões técnicas que compõem o objeto do processo.

A jurisprudência entende que a nomeação de mais de um perito com especialidades distintas é faculdade do juiz, que poderá indeferir essa designação se entender que o perito designado é suficiente para o esclarecimento de todos os pontos controvertidos de fato[351]. Para além da equivocadíssima e superada premissa de que o destinatário da prova seria o magistrado, esse entendimento se fundamenta no "livre convencimento", que outorgaria ao juiz um espaço de total discricionariedade quanto à determinação das provas no processo. Porém, seja porque revelam uma equivocada compreensão sobre o critério da persuasão racional e, consequentemente, da formação do conjunto probatório do processo, seja porque desconsideram o importante papel desempenhado pelas partes na definição dos elementos relativos à prova, seja porque, ainda, ignoram a relevância de se atentar para a especialidade do(s) perito(s) que aturará no esclarecimento das questões de fato técnicas, essas decisões são equivocadas.

---

351 "A jurisprudência desta Corte de Justiça é firme no sentido de que a prova tem como destinatário o magistrado, a quem cabe avaliar sua suficiência, necessidade e relevância. Assim, é facultado ao julgador o indeferimento e a não realização de produção probatória que julgar desnecessária para o regular trâmite do processo, sob o pálio da prerrogativa do livre convencimento, seja ela testemunhal, pericial ou documental, cabendo-lhe, apenas, expor fundamentadamente o motivo de sua decisão. 3. Da leitura do art. 475 do CPC/15 infere-se que a nomeação de mais de um perito constitui faculdade do juiz, não sendo possível, no caso concreto, obrigá-lo à designação de equipe multidisciplinar, especialmente quando, segundo seu convencimento, um perito especialista em engenharia ambiental é hábil a analisar os pontos levantados pelas partes" (AgInt no REsp 1.648.745/PR, 1ª Turma, rel. Min. Sérgio Kukina, j. 27-11-2018, *DJe* 6-12-2018).

CPC/2015, ARTS. 476 E 477

Aqui, aliás, o critério é objetivo: se o objeto da prova versar sobre questões que abranjam mais de uma área do conhecimento, deverá o juiz designar peritos especialistas nessas áreas. Não nos parece haver qualquer espaço para discricionariedade ou defesa de mera faculdade do magistrado. Afinal, bastará verificar as áreas do conhecimento em que se enquadra o objeto da perícia e designar perito nelas especializado.

> **Art. 476.** Se o perito, por motivo justificado, não puder apresentar o laudo dentro do prazo, o juiz poderá conceder-lhe, por uma vez, prorrogação pela metade do prazo originalmente fixado.

CPC de 1973 – art. 432

53. A prorrogação do prazo para entrega do laudo pericial

Ao determinar a realização da perícia e nomear o perito, o juiz fixa um prazo em que o laudo deve ser entregue. O respeito a esse prazo é importante não só para viabilizar o andamento tempestivo do processo, em atenção à sua razoável duração, como também para possibilitar que o laudo esteja nos autos em até 20 dias antes da audiência de instrução e julgamento (art. 477).

Caso, porém, não consiga concluir o laudo no prazo fixado, poderá o perito pleitear uma única vez sua prorrogação, pela metade do prazo inicialmente fixado. Se a audiência de instrução e julgamento já estava designada, e o novo prazo ultrapassar o limite de 20 dias previsto no art. 477, a audiência deverá ser redesignada.

Se o perito não entregar o laudo após a prorrogação, incidirá ao caso o art. 468, II, com sua substituição, além da comunicação à entidade profissional da qual o perito faz parte e multa, fixada com base no valor da causa e nos possíveis prejuízos causados (art. 468, § 1º). Também deverá devolver os valores pagos no prazo de cinco dias, sob pena de ficar impedido de atuar como perito por cinco anos (§ 2º). A não devolução dos valores poderá ensejar sua execução pela parte que efetuou o pagamento dos honorários periciais, seguindo-se o procedimento dos arts. 513 e s. (art. 468, § 3º).

> **Art. 477.** O perito protocolará o laudo em juízo, no prazo fixado pelo juiz, pelo menos 20 (vinte) dias antes da audiência de instrução e julgamento.
>
> **§ 1º** As partes serão intimadas para, querendo, manifestar-se sobre o laudo do perito do juízo no prazo comum de 15 (quinze) dias, podendo o assistente técnico de cada uma das partes, em igual prazo, apresentar seu respectivo parecer.
>
> **§ 2º** O perito do juízo tem o dever de, no prazo de 15 (quinze) dias, esclarecer ponto:
>
> **I** – sobre o qual exista divergência ou dúvida de qualquer das partes, do juiz ou do órgão do Ministério Público;

COMENTÁRIOS AO CÓDIGO DE PROCESSO CIVIL V. VIII

II – divergente apresentado no parecer do assistente técnico da parte.

§ 3º Se ainda houver necessidade de esclarecimentos, a parte requererá ao juiz que mande intimar o perito ou o assistente técnico a comparecer à audiência de instrução e julgamento, formulando, desde logo, as perguntas, sob forma de quesitos.

§ 4º O perito ou o assistente técnico será intimado por meio eletrônico, com pelo menos 10 (dez) dias de antecedência da audiência.

CPC de 1973 – arts. 433 e 435

54. Ainda sobre o procedimento da prova pericial: a entrega do laudo e suas decorrências

A conclusão da prova pericial depende do cumprimento de algumas etapas fundamentais para que se desenvolva adequadamente, com especial atenção ao contraditório. Uma vez apresentado o laudo pericial, as partes serão intimadas para manifestação no prazo de quinze dias, momento em que também poderão ser apresentados os pareceres pelos assistentes técnicos.

Havendo dúvidas sobre pontos do laudo pericial, o perito deverá apresentar esclarecimentos no prazo de quinze dias. Esses esclarecimentos poderão ter por objeto pontos específicos de dúvidas ou divergências apontados pelas partes, pelo juiz ou pelo Ministério Público, ou eventual divergência apontada nos pareceres técnicos dos assistentes.

Caso os esclarecimentos prestados por escrito não sejam suficientes para sanar as dúvidas e divergências apontadas, as partes poderão requerer a oitiva do perito em audiência, para que os pontos sejam esclarecidos oralmente, apresentando os quesitos de esclarecimento que deverão ser respondidos na audiência. Nesse caso, o perito será intimado por meio eletrônico para que compareça à audiência, com pelo menos dez dias de antecedência.

O ato é importante para viabilizar a adequada intepretação e compreensão do laudo pericial produzido. Em se tratando de prova técnica, a utilização desse espaço de diálogo pode ser fundamental para que pontos obscuros sejam esclarecidos, possibilitando uma melhor compreensão dos fatos controversos.

Persistindo dúvidas acerca das questões técnicas, e verificando-se a dificuldade do perito em saná-las, nada impede que desse ato se depreenda a necessidade de designação de nova perícia (art. 480 do CPC), ou até mesmo a determinação de prova técnica simplificada, apenas para elucidar os pontos ainda duvidosos.

Como se vê, a entrega do laudo pericial no prazo fixado é fundamental para viabilizar as etapas seguintes à realização da prova técnica, o que inclui a manifestação das partes acerca do laudo e a possível oitiva do perito em audiência para que preste esclarecimentos. Em razão disso, o Código de Processo Civil estabelece um prazo razoável para que o laudo esteja nos autos com tempo suficiente para que essa oitiva possa ocorrer de maneira adequada. Caso o laudo não seja apresentado pelo menos vinte dias antes da audiência de instrução e julgamento, será necessário adiar a realização do ato para viabilizar a oitiva do perito, quando necessária.

Infelizmente, na prática, a oitiva do perito em audiência é muito pouco utilizada. Em geral, a jurisprudência entende que sua determinação se encontra no âmbito do "livre convencimento motivado", cabendo ao juiz declinar dessa oitiva e determinar sua substituição por esclarecimentos escritos[352]. Basicamente, essas decisões se fundam na ausência de pontos a serem esclarecidos[353] ou na falta de prejuízo decorrente da substituição de esclarecimentos orais por escritos, posicionamento equivocado, dada a adequação do espaço da audiência para o estabelecimento de um diálogo profícuo sobre os pontos duvidosos da perícia.

> **Art. 478.** Quando o exame tiver por objeto a autenticidade ou a falsidade de documento ou for de natureza médico-legal, o perito será escolhido, de preferência, entre os técnicos dos estabelecimentos oficiais especializados, a cujos diretores o juiz autorizará a remessa dos autos, bem como do material sujeito a exame.
>
> **§ 1º** Nas hipóteses de gratuidade de justiça, os órgãos e as repartições oficiais deverão cumprir a determinação judicial com preferência, no prazo estabelecido.
>
> **§ 2º** A prorrogação do prazo referido no § 1º pode ser requerida motivadamente.

---

352   À luz do sistema anterior, que trazia no art. 435 do CPC de 1973 previsão muito semelhante à do § 3º do art. 477 do CPC atual, o Tribunal de Justiça de São Paulo já entendeu que "não há que se falar em cerceamento de defesa em virtude do indeferimento da audiência prevista no artigo 435, do Código de Processo Civil, pois o Juiz é o destinatário da prova, competindo-lhe determinar as provas a serem produzidas podendo, e devendo, indeferir as que considerar inúteis, ou meramente protelatórias, conforme prevê o artigo 130, da Lei Adjetiva. Além disso, como bem apontado na decisão agravada, a oitiva da perita não será capaz de esclarecer todas as questões controvertidas suscitadas pela requerida agravante, em razão da complexidade da prova pericial, tanto que restou determinada a prestação de seus esclarecimentos por escrito" (TJSP, Agravo de Instrumento 2211565-21.2015.8.26.0000, 28ª Câmara de Direito Privado, rel. Des. Cesar Luiz de Almeida, j. 15-12-2015).

353   "Não há cerceamento de defesa decorrente da negativa de realização de audiência de instrução para oitiva de perito oficial na hipótese em que as instâncias ordinárias consideraram desnecessária essa medida por já estarem esclarecidas todas as dúvidas acerca do caso" (AgRg no AREsp 683.350/SP, 3ª Turma, rel. Min. João Otávio de Noronha, j. 9-6-2015, *DJe* 12-6-2015); "Nas hipóteses em que não há mais dúvidas a esclarecer, a ausência do perito em audiência não configura nulidade" (REsp 1.001.964/MA, 4ª Turma, rel. Min. Fernando Gonçalves, j. 9-6-2009, *DJe* 22-6-2009).

§ 3º Quando o exame tiver por objeto a autenticidade da letra e da firma, o perito poderá requisitar, para efeito de comparação, documentos existentes em repartições públicas e, na falta destes, poderá requerer ao juiz que a pessoa a quem se atribuir a autoria do documento lance em folha de papel, por cópia ou sob ditado, dizeres diferentes, para fins de comparação.

CPC de 1973 – art. 434

55. A prova pericial na falsidade documental

Uma vez produzida a prova documental no processo (arts. 405 a 441 do CPC)[354], a fé do documento, seja particular ou público, somente poderá cessar quando declarada judicialmente sua falsidade material ou ideológica. Enquanto na falsidade material altera-se a forma do documento, na falsidade ideológica tem-se uma declaração não verdadeira, decorrente dos vícios de consentimento[355].

A falsidade material será objeto do incidente de falsidade previsto no art. 430 do CPC. Uma vez alegada a falsidade, será ela decidida como questão incidental, salvo se a parte requerer expressamente que o seja como questão principal, caso em que terá a decisão aptidão para formação da coisa julgada (art. 430, parágrafo único, do CPC). Considerando que a falsidade ideológica atinge a declaração expressa no documento, seu reconhecimento dependerá de ação própria de natureza desconstitutiva, salvo se se tratar de documento narrativo (ou seja, que não contenha declaração de vontade), caso em que será possível que a falsidade seja reconhecida no âmbito do incidente. Nesse caso, o reconhecimento da falsidade não implicará a desconstituição da relação jurídica, razão pela qual é desnecessária ação própria, bastando a simples declaração nos próprios autos em que produzida a prova documental[356].

---

354 A respeito: LEITE, Clarice Frechiani Lara. *Comentários ao Código de Processo Civil*, p. 212 e s.

355 "A alteração da ideia fixada no documento importa, pois, a sua falsificação ideológica; já a alteração do suporte do documento (seja ou não a ideia falsa) implicará a sua falsidade material" (MARINONI, Luiz Guilherme; ARENHART, Sérgio Cruz. *Prova e convicção*, p. 742).

356 REsp 1.637.099/BA, 3ª Turma, rel. Min. RICARDO VILLAS BÔAS CUEVA, j. 26-9-2017, *DJe* 2-10-2017. Tratava-se, no caso, de notas fiscais apresentadas em ação de alimentos, buscando superdimensionar o valor das despesas do alimentando, sendo a alegação da falsidade fundada na numeração sequencial das notas, oriundas do mesmo talão. Nesse sentido: MARINONI, Luiz Guilherme; ARENHART, Sérgio Cruz; MITIDIERO, Daniel. *Curso de processo civil*, p. 399; THEODORO JÚNIOR, Humberto. Ação declaratória e incidente de falsidade: falso ideológico e intervenção de terceiros. *Revista de Processo*, v. 51, jul.-set. 1988. p. 34-37.

Em ambos os casos, pode ser necessária a realização de prova pericial que permita aferir a autenticidade ou falsidade do documento. O tema sem dúvida ganha importância diante da evolução tecnológica e do uso da prova pericial para viabilizar a aferição da idoneidade das provas eletrônicas ou digitais[357].

Nesse caso, o art. 478 do CPC prevê que o perito seja escolhido preferencialmente entre os técnicos dos estabelecimentos oficiais especializados (Instituto de Criminalística e Instituto Médico-Legal), caso em que o juiz autorizará a remessa dos autos e do material que será objeto do exame aos respectivos diretores. Caso se trate de gratuidade de justiça, os órgãos e as repartições oficiais deverão cumprir a determinação judicial com preferência, no prazo estabelecido, sendo permitida a prorrogação, desde que motivada.

O § 3º do art. 478 do CPC estipula os procedimentos a serem adotados no caso de perícia para aferição da autenticidade de assinatura (letra e firma), nas situações, portanto, de perícia grafotécnica. Nesses casos, o perito poderá requisitar documentos existentes em repartições públicas, para fins de comparação com a assinatura lançada no documento objeto da perícia. Somente no caso de inexistência desses documentos, poderá requerer ao juiz que a pessoa a quem se atribuir a autoria do documento lance em folha de papel, por cópia ou sob ditado, dizeres diferentes, para fins de comparação.

Art. 479. O juiz apreciará a prova pericial de acordo com o disposto no art. 371, indicando na sentença os motivos que o levaram a considerar ou a deixar de considerar as conclusões do laudo, levando em conta o método utilizado pelo perito.

CPC de 1973 – art. 436

56. A valoração da prova pericial

A valoração da prova pericial não destoa do que se prevê para a valoração de todas as provas no processo: prevalece a regra da persuasão racional, segundo a qual o juiz apreciará a prova constante dos autos independentemente do sujeito que a tiver promovido, indicando na decisão as razões da formação de seu convencimento (art. 371 do CPC). A referência à regra geral é feita no próprio art. 479, que, diferentemente do que ocorria com o art. 436 do CPC de 1973, não traz como ponto central a ausência de adstrição do juiz ao laudo[358].

Diferente disso, o atual dispositivo foca na valoração da prova pericial de acordo com o conjunto probatório dos autos, ressaltando, como não poderia

---

357 Sobre o tema: MEIRELES, Ana Isa Dias. *A prova digital no processo judicial*: a blockchain e outros caminhos para os Tribunais. São Paulo: Almedina, 2023.

358 CPC de 1973: "Art. 436. O juiz não está adstrito ao laudo pericial, podendo formar a sua convicção com outros elementos ou fatos provados nos autos".

deixar de ser, a necessidade de fundamentação quanto aos motivos que orientaram a consideração ou desconsideração do laudo pericial. A parte final do dispositivo, porém, acrescenta interessante questão: deverá o juiz, na fundamentação, levar em conta o método utilizado pelo perito. Assim, seja para justificar a consideração do laudo para a solução das questões fáticas, seja para deixar de levá-lo em conta para, em seu lugar, utilizar-se de outros elementos probatórios, deverá fazê-lo a partir da análise do método utilizado pelo perito. Lembrando, apenas, que esses outros elementos probatórios deverão igualmente ter natureza técnica. Em caso de insuficiência do material probatório, ao afastar o laudo pericial, o juiz deverá determinar a realização de nova perícia ou prova técnica simplificada, dada a impossibilidade de que pontos controversos de fato técnicos não podem ser solucionados por prova que não apresente caráter igualmente técnico. Remete-se aqui a tudo o que se afirmou no item 31, em comentários ao art. 464.

A parte final do dispositivo tem relação com a previsão do art. 473, analisado anteriormente, em que se determina que no laudo pericial haja a indicação e o esclarecimento do método utilizado pelo perito, demonstrando tratar-se de método predominantemente aceito pelos especialistas da área do conhecimento. Daí o destaque, no art. 479, para a necessidade de que o juiz leve em conta o método utilizado pelo perito na fundamentação da decisão, a fim de permitir uma compreensão da valoração realizada e da decisão sobre a questão de fato.

Embora a questão metodológica não tenha o condão de exaurir as hipóteses que podem justificar a desconsideração do laudo pericial, o método ou as premissas utilizados pelo perito para fundamentar o laudo podem levar à constatação de que as conclusões periciais não foram suficientes para a solução dos pontos controvertidos.

Assim, pode-se afirmar que o juiz não está vinculado ao laudo pericial, podendo desconsiderá-lo, caso:

a) entenda que a perícia não foi satisfatória e, portanto, deixou de esclarecer devidamente as questões técnicas do processo. Nesse caso, havendo elementos técnicos suficientes nos autos, poderá embasar-se em outras provas, mas não poderá deixar de buscar a prova técnica quando se tratar de questões fáticas que somente por prova pericial possam ser elucidadas. Deverá, portanto, diante da insuficiência da primeira prova, determinar a realização de nova perícia (art. 480 do CPC). Em outras palavras: o juiz apenas poderá desconsiderar o laudo e fundamentar seu entendimento em outros meios de prova não técnicos desde que não se trate de questões técnicas;

b) conclua que o método utilizado pelo perito foi inadequado, ou levou em consideração premissas tecnicamente equivocadas. Nesse caso, terá, necessariamente, que subsidiar seu entendimento a partir de outros elementos igualmente técnicos presentes nos autos, designar nova perícia ou prova técnica simplificada, que, aliás, pode ter um uso muito interessante nessas situações, para viabilizar uma melhor compreensão das questões técnicas e da metodologia utilizada no laudo pericial e resultados alcançados;

c) forme seu convencimento a partir de outros elementos dos autos. Em qualquer caso, o juiz deverá fundamentar adequadamente sua decisão, lançando as razões pelas quais desconsiderará a perícia e explicando o raciocínio probatório formado a partir dos demais elementos de prova dos autos. Mais uma vez, tratando-se de questões técnicas, somente outra prova técnica, ainda que simplificada, poderá orientar sua decisão, ou os pareceres previstos no art. 472.

No Tribunal de Justiça do Paraná já houve caso interessante, que pode ajudar a compreender esse ponto. Em ação de revisão contratual proposta por empresa de táxi aéreo contra empresa de arrendamento mercantil, pleiteava-se a revisão de contrato de *leasing*, com a devolução em dobro dos valores cobrados a título de juros. Na contestação, a empresa ré defendeu a tese de que inexistem juros em contratos de *leasing*, em razão da natureza e das peculiaridades do contrato, com fundamento em doutrina especializada na área de Economia. Evidenciou-se, assim, que a essência do contrato de *leasing* simplesmente não dá espaço para a incidência de juros, mas sim de outros encargos com naturezas diversas. Não obstante, o perito, partindo da premissa de que haveria juros no contrato, concluiu que o valor cobrado a esse título alcançaria cerca de R$ 1 milhão, o que serviu de fundamento para a sentença que condenou a empresa a pagar mais de R$ 2 milhões à autora, com fundamento no art. 42 do CDC.

Interposto recurso de apelação, o Tribunal de Justiça do Paraná reformou a sentença, afastando o laudo pericial com base nos arts. 130 e 436 do CPC de 1973 (atuais arts. 370 e 479 do CPC), ressaltando que "o fato de o laudo pericial asseverar à fl. 669 que 'os juros remuneratórios foram capitalizados mensalmente' não vincula o Juiz". Para o Tribunal, o laudo pericial "não revelou precisamente qual a composição dos alegados 'juros' incidentes à espécie, sendo insuficientes as suas explicações a respeito da natureza da contraprestação no contrato de arrendamento mercantil"[359]. Interpostos embargos infrin-

---

359 "Nesse diapasão, deve prevalecer o entendimento segundo o qual na fixação da contraprestação não há apenas a remuneração do capital, mas influenciam nesta fatores diversos típicos da complexidade do presente contrato, tais como o custo de captação, o spread desejado pelo arrendador, o valor percentual do impacto fiscal, a vida útil do bem, a sua depreciação normal etc. A distinção que se deve realizar é quanto ao fim a que se destina o pagamento de tal montante, pois evidentemen-

COMENTÁRIOS AO CÓDIGO DE PROCESSO CIVIL V. VIII

gentes, a decisão foi mantida, ressaltando-se que no laudo pericial o perito acabou por desnaturar o contrato de arrendamento mercantil para compra e venda parcelado, o que seria inadmissível[360]. No STJ, a decisão foi mantida[361].

No caso citado, o que motivou a desconsideração da prova pericial foi o entendimento pacífico de que inexistem juros no contrato de arrendamento mercantil e as consequências do entendimento contrário, que acabaria por descaracterizar o *leasing* para compra e venda, contrariamente ao entendimento sumulado pelo STJ a respeito da questão. Fundamentou-se, portanto, na jurisprudência e em doutrinas especializadas sobre a natureza do contrato de *leasing*, apresentando-se fundamentos suficientes a justificar a desconsideração do laudo.

O que se vê neste caso, na realidade, é que se trata de situação em que a prova pericial não era necessária. Afinal, se a existência de juros nos contratos de arrendamento mercantil é questão que poderia ser solucionada a partir da natureza do contrato e do conhecimento técnico e científico já consolidado a respeito, não se tinha ali, propriamente, um fato técnico que necessitasse ser objeto da prova pericial. Remete-se aqui a tudo o que se afirmou no item 32, acerca dos fatos técnicos das regras de experiência técnica. Caberia ao juiz, no caso, aplicar o art. 335 do CPC de 1973 (atual art. 375 do CPC), considerando que a inexistência de juros remuneratórios nos contratos de *leasing* é uma regra de experiência técnica. Quando muito, poderia ouvir um especialista (art. 464, § 2º, do CPC) para compreender o estado atual da ciência a respeito dessa questão.

---

te qualquer negócio jurídico que envolva a lógica capitalista envolverá a incidência de uma certa margem de 'lucro'. Não é porque o arrendamento de um determinado bem produz renda ao arrendante que se pode concluir pela cobrança de 'juros'. Por conseguinte, o lucro obtido no contrato de arrendamento mercantil não redunda na cobrança de 'juros' tão somente pelo fato de em um dos polos da relação jurídica encontrar-se uma instituição financeira. Frise-se, outrossim, que entendimento diverso culminaria exatamente por desnaturar o contrato de arrendamento mercantil para o de financiamento parcelado, matéria já sumulada pelo STJ em sentido contrário" (TJPR, Apelação Cível 340976-7, rel. Des. RENATO BRAGA BETTEGA, j. 24-10-2007, *DJ* 30-11-2007).

360 "(...) entendido que no contrato de *leasing* não são cobrados juros remuneratórios propriamente ditos, e sim uma contraprestação onde os juros estão embutidos, descabe falar-se em capitalização. No que tange à perícia técnica, calha ressaltar que o Julgador não está adstrito à mesma, 'podendo formar a sua convicção com outros elementos ou fatos provados nos autos'. Este, aliás, é o princípio estampado no artigo 436 do Código de Processo Civil, e que possui relação com o artigo 131, do mesmo Codex, que consagra o livre convencimento do Juiz" (TJPR, Embargos Infringentes 0000000-00.3409.7.6-.7/02, 17ª Câmara Cível em Composição Integral, rel. Des. STEWALT CAMARGO FILHO, j. 4-2-2009, *DJ* 28-4-2009).

361 Ag 1.342.841/PR, 4ª Turma, rel. Min. MARIA ISABEL GALLOTTI, j. 8-4-2014, *DJe* 5-5-2014.

Assim, embora a decisão nos pareça acertada no que se refere à desconsideração do laudo, uma maior participação do juiz na definição dos pontos controvertidos do processo e das provas a serem produzidas poderia resultar na constatação de que a prova pericial no caso seria desnecessária, aplicando-se, em seu lugar, as regras de experiência técnica.

Não há critérios preestabelecidos que possam orientar a conduta do juiz na valoração da prova pericial, assim como das outras provas produzidas no processo. Ao adotar o critério da persuasão racional, o dispositivo comentado, assim como o art. 371 do CPC, acaba por abrir um espaço para essa avaliação, que deverá ser preenchido pelo julgador no caso concreto.

Isso, porém, não pode afastar a necessidade de que sejam buscados critérios objetivos que justifiquem a desconsideração de laudo pericial produzido devidamente, com observância de todos os procedimentos necessários. E jamais poderá permitir que prova técnica seja desconsiderada para que, em seu lugar e por via transversa, as questões técnicas do processo acabem sendo solucionadas por outros meios de prova, inadequados e insuficientes para tanto.

Por fim, mas certamente não menos importante, à análise judicial do laudo pericial é fundamental que o magistrado esteja atento a eventuais vieses que possam ter sido levados em consideração pelo perito na análise dos fatos e ao extrair deles suas conclusões, em especial no que se refere a questões que perpassam os marcadores sociais de diferença e podem resultar em análises enviesadas que reforcem as desigualdades estruturais no processo[362]. E é de suma importância, também, que esteja atento aos seus próprios enviesamentos, ainda que inconscientes[363], para orientar uma adequada valoração da prova e decisão sobre as questões de fato, utilizando-se de estratégias para vislumbrar quando esses vieses podem estar influenciando na sua compreensão do resultado da prova e dos fatos controvertidos[364].

---

362 "(...) a atenção ao gênero demanda uma postura ativa dos(as) julgadores(as) quando da análise de laudos técnicos. As ciências podem ser tão enviesadas quanto o direito e isso é algo que, em muitos casos, passa desapercebido" (CONSELHO NACIONAL DE JUSTIÇA. *Protocolo para julgamento com perspectiva de gênero*, p. 47).

363 Sobre o tema, inclusive propondo estratégias para evitar o enviesamento em diversos aspectos, KAHNEMAN, Daniel; SIBONY, Olivier; SUNSTEIN, Cass. *Ruído*: uma falha no julgamento humano. Rio de Janeiro: Objetiva, 2021. Para os autores, o juiz deve ser "o tipo de pessoa que busca ativamente informações novas capazes de contradizer suas crenças prévias, que é metódica em integrar essas informações a sua perspectiva atual e que está disposta e até ansiosa a mudar de ideia em consequência disso" (p. 228).

364 O protocolo para julgamento na perspectiva de gênero do CNJ apresenta algumas questões possíveis para auxiliar nessa estratégia: "Minhas experiências pessoais podem estar influenciando a minha apreciação dos fatos? (ex.: nunca sofri violência

COMENTÁRIOS AO CÓDIGO DE PROCESSO CIVIL V. VIII

O mesmo cuidado deve permear o controle, pelas partes, da valoração da prova pelo magistrado, sendo fundamental que se perquira, a partir da fundamentação, se algum viés inconsciente está sendo levado em conta na análise das provas e na decisão dos fatos[365].

> **Art. 480.** O juiz determinará, de ofício ou a requerimento da parte, a realização de nova perícia quando a matéria não estiver suficientemente esclarecida.
>
> **§ 1º** A segunda perícia tem por objeto os mesmos fatos sobre os quais recaiu a primeira e destina-se a corrigir eventual omissão ou inexatidão dos resultados a que esta conduziu.
>
> **§ 2º** A segunda perícia rege-se pelas disposições estabelecidas para a primeira.
>
> **§ 3º** A segunda perícia não substitui a primeira, cabendo ao juiz apreciar o valor de uma e de outra.
>
> *CPC de 1973 – arts. 437 a 439*

57. A nova perícia

A inaptidão do laudo pericial para esclarecer os fatos técnicos do processo pode indicar a necessidade de designação de nova perícia. Nesse caso, ambos os laudos permanecerão nos autos, integrando o conjunto probatório e sendo objeto de valoração.

A essa nova perícia serão aplicadas as mesmas disposições da primeira, e ela terá por objeto os mesmos fatos, tendo como objetivo corrigir eventual

---

em casa e, portanto, me parece difícil que uma pessoa que tenha uma relação afetiva com uma mulher pratique algum tipo de violência). Posso estar dando peso a um evento que só parece importar por ideias pré-concebidas que permeiam minha visão de mundo? (ex.: depoimentos que dizem que uma mulher acusa o ex-marido por vingança após traição – ideia que habita o imaginário popular?). Da mesma forma, posso estar minimizando algum fato relevante? (ex.: assediador não tinha cargo formalmente superior, mas, informalmente tinha poder por ser amigo do chefe?) Posso estar ignorando como as dinâmicas de desigualdades estruturais interferem na vida de uma pessoa? Ou seja, é possível que dinâmicas de gênero tornem importantes fatos que, pela minha experiência ou visão de mundo, poderiam parecer irrelevantes? (ex.: uma mulher demorou para denunciar seu ex-marido por violência doméstica por medo de retaliação ou por ser financeiramente dependente?)" (CONSELHO NACIONAL DE JUSTIÇA. *Protocolo para julgamento com perspectiva de gênero*, p. 49).

365 "Parece redundante, mas a questão é tão importante que deve ser uma lente para escrutínio em todas as fases de um processo: aqui a atenção a estereótipos em provas deve estar presente, bem como autoquestionamentos sobre como a experiência de julgador ou julgadora pode estar" (CONSELHO NACIONAL DE JUSTIÇA. *Protocolo para julgamento com perspectiva de gênero*, p. 48-49).

omissão ou inexatidão dos resultados da prova anteriormente produzida. É por isso que o § 3º prevê que a segunda perícia não substitui a primeira, sendo ambas levadas em consideração pelo juiz, que atribuirá a cada uma o seu valor no contexto dos fatos e das provas do processo.

Embora o dispositivo fale em "segunda" perícia, nada impede que sejam determinadas quantas forem necessárias para o adequado esclarecimento dos fatos técnicos do processo.

Da mesma forma, persistindo dúvidas e entendendo o juiz pela necessidade de oitiva dos peritos, nada impede – muito pelo contrário, se recomenda – que seja designada audiência para que ambos possam ser ouvidos concomitantemente, a fim de que eventuais discordâncias metodológicas e/ou sobre a compreensão dos fatos objeto dos laudos possam ser discutidas e ponderadas. Essa espécie de confronto entre os peritos[366] poderá qualificar a prova produzida e, consequentemente, a decisão nela fundamentada, servindo de ferramenta muito útil para a solução dos pontos fáticos duvidosos.

Também pode ser interessante a determinação de prova técnica simplificada, que, nesse caso, pode ter a função de aclarar eventuais questões técnicas que tenham ficado obscuras, possibilitando uma melhor interpretação dos laudos.

A fim de justificar a necessidade de nova perícia, o Superior Tribunal de Justiça já considerou a existência de "dúvida razoável" sobre as conclusões do primeiro laudo produzido[367]. Tratava-se de procedimento administrati-

---

366 Propondo a acareação entre peritos e algumas questões que poderiam guiar a gestão da contraposição entre eles, VÁZQUEZ, Carmen. *Prova pericial*, p. 490.

367 "PROCESSUAL CIVIL. AGRAVO INTERNO NO MANDADO DE SEGURANÇA. SERVIDOR PÚBLICO FEDERAL. CERCEAMENTO DE DEFESA. OCORRÊNCIA. NULIDADE DE CASSAÇÃO DE APOSENTADORIA. DEPENDÊNCIA QUÍMICA DO SERVIDOR. COMPROVAÇÃO. APOSENTADORIA POR INVALIDEZ. AGRAVO INTERNO NÃO PROVIDO. 1. Na inicial, o particular narrou ser servidor público federal do IBAMA que sofre graves enfermidades (transtornos mentais e comportamentais) agravadas pelo uso patológico de álcool que foi aposentado por invalidez. 2. Com efeito, após processo administrativo disciplinar, o particular teve sua aposentadoria cassada. No mandado de segurança, o servidor público defende que a nulidade da sanção administrativa, porque as condutas a ele atribuídas foram consequência da sua incapacidade. 3. Posto que o indeferimento de provas protelatórias é possível com base no art. 38, § 2º, da Lei n. 9.784/1999, necessário destacar, também, a imperiosa garantia de contraditório e ampla defesa aos particulares por força do art. 2º da Lei n. 9.784/1999 e do art. 143, *caput*, da Lei n. 8.112/1990. Ou seja, o indeferimento do pedido de produção de provas depende de motivação idônea. Porém, o indeferimento de novas provas periciais e/ou complementação dos laudos já emitidos não possui motivação adequada. 4. Ademais, no caso dos autos, há prova pré-constituída que

COMENTÁRIOS AO CÓDIGO DE PROCESSO CIVIL V. VIII

vo tendo por objeto a cassação de aposentadoria por incapacidade (vício em álcool) concedida à parte, com fundamento em laudo médico pericial produzido no processo administrativo. Requerida a complementação do laudo ou a produção de nova perícia pela parte, dada a omissão do laudo pericial quanto à consideração de sua situação patológica, o pedido foi indeferido pela Administração, com fundamento no art. 38, § 2º, da Lei n. 9.784/99. Analisando o caso, o STJ entendeu que "a complementação de laudo pericial do impetrante ou a produção de nova perícia não poderiam ter sido consideradas desnecessárias, pois as conclusões do laudo oficial da Administração foram submetidas a dúvidas razoáveis". Assim, considerando-se a existência de ilegalidades no procedimento administrativo, notadamente o cerceamento de defesa decorrente do indeferimento de nova prova pericial, reconheceu-se a nulidade do PAD[368].

Em caso de indeferimento de nova perícia pleiteada pelas partes, é da fundamentação da decisão que se extrairá eventual cerceamento de defesa. Essa análise se insere no âmbito do controle racional da decisão, viabilizado pelas provas produzidas no processo e sua valoração. Afinal, depreendendo-se que o magistrado proferiu sua decisão a partir de ponto de fato técnico que não foi devidamente esclarecido, será possível aferir a necessidade de nova perícia. Caso contrário, ou seja, estando a decisão devidamente fundamentada, possivelmente se estará diante de situação em que a nova perícia era, de fato, desnecessária.

---

o servidor púbico já era consumidor patológico de álcool e de drogas ilícitas quando praticou as condutas consideradas ilícitas pela Administração Pública. 5. Nos termos da jurisprudência deste STJ, o servidor público enfermo por ser dependente de álcool e de outras drogas possui direito à aposentadoria por invalidez. Precedentes" (AgInt nos EDcl no MS 28.550/DF, 1ª Seção, rel. Min. MAURO CAMPBELL MARQUES, j. 21-9-2022, *DJe* 27-9-2022).

368 "A patologia do servidor público viciado em álcool e outras drogas está comprovada em diversos elementos de prova. Não há necessidade de perícia para saber que a dependência alcoólica pode ser vencida. Eventualmente, há notícia de exemplos de superação divulgados na imprensa. Contudo, também é sabido que essa superação não é tarefa fácil e, muitas das vezes, não alcançada mesmo com tratamento médico especializado. Mais restritivamente, para solução da controvérsia é imprescindível verificar se a dependência química deu causa (ou se há grandes chances de ter sido a causa) aos atos imputados ao servidor. A possibilidade de melhora da doença não justifica cassação de aposentadoria, apenas conduz a realização de perícias médicas regulares nos termos do art. 188, § 5º, da Lei n. 8.112/1990. Contudo, os autos revelam que houve indeferimento de nova perícia solicitada pelo impetrante e de complementação de laudo que já havia apresentado" (AgInt nos EDcl no MS 28.550/DF, 1ª Seção, rel. Min. MAURO CAMPBELL MARQUES, j. 21-9-2022, *DJe* 27-9-2022).

Seção XI
Da Inspeção Judicial

Art. 481. O juiz, de ofício ou a requerimento da parte, pode, em qualquer fase do processo, inspecionar pessoas ou coisas, a fim de se esclarecer sobre fato que interesse à decisão da causa.

58. A inspeção judicial: conceito, cabimento e admissibilidade

No contexto da busca pelo melhor esclarecimento dos fatos no processo e da consequente formação do convencimento judicial, a inspeção judicial se destaca como meio de prova[369] que viabiliza um olhar do próprio juiz sobre determinado ponto controvertido de fato. Afinal, "muitas vezes, só a observação pessoal é capaz de ministrar ao julgador elementos sólidos de convicção acerca de ponto duvidoso da matéria de fato"[370].

Trata-se, em linhas gerais, de conduta que permite ao juiz verificar pessoas, coisas, lugares ou fenômenos a partir dos seus próprios sentidos[371], podendo contar com o auxílio de peritos, caso haja questões técnicas envolvidas (art. 482 do CPC), ou mesmo de outros auxiliares da justiça, quando necessário.

A inspeção judicial é orientada pela oralidade e pela imediação, ou seja, pelo contato direto do juiz com a fonte de prova[372]. Diferente do que ocorre nos demais meios de prova (uma testemunha ouvida em cooperação, por juízo diverso daquele que conduz o processo, manterá, ao menos em princípio, sua eficácia), a relativização da imediação na inspeção judicial desconfigura a própria natureza da prova. Isso gera reflexos no empréstimo ou na produção antecipada da inspeção. Não obstante ambos sejam plenamente admitidos, é possível que se relativize o valor dado à prova assim produzida, em especial

---

369 Em sentido contrário, entendendo que não se trata de verdadeiro meio de prova, mas de conduta que integra os poderes instrutórios do juiz, para se esclarecer sobre fato que interesse à decisão da causa, DOTTI, Rogéria et al. *Curso de processo civil completo*, item 7.6).

370 BARBOSA MOREIRA, José Carlos. *O novo processo civil brasileiro*. 22. ed. Rio de Janeiro: Forense, 2002. p. 73.

371 Embora mais comum, não será apenas por meio da visão que o juiz fará essa constatação. Todos os sentidos podem ser utilizados, a depender do fato controvertido. Como exemplificam ROGÉRIA DOTTI et al., "se a causa versa sobre responsabilidade civil por danos ambientais decorrentes da poluição atmosférica, o magistrado pode buscar perceber os odores ou os ruídos emitidos" (DOTTI, Rogéria; PINHEIRO, Paulo Eduardo D'Arce; MARTINS, Sandro Gilbert; CAMBI, Eduardo; KOZIKOSKI, Sandro Marcelo. *Curso de processo civil completo*, item 7.6).

372 OVÍDIO A. BAPTISTA DA SILVA destaca que esses princípios encontram, na inspeção judicial, "sua expressão mais autêntica e efetiva" (SILVA, Ovídio A. Baptista da. *Curso de processo civil*, p. 391).

COMENTÁRIOS AO CÓDIGO DE PROCESSO CIVIL V. VIII

quando utilizada, no processo futuro, por juiz diverso daquele que realizou a inspeção[373-374].

Especificamente no que toca à produção antecipada da prova, será possível, inclusive, a renovação da prova, o que não se costuma admitir para os demais meios de prova, salvo se necessária a complementação da prova no processo futuro[375]. Afinal, a inspeção judicial é meio de prova que se fundamenta justamente na imediação. Desse modo, tratando-se de juiz diverso daquele que produziu a inspeção judicial antecipada, nada impede que pretenda observar, com seus próprios sentidos, os fatos controvertidos, ainda que uma inspeção judicial tenha sido realizada anteriormente por outro juiz. O próprio conceito e a finalidade da inspeção judicial justificam esse excepcional entendimento.

Embora com grande potencial de contribuir para a formação do convencimento acerca dos fatos e a melhor fundamentação da decisão judicial, infelizmente não se trata de meio de prova muito utilizado na prática[376-377]. Apesar

---

373 Ressaltando que "a imediação é inerente à inspeção judicial", EDUARDO TALAMINI, não obstante admita o empréstimo da prova obtida por essa modalidade, ressalta ser a única prova que, "se emprestada, não tem como absolutamente manter o valor originário (o que a afasta do aspecto comum aos demais empréstimos de prova, consistente na potencialidade de ser mantida a força probante original)". Isso ocorre porque a inspeção judicial "só terá valor específico e diferenciado do de outros meios probatórios quando realizada precisamente por aquele que julgará o feito" (TALAMINI, Eduardo. A prova emprestada no processo civil ou penal, p. 150).

374 Rigorosamente falando, isso pode ocorrer com o empréstimo de qualquer meio de prova. Concordamos, neste ponto, com MOACYR AMARAL SANTOS: "A prova emprestada, como todas as espécies de provas, é sujeita à avaliação e vale pelo poder de convencimento que carrega. Tanto poderá, por si só, convencer, como poderá cooperar no convencimento, quando mais não seja, pelo seu simples valor argumental, como ainda poderá ser considerada inteiramente ineficiente, tudo dependendo das condições objetivas e subjetivas que apresenta, das partes nela interessadas, do caráter do fato probando, da natureza do processo, enfim das circunstâncias que influem na avaliação e estimação das provas" (SANTOS, Moacyr Amaral. *Prova judiciária no cível e no comercial*, p. 309).

375 PASCHOAL, Thaís Amoroso. *Coletivização da prova*, p. 273.

376 Interessante apontamento sobre a relevância desse meio de prova é feito por OVÍDIO A. BAPTISTA DA SILVA, para quem se trata da "mais importante, segura e esclarecedora fonte de prova com que o julgador pode contar" (SILVA, Ovídio A. Baptista da. *Curso de processo civil*, p. 391).

377 Com o intuito de incentivar o uso da inspeção judicial, em especial em demandas complexas, o Conselho Nacional de Justiça desenvolveu o projeto "Inspeção judicial: desafios e benefícios", em que juízes contam suas experiências com a utilização deste meio de prova. Os relatos podem ser vistos em dois webinários disponíveis na página do CNJ no YouTube. Disponível em: https://www.cnj.jus.br/agendas/1-o--webinario-da-serie-inspecao-judicial-desafios-e-beneficios/. Acesso em: 26 mar.

disso, é inequívoca sua utilidade para, em especial, auxiliar o juiz a melhor compreender determinados fatos controvertidos a partir de suas próprias percepções, de modo a viabilizar uma adequada compreensão das questões fáticas controvertidas.

De fato, a inspeção judicial poderá consistir em importante meio de prova complementar a outras provas produzidas, permitindo que o juiz esclareça determinados pontos de fato duvidosos, que somente com a realização da inspeção possam ser melhor esclarecidos[378]. Isso não significa, de modo algum, que sua admissibilidade dependa da existência de início de prova do fato[379]. Em outras palavras, a inspeção não tem caráter complementar a outros meios de prova[380], podendo caracterizar-se como meio autônomo, apto a integrar o conjunto probatório que será valorado pelo juiz para subsidiar a solução das questões de fato. É perfeitamente possível, portanto, que a inspeção judicial recaia sobre fato autônomo, que ainda não tenha sido objeto de prova, caso se verifique tratar-se de meio adequado para seu esclarecimento.

A inspeção judicial não poderá substituir eventual prova técnica necessária no processo, justamente por não ter caráter técnico[381]. A esse respeito, re-

---

2024. Dentro do mesmo projeto, produziu um documento que orienta a produção de inspeções judiciais: CONSELHO NACIONAL DE JUSTIÇA. *Guia prático das inspeções judiciais*. Brasília: CNJ, 2023. Disponível em: https://www.cnj.jus.br/wp-content/uploads/2023/10/guia-pratico-das-inspecoes-judiciais.pdf. Acesso em: 27 fev. 2024.

378 Tome-se como exemplo inspeção judicial realizada nos Autos 0431.13.001510-7, de ação de demarcação e divisão de uma fazenda, em trâmite na Comarca de Monte Carmelo, na região do Alto Paranaíba. O principal ponto controvertido da demanda consistente em divergência sobre a correspondência dos marcos aparentes do imóvel rural, no limite com a propriedade dos réus, com o título de aquisição do domínio. Enquanto o autor sustenta sua pretensão nessa falta de correspondência, os réus, seus vizinhos, afirmam que a linha entre os imóveis estaria bem definida e descrita no título da propriedade. A juíza determinou a realização da inspeção em razão de dúvidas depois de realizada a perícia e a oitiva de testemunhas.

379 Nesse sentido, DIDIER JR., Fredie; BRAGA, Paula Sarno; OLIVEIRA, Rafael Alexandria. *Curso de Direito Processual Civil*, p. 402. Ainda nessa linha, destacando que a inspeção não tem caráter subsidiário, NEVES, Daniel Amorim Assumpção. *Código de Processo Civil comentado, artigo por artigo*. 7. ed. Salvador: Juspodivm, 2022. p. 871.

380 O Superior Tribunal de Justiça, porém, já decidiu que "a utilização da inspeção judicial como meio de prova se justifica sempre que houver necessidade de o magistrado melhor avaliar ou esclarecer um fato controvertido, ou seja, naquelas situações em que essa percepção não puder ser obtida pelos outros meios de prova comumente admitidos no processo" (AgRg no REsp 1.110.215/RJ, 3ª Turma, rel. Min. SIDNEI BENETI, j. 27-10-2009, *DJe* 6-11-2009).

381 "A inspeção judicial não é uma modalidade de perícia técnica, mas sim um exame realizado pelo próprio julgador da causa" (TJMG, Agravo de Instrumento 10534140047893003, rel. Des. NEWTON TEIXEIRA CARVALHO, j. 7-4-2016, *DJe* 15-4-2016).

COMENTÁRIOS AO CÓDIGO DE PROCESSO CIVIL V. VIII

tome-se tudo o que se afirmou no item 31. Havendo fatos técnicos, a produção de prova técnica (prova pericial ou outra prova técnica prevista no Código, como a prova técnica simplificada ou a juntada de pareceres técnicos pelas partes) será imprescindível, não podendo o juiz dispensá-la para, em seu lugar, utilizar-se de outro meio de prova.

De outro lado, tratando-se de fatos comuns, que possam ser compreendidos a despeito de conhecimentos técnico-científicos (ou seja, que sejam inteligíveis a qualquer homem comum), será possível a realização de inspeção judicial, ainda que haja certas nuances técnicas, a justificarem o acompanhamento de um perito (art. 482 do CPC)[382].

A inspeção deverá ser realizada necessariamente pelo juiz, que poderá contar com a participação de auxiliares da justiça, como peritos ou oficiais de justiça, quando necessário. O ato não poderá ser realizado por oficial de justiça sem a presença do juiz, embora se tenha notícias de casos em que isso ocorreu[383]. Nessas situações, a prova deverá ser invalidada, com a determinação de nova inspeção, desta vez com a participação direta do juiz, que poderá contar com a participação do oficial, se assim entender necessário[384].

Veja-se que não se está afirmando, aqui, ser vedada a determinação de diligências a serem realizadas por oficiais de justiça, para verificação de certos fatos, o se caracterizaria como espécie de prova atípica no processo. Não se trata, porém, de inspeção judicial, que somente será assim caracterizada quando realizada pelo próprio juiz, ainda que conte com o apoio de peritos ou outros auxiliares da justiça, quando necessário.

---

382 "Esse meio de prova aproxima-se à perícia em alguma medida, sem chegar ao ponto de aplicação de conhecimentos técnicos ou científicos especializados, como nela se dá. Ao realizar a inspeção judicial, o juiz comporta-se como faz o homem comum, empregando no máximo as meras noções técnicas inerentes à sua cultura geral e valendo-se sempre de sua própria sensibilidade para, mediante a observação da pessoa ou coisa em exame, captar os elementos de interesse para o julgamento. O conhecimento assim haurido é menos profundo que aquele obtido pela via da prova pericial mas tem a vantagem da imediatidade entre o juiz e a fonte de prova, sem a participação de intermediários, que nem sempre reproduzem com fidelidade as impressões recebidas (testemunhas, peritos etc.)" (DINAMARCO, Cândido Rangel. *Instituições de direito processual civil*, p. 703-704).

383 Nesse sentido: TJMG, Agravo de Instrumento 10338100063266002, rel. Des. MOTA E SILVA, j. 2-2-2016, *DJe* 16-2-2016.

384 "Como a prova dos autos tem por destinatário o juiz da causa e por finalidade a formação de seu convencimento motivado e fundamentado, não há qualquer desacerto em se determinar, ainda que de ofício, a inspeção judicial. Entretanto, esta inspeção não pode ser realizada pelo oficial de justiça, embora esse possa, se for o caso, acompanhar o magistrado, pois, conforme o próprio nome indica, trata-se de inspeção 'judicial')" (TJMG, Agravo de Instrumento 10534140047893003, rel. Des. NEWTON TEIXEIRA CARVALHO, j. 7-4-2016, *DJe* 15-4-2016).

Da mesma forma, não poderá ser realizada unicamente pelo perito. Havendo necessidade de prova técnica para esclarecer fatos técnicos relativos a determinados espaços, o meio de prova adequado será a vistoria, e não a inspeção judicial, aquela, sim, meio técnico de prova. Ver, a esse respeito, o que se afirmou sobre as modalidades de prova pericial, no item 32 deste trabalho.

Veja-se que, mesmo que perito se faça presente na diligência, a inspeção judicial não poderá se confundir com a prova pericial. Caso, tratando-se de fato técnico, verifique-se ser fundamental uma análise realizada diretamente pelo perito, a perícia deverá ser determinada, não havendo espaço para a inspeção judicial.

A presença do perito na inspeção se justifica unicamente pela presença de alguns elementos técnicos que integrem o ponto de fato controvertido. Não se trata de possibilitar a participação do juiz na produção da prova pericial, mas de permitir que o juiz, no ato da inspeção, conte com o auxílio do perito para auxiliá-lo na compreensão de determinados fatos. Inspeção judicial, portanto, é meio de prova que difere substancialmente do exame e da vistoria, previstos no art. 420 do CPC e objeto de comentários no item 32[385].

A inspeção judicial poderá ser realizada atendendo-se a pedido das partes, ou determinada de ofício pelo juiz. Em qualquer caso, será necessário que se indique o(s) ponto(s) controvertido(s) de fato que será(ão) objeto de melhor esclarecimento, em especial para orientar os atos a serem praticados no momento de sua produção e garantir o devido contraditório (art. 483, parágrafo único, do CPC).

59. O objeto da inspeção judicial

O dispositivo prevê que a inspeção judicial terá por objeto pessoas ou coisas. Nada impede que tenha por objeto também lugares. Já se verificou, por exemplo, por meio de inspeção judicial, que a parte não exerceria a posse sobre o total da área do imóvel objeto do litígio, determinando-se a restrição da proteção possessória apenas à área por ela efetivamente ocupada[386].

---

385   Para FREDIE DIDIER JR., PAULA SARNO BRAGA e RAFAEL ALEXANDRIA DE OLIVEIRA, a inspeção judicial indireta – ou seja, aquela que conta com a participação do perito – confunde-se com uma perícia simplificada, "na medida em que se produz com a simples presença e inquirição do perito sobre a coisa ou pessoa que observa junto ao juiz". Complementam, afirmando que a diferença entre elas reside apenas no fato de que "a diligência pode não ocorrer em mesa de audiência, na sede do juízo, mas, sim, no local onde se encontre a fonte de prova" (DIDIER JR., Fredie; BRAGA, Paula Sarno; OLIVEIRA, Rafael Alexandria de. *Curso de direito processual civil*, p. 404).

386   TJMT, Agravo de Instrumento 0150074982014811000150074/2014, 5ª Câmara Cível, rel. Des. DIRCEU DOS SANTOS, j. 24-6-2015, *DJe* 29-6-2015.

COMENTÁRIOS AO CÓDIGO DE PROCESSO CIVIL v. VIII

A diligência poderá envolver a parte ou terceiro, aplicando-se, por analogia, as disposições da exibição de documento ou coisa, com as ressalvas necessárias quando se tratar de inspeção pessoal, em especial diante da recusa do inspecionado, como se verá em seguida. Aliás, tratando-se de inspeção de pessoas, será assegurada a presença de pessoa de sua confiança, sendo vedado submeter-se o inspecionado a situações que possam colocar em risco sua integridade física ou moral[387].

FREDIE DIDIER JR., PAULA SARNO BRAGA e RAFAEL ALEXANDRIA DE OLIVEIRA lembram que a inspeção judicial poderá ter por objeto, ainda, "fenômenos (erosão, maré, luar etc.)", exigindo-se apenas que "a fonte da inspeção seja perceptível pelos sentidos humanos"[388].

Interessante questão diz respeito à possibilidade de recusa da parte ou do terceiro em colaborar com produção da prova. Nesse caso, a recusa pode abranger tanto a inspeção pessoal da parte ou do terceiro, quanto a recusa em apresentar a coisa a ser inspecionada, ou mesmo a criação de embaraços à inspeção judicial de lugares.

Parte da doutrina afasta a possibilidade de recusa, em especial pela aplicação do art. 378 do CPC, e o dever imposto a todos de colaborar com o Poder Judiciário. Além disso, o art. 379 do CPC prevê expressamente o dever de "colaborar com o juízo na realização de inspeção judicial que for considerada necessária". Para essa vertente, tanto a parte quanto o terceiro teriam o dever de se submeter ou submeter a coisa à inspeção[389].

Neste ponto, aliás, parte relevante da doutrina aplica à inspeção judicial as hipóteses de recusa aplicáveis à parte no depoimento pessoal e à parte e ao terceiro na exibição de documento ou coisa, previstas, respectivamente, nos

---

387 WAMBIER, Luiz Rodrigues; TALAMINI, Eduardo. *Curso avançado de processo civil*, p. 360-361.

388 DIDIER JR., Fredie; BRAGA, Paula Sarno; OLIVEIRA, Rafael Alexandria. *Curso de direito processual civil*, p. 402-403.

389 Nesse sentido: SILVA, Ovídio A. Baptista. *Curso de processo civil*, p. 392; MARINONI, Luiz Guilherme; ARENHART, Sérgio Cruz. *Prova e convicção*, p. 919. Em sentido contrário, BARBOSA MOREIRA entende que a previsão genérica do art. 339 do CPC de 1973 (atual art. 378) "não basta para estender ao terceiro um dever que o Código reputou indispensável criar em termos expressos para a parte". Por isso, considerando a garantia do art. 5º, II, da CF, o terceiro não é obrigado a submeter-se à inspeção judicial, que somente poderá ocorrer com seu consentimento (BARBOSA MOREIRA, José Carlos. *O novo processo civil brasileiro*, p. 74). Na mesma linha, entendendo que o terceiro somente será submetido à inspeção pessoal com o seu consentimento, pois neste caso não há, em especial no art. 380 do CPC, qualquer previsão legal desse dever, DIDIER JR., Fredie; BRAGA, Paula Sarno; OLIVEIRA, Rafael Alexandria. *Curso de direito processual civil*, p. 403-404).

arts. 388 e 404 do CPC[390]. Não se olvide, também, do motivo de escusa previsto no próprio art. 379 do CPC, que prevê o dever da parte em colaborar com a inspeção judicial, ressalvado o direito de não produzir prova contra si, o que abrange apenas fatos que possam gerar reflexos na esfera penal[391].

A solução, em caso de recusa injustificada, é a aplicação da presunção de veracidade dos fatos que se pretendia esclarecer com a inspeção, se se tratar de parte[392], e a aplicação de meios coercitivos, como a multa, quando se tratar de terceiro[393].

A inspeção poderá ocorrer na sede do juízo, quando possível que a pessoa ou a coisa sejam levadas até esse local ou, então, no local em que se encontrem os objetos da inspeção (art. 483 do CPC).

Como qualquer outro meio de prova, o objeto da inspeção judicial deverá ser claramente definido no momento da determinação da prova. É fundamental que sejam buscados critérios objetivos que possam orientar a produção da prova, evitando certa e inevitável carga de subjetividade.

Art. 482. Ao realizar a inspeção, o juiz poderá ser assistido por um ou mais peritos.

60. A participação de perito na inspeção judicial

Como já se destacou no item anterior, a inspeção judicial não poderá substituir a necessidade de prova pericial, quando houver fatos técnicos controvertidos a serem elucidados no processo. Isso, porém, não impede que o juiz seja assistido por um ou mais peritos, caso ao esclarecimento que se busca por

---

390 Nesse sentido, BARBOSA MOREIRA, que já defendia a aplicação desses motivos de escusa à luz do Código anterior, com a ressalva de que na hipótese do antigo art. 363, V (atual art. 404, V), diferentemente do que ocorre com as hipóteses de escusa de prestar depoimento pessoal (art. 347 do CPC de 1973; art. 388 do CPC), "o juiz goza de discrição no apreciar a legitimidade da recusa" (BARBOSA MOREIRA, José Carlos. *O novo processo civil brasileiro*, p. 74).

391 Nesse sentido, o Enunciado n. 51 do Fórum Permanente de Processualistas Civis: "A compatibilização do disposto nestes dispositivos com o art. 5º, LXIII, da CF/1988, assegura à parte, exclusivamente, o direito de não produzir prova contra si em razão de reflexos no ambiente penal" (DIDIER JR., Fredie et al. *Rol de enunciados e repertório de boas práticas processuais do Fórum Permanente de Processualistas*, p. 9).

392 Para FREDIE DIDIER JR., PAULA SARNO BRAGA e RAFAEL ALEXANDRIA DE OLIVEIRA, embora não seja possível forçar a parte a se submeter à inspeção, a recusa pode configurar resistência injustificada ao andamento do processo (art. 80, IV, do CPC), podendo, ainda, caracterizar um indício que justificará a aplicação da presunção de veracidade do fato que se pretendia provar com a inspeção (DIDIER JR., Fredie; BRAGA, Paula Sarno; OLIVEIRA, Rafael Alexandria de. *Curso de direito processual civil*, p. 403).

393 MARINONI, Luiz Guilherme; ARENHART, Sérgio Cruz. *Prova e convicção*, p. 919.

meio da inspeção seja necessário um olhar técnico. Por óbvio, também se aplicam ao perito, nesse caso, as hipóteses de impedimento e suspeição previstas nos arts. 134 e 135 do CPC.

Dessa forma, e em observância ao contraditório, as partes também terão o direito de serem assistidas no ato por seus assistentes técnicos.

Assim como se ressaltou no item 31 deste trabalho, a definição da natureza técnica do fato é elemento essencial para se aferir o cabimento da inspeção judicial. Tratando-se de fato técnico, somente a prova técnica poderá auxiliar no seu esclarecimento. É fundamental, neste ponto, que se diferencie o fato técnico, cujo esclarecimento depende necessariamente da prova técnica (perícia; prova técnica simplificada; ou juntada de pareceres pelas partes), do fato que, embora comum, possui nuances técnicas que exijam o apoio de um especialista. Para tanto, é importante investigar se a solução daquele fato depende essencialmente de conhecimentos técnico-científicos.

Constatando se tratar de fato comum e, portanto, sendo adequada a inspeção judicial, o perito poderá servir apenas como "assessor direto do juiz no curso da inspeção"[394], no que muito se diferencia sua atuação daquela que ocorre quando exerce a função de principal agente da produção da prova, como ocorre na perícia.

No Tribunal de Justiça de Minas Gerais, estabeleceu-se interessante discussão nesse sentido. Tratava-se de ação de obrigação de dar coisa cumulada com indenização proposta por pessoa física contra determinada construtora. Em linhas muito gerais, discutia-se a disfuncionalidade de vaga de garagem adquirida pela autora. Segundo alegou na inicial, a vaga seria impossível de ser utilizada, pois estaria fora dos padrões normais e seria muito apertada, impedindo o estacionamento de veículos de pequeno e médio porte. Para a construtora, a vaga, embora difícil, não seria disfuncional, sendo que o contrato assinado pela autora previa expressamente que se tratava de vaga difícil, vedando-se expressamente qualquer pretensão de obter outra vaga. A construtora juntou aos autos, também, termo de vistoria realizado no momento da entrada no apartamento adquirido pela autora, em que ela atribuiu nota "dez" para a vaga de garagem.

Foi realizada prova pericial, que concluiu pela disfuncionalidade da vaga. Não satisfeito com o resultado, o magistrado determinou a realização de inspeção judicial, que contou com a participação de todas as partes, tendo concluído que a vaga, embora difícil, não era disfuncional, pois possibilitava o estacionamento de um veículo de pequeno ou médio porte. Com base nisso,

---

394 BARBOSA MOREIRA, José Carlos. *O novo processo civil brasileiro*, p. 74.

o juiz desconsiderou o laudo pericial. O resultado da inspeção, aliado ao fato de que o contrato previa expressamente a dificuldade de uso da vaga, levaram o Tribunal de Justiça de Minas Gerais a confirmar a sentença que julgou improcedente o pedido, em razão da funcionalidade da vaga de garagem[395].

No caso analisado, não nos parece ter havido ilegalidade na desconsideração da perícia para, em seu lugar, utilizar-se os demais elementos dos autos, notadamente o resultado da inspeção judicial, aliado à prova documental. Isso ocorre basicamente porque não se estava, no caso, diante de fato técnico. Em outras palavras, o fato de a vaga de garagem ser funcional não se reveste da tecnicidade necessária a justificar a realização de prova pericial, o que evidencia que a prova técnica, nesse caso, sequer era necessária, tendo sido equivocada sua determinação.

Outro caso, desta vez julgado pelo Superior Tribunal de Justiça, teve conclusão em sentido diverso. Embora antigo, o caso é interessante para a compreensão dos limites entre a inspeção judicial e a prova pericial.

Tratava-se de ação proposta por particulares contra o Município do Rio de Janeiro, pleiteando a nulidade do ato de tombamento do edifício onde se localiza o "Bar da Lagoa", sob o fundamento de que sofreriam prejuízos com o ato. Assim, considerando que o valor do aluguel obtido pelo prédio seria irrisório, seria necessária sua demolição para que, em seu lugar, fosse construído outro mais rentável, de modo a obterem renda mais compatível com a localização do terreno. Alegaram, ainda, desvio de finalidade do tombamento. O Município respondeu, alegando que o tombamento se justificaria em razão do valor arquitetônico do prédio (que teria estilo "art deco"), bem como pelo fato

---

395 "APELAÇÃO CÍVEL. AÇÃO DE OBRIGAÇÃO DE DAR COISA CERTA. COMPRA E VENDA DE IMÓVEL. AUSÊNCIA DE DIALETICIDADE PARCIAL. ACOLHER PARA CONHECER PARCIALMENTE DO RECURSO. VAGA DE GARAGEM. DESCUMPRIMENTO CONTRATUAL. INOCORRÊNCIA. INSPEÇÃO JUDICIAL 'IN LOCO'. CUMPRIMENTO DA FINALIDADE A QUE SE DESTINA. SENTENÇA DE IMPROCEDÊNCIA MANTIDA. – Merece parcial acolhimento a preliminar de ausência de dialeticidade, ora suscitada de ofício, haja vista a ausência de fundamentação e pedidos expressos capazes de subsidiar a pretensão de reforma da sentença para fins de procedência total da ação, notadamente em ralação ao pedido de indenização por danos morais e de recebimento da multa contratual. Realizada inspeção judicial 'in loco', não obstante a constatação de uma dificuldade maior em se utilizar a vaga de garagem, objeto da lide, restou evidenciado o cumprimento da sua destinação, inclusive com espaço lateral para a abertura das portas. Houve previsão expressa no contrato firmado entre as parte sobre a existência de vagas de garagem com acesso mais difícil, de modo a afastar o alegado descumprimento contratual" (Apelação Cível 50013293720198130687, 18ª Câmara Cível, rel. Des. Habib Felippe Jabour, j. 7-11-2023, *DJe* 7-11-2023).

de nele funcionar o tradicional bar, ponto de referência histórica para a cidade do Rio de Janeiro.

O juiz indeferiu a prova pericial pleiteada pelo Município e pelo Ministério Público, pois não seria necessário, no caso, aferir-se o valor arquitetônico do prédio, sendo suficiente o argumento da referência histórica. A sentença, porém, condenou o Município ao ressarcimento das despesas feitas pelos autores com o projeto e a licença de construção do novo prédio.

No Tribunal, os desembargadores realizaram inspeção judicial, acompanhada apenas pelo Ministério Público, e deram provimento ao recurso de apelação dos autores, entendendo que o tombamento representa "restrição ao direito de propriedade", razão pela qual se mostra necessária "a existência de razões ponderáveis para sua adoção, devendo ela estar ligada a fatos históricos ou culturais de relevo". Considerou-se que "o tombamento para preservação de tipo de construção deve estar ligado à imponência ou a beleza arquitetônica do edifício, ou à manutenção de um estilo de um núcleo residencial". Daí por que o tombamento seria desarrazoado e voltou-se ao atendimento de interesses particulares, sendo passível de anulação, por constituir ato abusivo da Administração Pública.

Contra esse acórdão foram interpostos dois Recursos Especiais. No primeiro, da associação de amigos e frequentadores do Bar da Lagoa, alegou-se essencialmente que a prova pericial não poderia ter sido dispensada, já que necessária para aferir-se o valor arquitetônico do edifício. Já no Recurso Especial interposto pelo Município, alegou-se, dentre outras coisas, que o Tribunal não poderia ter reformado a sentença com base na inexistência de valor arquitetônico, sem propiciar aos réus oportunidade de demonstrar a existência de tal valor, por meio das provas que haviam pleiteado.

O STJ, após amplo debate, deu provimento aos Recursos Especiais, entendendo que seria necessária a realização de perícia para se aferir o valor arquitetônico do imóvel, para o que a inspeção judicial seria insuficiente[396].

No caso, considerou-se que a inspeção judicial não serviria para aferição do estilo "art deco" do imóvel e seu consequente valor arquitetônico. Trata-se, no caso, de exemplo de fato técnico, que dependeria de prova técnica para ser solucionado.

---

396 "(...) 2. Se, em primeiro grau, foi dispensada prova para demonstrar determinadas características do imóvel que motivaram o tombamento, não é possível ao acórdão proferido pelo Tribunal de Justiça, sem prova nos autos, anular o referido ato administrativo alegando que o bem questionado não possui estilo 'art déco'. 3. Vícios presentes no acórdão e na sentença que determinam a nulidade de tais atos judiciais. Determinação de realização de perícia, proferindo-se novo julgamento, a partir do primeiro grau, do modo que melhor for entendido" (REsp 173.158/RJ, 1ª Turma, rel. Min. HUMBERTO GOMES DE BARROS, j. 28-3-2000, DJ 11-9-2000, p. 224).

Não se descarta a possibilidade de realização de inspeção judicial para que o juiz possa esclarecer ponto duvidoso que tenha remanescido após a realização da prova pericial. Nesse caso, a inspeção não substituirá o a prova técnica, mas permitirá que certas questões nela apontadas sejam melhor compreendidas pelo magistrado. Também é possível que a inspeção judicial revele a necessidade de produção de prova técnica[397].

61. A participação de outros auxiliares da justiça

Embora o Código preveja apenas a participação de perito na inspeção, nada impede que outros auxiliares da justiça (art. 149 do CPC) possam participar do ato, quando necessário.

Imagine-se, por exemplo, que a inspeção judicial tenha por objeto pessoa estrangeira (parte ou terceiro) ou situação envolvendo pessoa estrangeira. Seria perfeitamente possível, nesse contexto, contar com a participação de tradutor, para auxiliar o juiz na melhor compreensão dos fatos. Embora essa atuação não esteja prevista no art. 162 do CPC, ela pode ser equiparável às situações dos incisos II e III daquele dispositivo, voltando-se a uma atuação do tradutor ou do intérprete na produção das provas no processo.

> **Art. 483.** O juiz irá ao local onde se encontre a pessoa ou a coisa quando:
> **I** – julgar necessário para a melhor verificação ou interpretação dos fatos que deva observar;
> **II** – a coisa não puder ser apresentada em juízo sem consideráveis despesas ou graves dificuldades;
> **III** – determinar a reconstituição dos fatos.
> **Parágrafo único.** As partes têm sempre direito a assistir à inspeção, prestando esclarecimentos e fazendo observações que considerem de interesse para a causa.

62. O local da inspeção

Como regra, a inspeção judicial será realizada na sede do juízo. O art. 483, porém, prevê que a diligência poderá ser realizada no local em que se encontre a pessoa ou a coisa quando julgar necessário para a melhor verificação ou interpretação dos fatos que deva observar; a coisa não puder ser apresentada em juízo sem consideráveis despesas ou graves dificuldades; determinar a reconstituição dos fatos. Por óbvio, também não será possível realizar a inspeção judicial na sede do juízo quando o objeto da inspeção for um lugar, como ocorre nos casos em que se inspeciona imóveis.

---

397 BARBOSA MOREIRA, José Carlos. *O novo processo civil brasileiro*, p. 74.

Caso o objeto da inspeção se encontre em outra comarca, será possível contar com as formas de cooperação jurisdicional – tanto as tradicionais cartas precatórias, quanto aquelas previstas nos arts. 67 a 69 do CPC[398] – para sua produção. Aqui, porém, incidirá o mesmo problema já apontado com relação ao empréstimo do resultado da inspeção: a relativização da imediatidade poderá reduzir a eficácia da prova, já que a grande utilidade da inspeção reside, justamente, na possibilidade de o próprio juiz que valorará a prova e julgará as questões de fato e a pretensão obter, com seus próprios sentidos, informações a respeito do fato controvertido[399].

63. Inspeção judicial e cooperação jurisdicional

Na mesma linha do que se afirmou para a prova testemunhal e a prova pericial, é fundamental aplicar-se, também à inspeção judicial, o instituto da cooperação judiciária nacional, com as previsões dos arts. 67 a 69 do CPC e da Resolução n. 350/2020 do CNJ.

O auxílio direto permitirá que a inspeção judicial possa ser realizada na comarca em que se encontre o objeto a ser inspecionado, dispensando-se, para tanto, o uso de carta precatória. Embora perfeitamente possível, aplicam-se a esta hipótese as ressalvas realizadas anteriormente, relativamente à prova emprestada e à produção antecipada da prova, considerando que a grande valia da inspeção judicial está justamente na imediatidade. Não sendo a diligência realizada pelo juiz que proferirá a decisão, é possível que a prova perca um pouco do seu valor, não obstante continue servindo ao esclarecimento dos fatos.

Além disso, havendo a necessidade de realização de inspeção judicial relativa a fatos que se repitam em inúmeras demandas em trâmite perante juízos diversos, será possível que se proceda à concertação de atos (art. 69, § 2º, II, do CPC), para que a diligência seja realizada de forma compartilhada por todos os juízes que conduzem essas demandas.

Mais do que a eficiência, neste caso, a produção compartilhada da prova permitirá um olhar conjunto de todos os juízes sobre o fato a ser esclarecido, com participação de todas as partes, viabilizando um profícuo debate em torno do ponto controvertido de fato. O auto lavrado contará com a participação

---

398 Reitera-se, neste ponto, tudo o que se disse nos itens relativos à cooperação deste trabalho, assim como em outros textos sobre o tema: na atual configuração que a cooperação judiciária assume no CPC de 2015, e diante da política instituída pelo CNJ para a prática de atos cooperados, não há razão para ainda se utilizar das defasadas e burocráticas cartas precatórias para a prática de atos processuais, incluindo a colheita de provas em outro juízo.

399 Nesse sentido: DOTTI, Rogéria et. al. *Curso de processo civil completo*, item 7.6.

de todos os envolvidos, e deverá ser transladado para todos os processos, recebendo a valoração e decisão em cada demanda.

64. Inspeção judicial e contraditório: a produção cooperativa da prova

Dentre as inúmeras vantagens da inspeção, já destacadas neste texto, destaca-se a potencialidade de intensificação do contraditório, a partir da participação de todos os sujeitos processuais, seus advogados e auxiliares da justiça, além de assistentes técnicos. É certo que essa ampla participação deveria orientar a produção de todos os meios de prova, garantindo um resultado probatório obtido a partir do efetivo diálogo entre todos os interessados. Medida como essa, sem dúvida, sofisticaria a prova e garantiria resultados muito mais consentâneos com sua finalidade, enquanto importante ferramenta para a formação do convencimento e adequada prestação da tutela jurisdicional.

Seja como for, a inspeção, pela própria configuração que lhe foi dada pelo Código de Processo Civil, é um espaço frutífero para que esse contraditório amplo se concretize. A disposição do parágrafo único é clara nesse sentido: as partes devem ter ciência do local, data e horário em que será realizada a diligência, para que possam exercer seu direito de acompanhar a inspeção, prestando esclarecimentos e fazendo observações que considerem de interesse para a causa. Havendo a participação de perito (art. 482 do CPC), poderão fazer-se acompanhar de seus assistentes técnicos, para auxiliá-las na compreensão de eventuais pontos técnicos que surgirem durante a produção da prova.

Esse incentivo ao exercício pleno do contraditório possibilita não só o melhor esclarecimento dos fatos, possibilitando que todos estejam atentos a todas as etapas de colheita da prova e possam, se necessário, esclarecer eventuais pontos obscuros, mas também viabiliza um contato entre as partes num momento em que todos estarão voltados à melhor compreensão dos fatos. Essa atitude cooperativa (art. 6º do CPC) cria espaço interessante para possíveis acordos. Também por esse motivo, a inspeção judicial se revela interessante meio de prova.

Caso não se oportunize às partes a participação durante a inspeção, a colheita da prova será nula e nova diligência deverá ser determinada, desta vez com garantia de amplo contraditório na produção da prova. Retome-se, aqui, tudo o que se disse acerca da participação das partes durante a produção da prova pericial.

Art. 484. Concluída a diligência, o juiz mandará lavrar auto circunstanciado, mencionando nele tudo quanto for útil ao julgamento da causa.

Parágrafo único. O auto poderá ser instruído com desenho, gráfico ou fotografia.

65. A documentação da inspeção judicial

É fundamental que todos os atos praticados durante a inspeção judicial sejam objeto de documentação, para que os elementos de prova possam ser utilizados por todos os sujeitos processuais, em especial pelo juiz, no momento de proferir sua decisão. Daí a imprescindibilidade de que o juiz se faça acompanhar do escrivão, para que todas as percepções obtidas no momento do ato possam ser devidamente documentadas no momento em que aferidas.

A documentação do ato é importante para permitir que as partes possam ter conhecimento das percepções obtidas pelo juiz durante a produção da prova, viabilizando seu controle e, consequentemente, o adequado exercício do contraditório. Daí por que sua falta ou incompletude poderá gerar a nulidade da prova.

Já houve decisões no sentido da dispensa do auto, quando o juiz se utilizar de outros meios de prova para decidir[400]. Esse entendimento desconsidera a influência que todos os elementos fáticos podem gerar no julgador, ainda que não expressamente indicados na decisão. Significa dizer que a lavratura do auto, de forma o mais completa e fidedigna possível, é fundamental para que as partes possam, justamente, controlar quais elementos de prova influenciaram a formação do convencimento do juiz. A inexistência do auto impede, sob esta perspectiva, que se constate se, de fato, os fatos percebidos durante a inspeção não foram, de fato, utilizados pelo magistrado. Retome-se aqui tudo o que se afirmou no item 3 deste trabalho, relativamente ao cuidado que se deve ter com relação às nulidades decorrentes da falta de documentação do resultado das provas.

No auto deverá ser inserido o relato do juiz acerca dos fatos observados, com o cuidado de não proceder, neste momento, a sua valoração, que é etapa decisória e deverá ser realizada posteriormente[401]. Nesse ponto, uma importante ressalva deve ser feita. Não obstante produção e valoração sejam etapas diversas do *iter* probatório, na inspeção judicial parece ser difícil defender-se que o juiz apenas se limitará a relatar os fatos, sem tecer qualquer juízo de valoração. É claro que a valoração do resultado da inspeção no conjunto probatório dos autos poderá ser reservada para o momento da decisão. Porém, a valoração individual da prova, no momento da observação realizada pelo juiz,

---

400 No julgamento do AgRg no Ag 676.160/MG, o STJ considerou que "a ausência do auto circunstanciado, lavrado a partir da diligência feita pelo juiz, não é capaz de macular a sentença quando, como no caso dos autos, outras provas forem suficientes à formação da convicção do julgador" (AgRg no Ag 676.160/MG, rel. Min. Maria Isabel Gallotti, j. 23-11-2010, *DJe* 17-12-2010).

401 Silva, Ovídio A. Baptista da. *Curso de processo civil*, p. 393.

CPC/2015, ART. **484**

pode ser inevitável, já que na inspeção se mistura o papel de ator responsável pela colheita da prova e condução de sua produção com a figura do próprio julgador. Para evitar que a valoração ocorra neste momento, orientando desde já a formação do convencimento do julgador, os critérios objetivos de que se tratou no item 4 deste trabalho devem orientar também a realização da inspeção. Daí por que se defende que, no momento da determinação da prova, sejam indicados expressamente e de forma objetiva os fatos que se pretende esclarecer com o meio de prova, bem como a forma como as diligências serão realizadas, buscando-se, com isso, reduzir o máximo possível eventual carga de subjetividade na produção da prova.

Caso a inspeção tenha sido realizada em audiência na sede do juízo, essa documentação será o termo de audiência. Caso se trate de inspeção realizada no local em que se encontra o objeto inspecionado, deverá ser lavrado um auto circunstanciado, que poderá ser instruído com desenho, gráfico, fotografia ou qualquer outro elemento que se mostre necessário para elucidar os fatos mencionados no documento.

BIBLIOGRAFIA

ABELLÁN, Marina Gascón. *Os fatos no direito* – bases argumentativas da prova. Trad. Ravi Peixoto. Salvador: JusPodvim, 2022.

ABELLÁN, Marina Gascón. Prueba científica, un mapa de retos. *In*: VÁZQUEZ, Carmen (ed.). *Estándares de prueba y prueba científica*: ensayos de epistemologia jurídica. Madrid: Marcial Pons, 2013.

ALMEIDA, Diogo Assumpção Rezende de. *A prova pericial no processo civil*: o controle da ciência e a escolha do perito. Rio de Janeiro-São Paulo-Recife: Renovar, 2011.

AMARAL, Francisco. *Direito civil* – introdução. 5. ed. Rio de Janeiro-São Paulo: Renovar, 2003.

AMARAL, Paulo Osternack. *Provas – atipicidade, liberdade e instrumentalidade*. 2. ed. rev., atual. e ampl. São Paulo: Revista dos Tribunais, 2017.

ANDREATINI, Lívia Losso. *O devido saneamento e organização do processo: funções e técnicas processuais*. Dissertação (Mestrado) – Faculdade de Direito do Largo São Francisco, Universidade de São Paulo, São Paulo, 2024.

ANDREATINI, Lívia Losso. Ônus da prova: da doutrina chiovendiana sobre o interesse ao dever probatório. *Revista de Processo*, v. 346, dez. 2023.

APRIGLIANO, Ricardo de Carvalho. *Comentários ao Código de Processo Civil*. Das provas: disposições gerais. São Paulo: Saraiva Educação, 2020. v. VIII, t. I.

APRIGLIANO, Ricardo de Carvalho. *Ordem pública e processo* – o tratamento das questões de ordem pública no direito processual civil. São Paulo: Atlas, 2011.

ARENHART, Sérgio Cruz; MARINONI, Luiz Guilherme. *Comentários ao Código de Processo Civil*. São Paulo: Revista dos Tribunais, 2017. v. VII.

ARRUDA ALVIM, Teresa. Distinção entre questão de fato e questão de direito para fins de cabimento de recurso especial. *Revista de Processo*, n. 92, out.-dez. 1998.

ARRUDA ALVIM, Teresa; CONCEIÇÃO, Maria Lúcia Lins; MELLO, Rogério Licastro Torres de; RIBEIRO, Leonardo Ferres da. *Primeiros comentários ao Novo Código de Processo Civil*: artigo por artigo. São Paulo: Revista dos Tribunais, 2015.

ASPERTI, Maria Cecília de Araujo; COSTA, Susana Henriques da. Julgamento em extinção? O estudo "Vanishing Trial" de Marc Galanter e a transformação da atividade jurisdicional no Brasil. *In*: YARSHELL, Flávio Luiz; COSTA, Susana Henriques da; FRANCO, Marcelo Veiga (coord.). *Acesso à justiça, direito e sociedade*. Estudos em homenagem ao Professor Marc Galanter. São Paulo: Quartier Latin, 2022.

AURELLI, Arlete Inês. Da admissibilidade da prova emprestada no CPC de 2015. *In*: JOBIM, Marco Félix; FERREIRA, William Santos (coord.). *Direito probatório*. Salvador: Juspodivm, 2015.

COMENTÁRIOS AO CÓDIGO DE PROCESSO CIVIL v. VIII

AZEVEDO, JÚLIO CAMARGO DE. *Vulnerabilidade: critério para a adequação procedimental* – a adaptação do procedimento como garantia ao acesso à justiça de sujeitos vulneráveis. Belo Horizonte: CEI, 2021.

BARBOSA MOREIRA, JOSÉ CARLOS. Anotações sobre o título 'Da Prova' do Novo Código Civil. *In*: DIDIER JR., FREDIE; MAZZEI, RODRIGO (org.). *Reflexões do Novo Código Civil no direito processual*. Salvador: Juspodivm, 2007.

BARBOSA MOREIRA, JOSÉ CARLOS. *Comentários ao Código de Processo Civil*. 10. ed. Rio de Janeiro: Forense, 2002. v. V.

BARBOSA MOREIRA, JOSÉ CARLOS. *O novo processo civil brasileiro*. 22. ed. Rio de Janeiro: Forense, 2002.

BARBOSA MOREIRA, JOSÉ CARLOS. O juiz e a prova. *Revista de Processo*, v. 35, jul. 1984.

BARCELLOS, ANA PAULA DE. *A eficácia jurídica dos princípios constitucionais*: o princípio da dignidade da pessoa humana. Rio de Janeiro: Renovar, 2003.

BARIONI, Rodrigo. Capítulo VII. Da ação rescisória. *In*: ARRUDA ALVIM, TERESA et al. (coord.). *Breves comentários ao Novo Código de Processo Civil*. São Paulo: Revista dos Tribunais, 2015.

BEDAQUE, JOSÉ ROBERTO DOS SANTOS. *Efetividade do processo e técnica processual*. São Paulo: Malheiros, 2006.

BENTHAM, JEREMY. *Tratado de las pruebas judiciales*. Org. E. Dumont. Trad. C. M. V. Paris: Bossange Fréres, 1825. v. I.

BRAGA, PAULA SARNO. Da prova pericial. *In*: ALVIM, TERESA ARRUDA et al. (coord.). *Breves comentários ao Novo Código de Processo Civil*. São Paulo: Revista dos Tribunais, 2015.

CABRAL, ANTONIO DO PASSO. *Convenções processuais*. 2. ed. Salvador: Juspodvim, 2018.

CABRAL, ANTONIO DO PASSO. El principio del contradictorio como derecho de influencia y deber de debate. *Revista Peruana de Derecho Procesal*, Lima, 16, año XIV, 2010.

CABRAL, ANTONIO DO PASSO. *Juiz natural e eficiência processual*: flexibilização, delegação e coordenação de competências no processo civil. São Paulo: Revista dos Tribunais, 2021.

CÂMARA, ALEXANDRE FREITAS. *Lições de direito processual civil*. 11. ed. Rio de Janeiro: Lumen Juris, 2004. v. I.

CÂMARA, ALEXANDRE FREITAS. *O novo processo civil brasileiro*. 4. ed. São Paulo: Atlas, 2018.

CAMPOS, MARIA GABRIELA. *O compartilhamento de competências no processo civil*: um estudo do sistema de competências sob o paradigma da cooperação nacional. Salvador: Juspodivm, 2020.

CARMO, CLÁUDIO MÁRCIO. Grupos minoritários, grupos vulneráveis e o problema da (in)tolerância: uma relação linguístico-discursiva e ideológica entre o desrespeito e a manifestação do ódio no contexto brasileiro. *Revista do Instituto de Estudos Brasileiros*, v. 64, 2016.

CARNELUTTI, FRANCESCO. *La prova civile*. Seconda edizione. Roma: Edizione Dell'Ateneo, 1947.

CARPES, ARTUR. *Ónus dinâmico da prova*. Porto Alegre: Livraria do Advogado, 2010.

CARVALHO, Nathalia Gonçalves de Macedo. *Admissibilidade de provas: os limites ao indeferimento da produção da prova cível*. Dissertação (Mestrado) – Pontifícia Universidade Católica de São Paulo, São Paulo, 2017.

CINTRA, Lia Carolina Batista. *Intervenção de terceiro por ordem do juiz*: a intervenção *iussu iudicis* no processo civil. São Paulo: Revista dos Tribunais, 2017.

COMOGLIO, Luigi Paolo; FERRI, Corrado; TARUFFO, Michele. *Lezioni sul processo civile*. 2. ed. Bologna: Il Mulino, 1995.

CONSELHO NACIONAL DE JUSTIÇA. *Protocolo para julgamento com perspectiva de gênero 2021*. Brasília: CNJ; Enfam, 2021.

CONSELHO NACIONAL DE JUSTIÇA; PROGRAMA DAS NAÇÕES UNIDAS PARA O DESENVOLVIMENTO. *Discriminação e violência contra a população LGBTQIA+*: relatório da pesquisa. Brasília: CNJ, 2022.

COSTA E SILVA, Paula. Legalidade das formas de processo e gestão processual ou as duas faces de Janus. *Revista de Informação Legislativa*, n. 190, ano 40, abr.-jun. 2011.

COSTA E SILVA, Paula; REIS, Nuno Trigo dos. A prova difícil: da *probatio levior* à inversão do ónus da prova. *Revista de Processo*, ano 38, v. 222, ago. 2013.

CREMASCO, Suzana Santi. *A distribuição dinâmica do ônus da prova*. Rio de Janeiro: 2009.

CUNHA, Leonardo Carneiro da. O princípio do contraditório e a cooperação no processo. *Revista Brasileira de Direito Processual – RBDPro*, Belo Horizonte, jul.-set. 2012.

DIDIER JR., Fredie. *Cooperação judiciária nacional*: esboço de uma teoria para o direito brasileiro (arts. 67-69, CPC). Salvador: Juspodivm, 2020.

DIDIER JR., Fredie. *Curso de direito processual civil*. Salvador: Juspodivm, 2020. v. 1.

DIDIER JR., Fredie. Da interdição. *In*: ALVIM, Teresa Arruda et al. (coord.). *Breves comentários ao Novo Código de Processo Civil*. 3. ed. São Paulo: Revista dos Tribunais, 2016 (ebook).

DIDIER JR., Fredie. *Fundamentos do princípio da cooperação no direito processual civil português*. Coimbra: Coimbra Editora, 2010.

DIDIER JR., Fredie. Negócios jurídicos processuais atípicos no Código de Processo Civil de 2015. *Revista Brasileira da Advocacia*, v. 1, p. 59-84, abr.-jun. 2016.

DIDIER JR., Fredie et al. *Rol de enunciados e repertório de boas práticas processuais do Fórum Permanente de Processualistas – FPPC*. Brasília, 2023.

DIDIER JR., Fredie; BRAGA, Paula Sarno. Ações probatórias autônomas: produção antecipada de prova e justificação. *Revista de Processo*, v. 218, p. 13-45, abr. 2013.

DIDIER JR., Fredie; BRAGA, Paula Sarno; OLIVEIRA, Rafael Alexandria de. *Curso de processo civil*. Salvador: Juspodivm, 2017. v. 2.

DIDIER JR., Fredie; BRAGA, Paula Sarno; OLIVEIRA, Rafael Alexandria de. *Curso de direito processual civil*. 18. ed. Salvador: Juspodivm, 2023. v. 2.

DINAMARCO, Cândido Rangel. *A instrumentalidade do processo*. 6. ed. São Paulo: Malheiros, 1998.

DINAMARCO, Cândido Rangel. *Instituições de direito processual civil*. São Paulo: Malheiros, 2020. v. 3.

COMENTÁRIOS AO CÓDIGO DE PROCESSO CIVIL v. VIII

DOTTI, Rogéria; PINHEIRO, Paulo Eduardo D'Arce; MARTINS, Sandro Gilbert; CAMBI, Eduardo; KOZIKOSKI, Sandro Marcelo. *Curso de processo civil completo.* São Paulo: Revista dos Tribunais, 2022 (ebook).

DWORKIN, Ronald. *A virtude soberana*: a teoria e a prática da igualdade. São Paulo: Martins Fontes, 2005.

EXPÓSITO, Gabriela. *A capacidade processual da pessoa com deficiência intelectual.* Salvador: Juspodivm, 2019.

FACHIN, Melina Girardi; CAMBI, Eduardo; PORTO, Letícia de Andrade. *Constituição e direitos humanos.* São Paulo: Almedina, 2022.

FALLON JR., Richard H. A theory of judicial candor. *Columbia Law Review*, 117, 2017.

FARIAS, Cristiano Chaves de; NETTO Felipe Braga; ROSENVALD, Nelson. *Manual de direito civil.* 8. ed. Salvador: Juspodivm, 2023.

FERNÁNDEZ, Sergi Guasch. *El hecho y el derecho en la casación civil.* Barcelona: José María Bosch Editor, 1998.

FERREIRA, William Santos. A prova pericial no novo Código de Processo Civil. *Revista do Advogado*, AASP, n. 126, ano XXXV, maio 2015.

FERREIRA, William Santos. *Princípios fundamentais da prova cível.* São Paulo: Revista dos Tribunais, 2014.

FERRER-BELTRÁN, Jordi. *Prova sem convicção*: standards de prova e devido processo. Trad. Vitor de Paula Ramos. Salvador: Juspodivm, 2022.

FRASER, Nancy. *Justiça interrompida.* Reflexões críticas sobre a condição pós-socialista. São Paulo: Boitempo, 2022.

FUGA, Bruno Augusto Sampaio. *Produção antecipada da prova*: procedimento adequado para a máxima eficácia e estabilidade. Londrina: Thoth, 2023.

FULLIN, Carmen. Acesso à justiça: a construção de um problema em mutação. *In*: SILVA, Felipe Gonçalves; RODRIGUEZ, José Rodrigo (org.). *Manual de sociologia jurídica.* São Paulo: Saraiva, 2013.

GABBAY, Daniela Monteiro; COSTA, Susana Henriques da; ASPERTI, Maria Cecília Araujo. Acesso à justiça no brasil: reflexões sobre escolhas políticas e a necessidade de construção de uma nova agenda de pesquisa. *Revista Brasileira de Sociologia do Direito*, v. 6 n. 3, set.-dez. 2019.

GAJARDONI, Fernando da Fonseca. *Flexibilização procedimental* – um novo enfoque para o estudo do procedimento em matéria processual. São Paulo: Atlas, 2008.

GAJARDONI, Fernando da Fonseca. O princípio da adequação formal do direito processual civil português. *Revista de Processo*, v. 164, out. 2008.

GAJARDONI, Fernando da Fonseca; DELLORE, Luiz; ROQUE, Andre Vasconcelos; OLIVEIRA JÚNIOR, Zulmar Duarte de. *Processo de conhecimento e cumprimento de sentença*: comentários ao CPC de 2015. São Paulo: Método, 2016.

GALANTER, Marc. Acesso à justiça em mundo de capacidade social em expansão. *Revista Brasileira de Sociologia do Direito*, Porto Alegre: ABraSD, v. 2, n. 1, jan.-jun. 2015.

GALANTER, Marc. *Por que "quem tem" sai na frente.* Trad. Ana Carolina Chasin. São Paulo: FGV Direito SP, 2018.

BIBLIOGRAFIA

GODINHO, Robson Renault. Da admissibilidade e do valor da prova testemunhal. *In*: ALVIM, Teresa Arruda et al. (coord.). *Breves comentários ao Novo Código de Processo Civil*. São Paulo: Revista dos Tribunais, 2015.

GODINHO, Robson Renault. Notas sobre o artigo 1.072, II, do Novo CPC: a revogação de regras sobre provas do Código Civil. *Revista do Ministério Público do Rio de Janeiro*, n. 61, jul.-set. 2016.

GOÉS, Gisele. *Teoria geral da prova* – apontamentos. Salvador: Juspodivm, 2005.

GOMES FILHO, Antonio Magalhães. Notas sobre a terminologia da prova (reflexos no processo penal brasileiro. *In*: YARSHELL, Flávio Luiz; MORAES, Maurício Zanoide de (org.). *Estudos em homenagem à professora Ada Pellegrini Grinover*. São Paulo: DPJ Editora, 2005.

GREENE, Sara Sternberg. Race, class and access to civil justice. *101 Iowa Law Review*, p. 1.234-1.322, 2016.

GROENINGA, Gisele Câmara. O papel profissional do assistente técnico na relação cliente/perito/juiz. *Cadernos Temáticos do CRP/SP*, São Paulo: CRP, v. 10 – Psicólogo Judiciário nas Questões de Família. A ética própria da Psicologia: mudanças na relação assistente técnico e perito.

GUEDES, Clarissa Diniz. *Persuasão racional e limitações probatórias: enfoque comparativo entre os processos civil e penal*. Tese (Doutorado) – Universidade de São Paulo, 2013.

HELLMAN, Renê; CORRÊA, Guilherme Augusto Bittencourt; PINHEIRO, Paulo Fernando. *Comentários à Lei dos Juizados Especiais Cíveis e Criminais*. Curitiba: Juruá, 2021.

HEÑIN, Fernando Adrián. Valoración judicial de la conducta procesal. *Revista de Processo*, v. 170, p. 59-93, abr. 2009.

HILL, Flávia Pereira. Uns mais iguais que os outros: em busca da igualdade (material) de gênero no processo civil brasileiro. *Revista Eletrônica de Direito Processual – REDP*, ano 13, v. 20, n. 2, maio-ago. 2019.

HOFFMAN, Paulo. *Saneamento compartilhado*. São Paulo: Quartier Latin, 2011.

IDLEMAN, Scott C. A Prudential Theory of Judicial Candor. *Tex. L. Rev.*, 73, 1995.

KAHNEMAN, Daniel; SIBONY, Olivier; SUNSTEIN, Cass. *Ruído*: uma falha no julgamento humano. Rio de Janeiro: Objetiva, 2021.

KNIJNIK, Danilo. *O recurso especial e a revisão da questão de fato pelo Superior Tribunal de Justiça*. Rio de Janeiro: Forense, 2005.

KNIJNIK, Danilo. *Prova pericial e seu controle no direito processual brasileiro*. São Paulo: Revista dos Tribunais, 2017.

LAGIER, Daniel González. *Quaestio facti*: ensaios sobre prova, causalidade e ação. Trad. Luis Felipe Kircher. Salvador: Juspodivm, 2022.

LEITE, Clarice Frechiani Lara. *Comentários ao Código de Processo Civil*. São Paulo: Saraiva, 2020. v. VIII, t. II.

LEITE, Clarice Frechiani Lara. *Fatos e provas novos no processo civil*. São Paulo: Revista dos Tribunais, 2023.

MAFFESSONI, Behlua. *Convenções processuais probatórias e poderes instrutórios do juiz*. Salvador: Juspodivm, 2021.

MARINONI, Luiz Guilherme. *Novas linhas do processo civil*. 4. ed. São Paulo: Malheiros, 2000.

MARINONI, Luiz Guilherme. *Técnica processual e tutela dos direitos*. 3. ed. São Paulo: Revista dos Tribunais, 2010.

MARINONI, Luiz Guilherme; ARENHART, Sérgio Cruz. *Comentários ao Código de Processo Civil*. São Paulo: Revista dos Tribunais, 2017. v. VII.

MARINONI, Luiz Guilherme; ARENHART, Sérgio Cruz. *Prova e convicção*. 4. ed. São Paulo: Revista dos Tribunais, 2018.

MARINONI, Luiz Guilherme; ARENHART, Sérgio Cruz; MITIDIERO, Daniel. *Curso de processo civil*. 7. ed. São Paulo: Revista dos Tribunais, 2021. v. 2.

MARINONI, Luiz Guilherme; ARENHART, Sérgio Cruz; MITIDIERO, Daniel. *Novo Código de Processo Civil comentado*. São Paulo: Revista dos Tribunais, 2015.

MEIRELES, Ana Isa Dias. *A prova digital no processo judicial*: a blockchain e outros caminhos para os Tribunais. São Paulo: Almedina, 2023.

MITIDIERO, Daniel. *Colaboração no processo civil*. 3. ed. São Paulo: Revista dos Tribunais, 2015.

MITIDIERO, Daniel. *Processo civil*. 2. ed. São Paulo: Revista dos Tribunais, 2022.

MONIZ DE ARAGÃO, Egas. *Exegese do Código de Processo Civil*. Rio de Janeiro: Aide, [ano]. v. IV, t. I.

MÜLLER, Julio Guilherme. *Negócios processuais e desjudicialização da produção da prova –* análise econômica e jurídica. São Paulo: Revista dos Tribunais, 2017.

NAÇÕES UNIDAS. Comitê sobre a Eliminação da Discriminação contra as Mulheres (CEDAW). *Recomendação Geral n. 33: acesso das mulheres à justiça*. 3 ago. 2015. Disponível em: https://assets-compromissoeatitude-ipg.sfo2.digitaloceanspaces.com/2016/02/Recomendacao-Geral-n33-Comite-CEDAW.pdf. Acesso em: 20 dez. 2023.

NEVES, Daniel Amorim Assumpção. *Código de Processo Civil comentado, artigo por artigo*. 7. ed. Salvador: Juspodivm, 2022.

NIFOSI-SUTTON, Ingrid. *The protection of vulnerable groups under international human rights law*. London and New York: Routledge, 2019.

NOVAIS, Jorge Reis. Renúncia a direitos fundamentais. *In*: MIRANDA, Jorge (org.). *Perspectivas constitucionais nos 20 anos da Constituição de 1976*. Coimbra: Coimbra, 1996. v. I.

PAOLINELLI, Camilla Mattos. *O ônus da prova no processo democrático*. Rio de Janeiro: Lumen Juris, 2014.

PASCHOAL, Thaís Amoroso. Acesso à justiça, tecnologia, e o nosso realismo esperançoso de cada dia. *In*: FUX, Luiz; ÁVILA, Henrique; CABRAL, Trícia Navarro Xavier (org.). *Tecnologia e justiça multiportas*. Indaituba: Foco, 2021.

PASCHOAL, Thaís Amoroso. *Coletivização da prova*: técnicas de produção coletiva da prova e seus reflexos na esfera individual. São Paulo: Revista dos Tribunais, 2020.

PASCHOAL, Thaís Amoroso; MACEDO, José Arthur Castillo de. Cooperação interinstitucional e produção de provas no direito da concorrência. *In*: GOMES, Adriano Camargo. *Reparação de danos concorrenciais*: direito material e processo. São Paulo: Quartier Latin, 2023.

BIBLIOGRAFIA

PEIXOTO, RAVI. Standards *probatórios no direito processual brasileiro*. Salvador: Juspodivm, 2020.

PESSOA, OLÍVIA ALVES GOMES. *Audiências no juizado especial cível no Distrito Federal: quem fala com quem?* Dissertação (Mestrado) – Universidade de Brasília, Brasília, 2017.

RAMOS, VITOR DE PAULA. *Prova documental*: do documento aos documentos – do suporte à informação. Salvador: Juspodivm, 2021.

RAMOS, VITOR DE PAULA. *Prova testemunhal*: do subjetivismo ao objetivismo, do isolamento científico ao diálogo com a psicologia e a epistemologia. 4. ed. Salvador: Juspodivm, 2023.

RÁO, VICENT. *O direito e a vida dos direitos*. 6. ed. São Paulo: Revista dos Tribunais, 2005.

RIGHI, IVAN. Eficácia probatória do comportamento das partes. *Revista da Faculdade de Direito da Universidade Federal do Paraná*, v. 20, 1981.

RODRIGUES, MARCELO ABELHA. *Fundamentos da tutela coletiva*. Brasília: Gazeta Jurídica, 2017.

SANDEFUR, REBECCA L. Access to civil justice and race, class and gender inequality. *Annual Review of Sociology*, vol. 34, p. 339-358, 2008.

SANTOS, MOACYR AMARAL. *Prova judiciária no cível e no comercial*. São Paulo: Max Limonad, [ano]. v. I.

SARMENTO, DANIEL. *Dignidade da pessoa humana*: conteúdo, trajetórias e metodologia. Belo Horizonte: Fórum, 2016.

SCHREIBER, ANDERSON. *Manual de direito civil contemporâneo*. 5. ed. São Paulo: Saraiva, 2022.

SCHREIBER, ANDERSON et al. *Código Civil comentado* – doutrina e jurisprudência. Rio de Janeiro: Forense, 2019.

SCHWARTZMAN, MICAH. The Principle of Judicial Sincerity. *Virginia Law Review*, 94, 2008.

SILVA, OVÍDIO A. BAPTISTA. *Curso de processo civil*. 5. ed. rev. e atual. São Paulo: Revista dos Tribunais, 2001. v. 1.

SILVA, PAULO EDUARDO ALVES. *Acesso à justiça e desigualdades*: desenhando uma agenda de pesquisa. São Carlos: Pedro & João Editores e Editora FDRP, 2023 (ebook).

SILVA, PAULO EDUARDO ALVES. *Acesso à justiça e direito processual*. Curitiba: Juruá, 2022.

SOUZA, MARCIA CRISTINA XAVIER DE. Ação antecipada de provas nos Juizados Especiais Cíveis. *In*: FUGA, BRUNO AUGUSTO SAMPAIO et al. (org.). *Produção antecipada da prova*: questões relevantes e aspectos polêmicos. Londrinha: Thoth, 2018.

TABOSA, FABIO. *In*: MARCATO, ANTONIO CARLOS (coord.). *Código de Processo Civil interpretado*. 2. ed. São Paulo: Atlas, 2005.

TALAMINI, EDUARDO. A prova emprestada no processo civil ou penal. *Revista de Informação Legislativa*, n. 140, out.-dez. 1998.

TALAMINI, EDUARDO. Do julgamento conforme o estado do processo. *In*: BUENO, CASSIO SCARPINELLA (coord.). *Comentários ao Código de Processo Civil*. São Paulo: Saraiva, 2017.

TALAMINI, EDUARDO. Produção antecipada de prova no Código de Processo Civil de 2015. *Revista de Processo*, São Paulo: Revista dos Tribunais, v. 260, 2016.

TALAMINI, Eduardo. *Um processo pra chamar de seu: nota sobre os negócios jurídicos processuais*. Disponível em: https://www.academia.edu/17136701/Um_processo_pra_chamar_de_seu_nota_sobre_os_neg%C3%B3cios_jur%C3%ADdicos_processuais_2015.

TARTUCE, Fernanda. *Igualdade e vulnerabilidade no processo civil*. Rio de Janeiro: Forense, 2012.

TARTUCE, Fernanda. *Processo civil no direito de família*: teoria e prática. Rio de Janeiro: Forense; São Paulo: Método, 2017.

TARUFFO, Michelle. *A prova*. Trad. João Gabriel Couto. São Paulo: Marcial Pons, 2014.

TARUFFO, Michelle. Verdade e processo. *In*: MITIDIERO, Daniel (org.). *Processo civil comparado*: ensaios. São Paulo: Marcial Pons, 2013.

TEMER, Sofia. *Participação no processo civil*. Salvador: Juspodivm, 2020.

THEODORO JÚNIOR, Humberto. Ação declaratória e incidente de falsidade: falso ideológico e intervenção de terceiros. *Revista de Processo*, v. 51, jul.-set. 1988.

TOSCAN, Anissara. *Preclusão processual civil*. São Paulo: Revista dos Tribunais, 2015.

UZEDA, Carolina. Prova da autenticidade de obras de arte. *Revista de Processo*, v. 349, p. 101-127, mar. 2024.

VÁZQUEZ, Carmen (ed.). *Estándares de prueba y prueba científica*: ensayos de epistemologia jurídica. Madrid: Marcial Pons, 2013.

VÁSQUEZ, Carmen. *Prova pericial*: da prova científica à prova pericial. Trad. Vitor de Paula Ramos. Salvador: Juspodivm, 2021.

VENOSA, Sílvio de Salvo. *Direito civil*: parte geral. São Paulo: Atlas, 2014.

VENTURI, Elton. Transação de direitos indisponíveis? *Revista de Processo*, v. 251, 2016.

VERDE, Giovanni. Prova (dir. proc. civ.). *Enciclopedia del diritto*. Giuffrè Editore, 1988. v. XXXVII.

WALTER, Gerhard. *Libre apreciación de la prueba*. Santiago: Ediciones OLejnik, 2019.

WAMBIER, Luiz Rodrigues; TALAMINI, Eduardo. *Curso avançado de processo civil*. São Paulo: Revista dos Tribunais, 2016. v. 2.

YARSHELL, Flávio Luiz. *Antecipação da prova sem o requisito da urgência e direito autônomo à prova*. São Paulo: Malheiros, 2009.

YARSHELL, Flávio Luiz; COSTA, Susana Henriques da; FRANCO, Marcelo Veiga (coord.). *Acesso à justiça, direito e sociedade*: estudos em homenagem ao Professor Marc Galanter. São Paulo: Quartier Latin, 2022.

YOUNG, Iris M. *Justice and politics of difference*. Princeton: Princeton University Press, 1990.